中国新闻传播学评论

网络时代的传播格局

01

China Review of Journalism and Communication Studies

中国传媒大学出版社

发刊词

雷跃捷
（中国传媒大学传播研究院院长、教授、博士生导师）

有史以来，人类社会就伴随着信息传播活动。进入近代工商文明阶段以后，便出现了有组织有规模、制度化的信息传播活动——新闻报道。自从有了信息传播活动及新闻传播活动，人类对传播现象的关注和思考就从未停止过。现代意义上的中国新闻传播学研究始自20世纪初西方新闻传播思想的传入。历经几番挫折，到20世纪70年代末，中国终于迎来了一个新闻传播学研究的蓬勃发展期。伴随着改革开放的步伐，当代中国的新闻传播学研究已经走过了三十多个年头。在这个学术发展历程中，几代新闻传播学者立足本土经验，积极引介外来学术资源，在理论和方法上初步形成了较为完整的中国特色新闻传播学学科体系，同时也为中国新闻传媒行业的改革发展和国家社会的整体进步作出了重要的贡献。

作为中国传媒高等教育的最高学府和信息传播研究领域的学术重镇，中国传媒大学（前身为北京广播学院）的新闻传播学教育和学术研究在全国高校中一直名列前茅。作为中国传媒大学的一个综合性教学研究机构，中国传媒大学传播研究院确立了“学术立院”的发展宗旨，力争打造出中国新闻传播学术研究的一块理论高地。当代著名哲学家尤尔根·哈贝马斯的学生罗尔夫·魏格豪斯曾把创办一份杂志或出版物作为一个学派的典型特征之一。这表明学术成果及其载体对一个研究机构的存在具有极其重要的地位。有鉴于此，我们筹划出版《中国新闻传播学评论》，致力于把它打造成为新闻传播学术研究高端平台的一个标志物。

学术研究的活力在于交流和开放。因此，交流和开放是我们办刊的核心理念。首先，我们力求把《中国新闻传播学评论》打造成一个面向海内外学人、完全对外开放的学术对话交流平台和学术话语的公共空间，而不仅仅是汇集本院同仁的理论文献和学术成果的系列辑刊；其次，我们提倡学术研究方法的多元、兼容、并包。身处大数据和媒介融合的时代，我们倡导扎根于中国本土的新闻传播实践，不断增加新的观察视角和拓展新的考察、评论范围，切实推进对西方理论知识的本土化阐释和中国学派的学术知识创新，为未来中国新闻传播事业乃至于整个社会发展事业提供强大的理论支持和精准的价值坐标。

今年正值中国传媒大学建校60周年。作为以学术研究为志业的学人，我们谨以本辑刊的出版作为献给拥有60年辉煌历史的母校的一份薄礼。

导 言

陈卫星

（中国传媒大学传播研究院副院长、教授、博士生导师）

随着上个世纪90年代以来以互联网为代表的新信息传播技术的全面普及和不断更新，人类社会的生产实践和社会实践应和着全球化的节奏正在发生前所未有的变化。信奉技术乐观主义的未来学家们一直以此断言人类社会正在经历着第四次或第五次产业革命，并成为历史发展、社会变迁和产业革命的转折点。不管未来如何定义人类社会生产力的这次变革，人们大概都发现其中最核心的资源是信息传播。从硬件来说，是信息合成载体的能量和性能越来越优越，如席卷全球的智能手机和平板电脑；从软件来说，是信息流通的组织结构越来越自由开放，虚拟社会越来越不虚拟，反而成为真实社会不可缺少的组成部分。

从马克思主义的基本原理出发，人们的社会关系是在生产实践和社会实践的发展过程中形成的。而在今天以数字化为核心的信息化社会条件下，我们所面临的一个挑战就是，关于客观世界的事实表达和知识结构开始不断撞击人们原有的主观信念和信仰体系。换句话说，当新的信息生产力工具成为人们的想象的载体时，通过信息传播来实现的“人对人的作用”究竟会产生什么社会效果？人们要始终聚焦这个问题，是因为一个社会的主体性存在不能脱离主观信仰及其媒介化的方式。换言之，一种主张如何成为一种社会思潮或者集体实践的指南？刘海龙的专著《宣传：观念、话语及其正当化》显然是对这个问题的聚焦。任何观念的话语操作过程，由于理想价值和利益取向的不同，一开始就可能呈现出路径的差异并展开历史的较量。如同虞文俊的《政党报刊对抗战前十年国民党新闻法规的体认和抗争》一文向我们揭示的一个政治社会学的传播逻辑：即便是一种管理法规，如何应用或借用，实际上也反映出传播媒体本身的立场和态度。

历史进程的螺旋式上升轨迹告诉我们，信仰和信仰的缠斗是可逆反的，或者说最后都成为一种“幻觉”和“幻灭”的相互追逐的游戏。当全球化来临之时，后工业时代的社会学家曼纽尔·卡斯特在《新公共领域：全球公民社会，传播网络与全球治理》一文中提出新的社会体系建构的路径，并归纳为技术能力、制度能力和组织能力的竞争，以重新面对当今世界的所有国家都或多或少会存在的四大危机：效率危机、合法性危机、认同危机和公正危机。从技术权力而言，任孟山对华裔学者周永明的专著《中国网络政治的历史考察：电报与清末时政》的评论，证明政治的参与性与技术的角色性之间形成了一种互补关系，为国家与社会的互动提供新的演示平台和操作空间。

卡斯特关心的是有社会学性质的全球公共领域，但公共领域本身就是人们企图通过信息传播来予以建构的一个社会框架。具体来说，这个社会理想是可以经由与人们日常生活有关的具体化、专题化的信息建构来予以呈现的。比如，对于人们的健康信息为什么会成为一个日益重要的主题，法国学者阿德里安·斯太伊在《社会生产：健康信息领域中的自治和合法化》一文中提出他的解释："这不仅是因为其敏感性特征与政治和伦理内涵相关联，而且也因为它是一种真正的社会生产：人们再次生产了联系、表达以及与回应实际生活需求的制度关系。"显然，信息的社会自治性及其应用反映了人为争取自由而不懈努力的过程。

早在拉丁文时代的欧洲，被誉为"14世纪的爱因斯坦"的法国学者奥雷姆在发明"传播"一词的时候就曾设想一种人与媒介之间无距离的分享，这就是何雪莲要《设想一个没有版权的世界》的原因。因为"版权的本质是垄断，而知识天生要求分享，自由文化理念深得人心。""礼物经济"的概念十年前曾经被国际著名传播学者从人类学家那里借用来阐释一种全球化时代的传播政治经济学现象。其实，关于信息传播为何越来越成为人类的魔咒，需要更多思考不断技术化同时永远存留的人性需求，如伴随性、共在感、亲密性、个性化等等。孟伟因此有理由重申《新媒体环境下广播传播特征的再认识》：人类越是感觉文字象征符号不堪重负，就越是想要强化人与人之间信息界面的感性接触，而声音无疑是最简单快捷的情感数据。

作为一种制度的传播渠道正在跟随新媒体的技术可能性而朝向传播者的自主性和自治性，这是陈静茜所研究的《自媒体中的新闻格局：微博客平台内容运营策略分析》一文的命题。当代人的社会性特征可能是投入越来越少，参与却越来越多；不一定有信息，但是肯定有观点，希望所有在面前的信息都能成为情感宣泄和实话实说的对象。这与其说是一种自主，不如说是一种自发性。由此衍生出的一种新的有关社会制度的想象，林仲轩在《网络江湖：中国另类公共领域的浮现》一文中称之为"情境意象"，"一个多元的、多重的、非正式的、非共识的、底层的、反抗的另类公共领域"。这种公共领域正在把当今时代的民间叙事作为素材，提供一种11年前的孙志刚事件所开辟的新闻事件公共化的叙事通道。

新媒体的"新"在于信息可以在公共平台上展示出民主和多元的事实建构。艾民伟等同学的论文《一个悲剧，许多故事：毕节"流浪儿"窒亡事件中的微博议题建构》，从社会基层的水平视角，不仅向我们再现了新闻事实在互联网上的自我修正能力，同时也在质询社会环境的道德建构能力。《群体性孤单》这本书则提示我们，人们寄希望于科技手段来寻找、重构或强化人与人之间的亲密关系，翻译这本书的周逵把这种希望称之为"数字时代的瓦尔登湖"。这种理想的寻觅，其实也是一个职业群体的纠结；陈科对白红义的《以新闻为业：当代中国调查记者的职业意识研究》一书的评论说明，新闻从业者的职业意识在转型时期国家、社会和市场的多重复杂关系中拉扯，其自身的存在及行为越来越滋生出多种视角。

自第二次世界大战结束至今，国际传播领域内的主流范式，一般被总结为现代化、文化帝国主义与媒介帝国主义、全球化三大历史性结构。这种划分是西方学者从西方视角对国际传播发展的历史性过程所进行的描述和归纳，从哲学上来说，几乎是一种黑格尔主义的正反合的三段论式结构，历史的线性过程和非线性逻辑相互交叉。就中国本土而言，如何在取得中国革命胜利之后从中国对外关系的重要内容当中来印证和思考国际传播的逻辑，无疑是刘建平的《意识形态帝国原理：战后东亚的国际传播与地区秩序》这篇长文的学术创见。通过对历史过程的分析，作者穿透美国对日关系的政治意图成为一种有效的意识形态驱动机制的过程，提出这样一种观点："以意识形态的传播政治学达成共识而不以军事体制的权力政治学实行强迫，是近代帝国主义向现代帝国进化的标志。"历史的断裂产生信息的节点及其连带性，而历史的诡异重叠成为国际霸权主义和不平等秩序的源头。

如果说新闻是今天的历史，那么信息传播技术的更新正在力图把信息本身打扮成先知，无所不在的信息流让人们无所逃遁。我们希望不断涌现的信息不仅是一个群体、一个社会、一个国家和一个世界的想象来源，也要让人们找到一致和归属，找到力量和信心，找到人、社会和国家的主体性。淘汰历史的时间和定位自身的时间，无疑是一个民族—国家的主体性建构在应对全球化的挑战时责无旁贷的使命，这当然也是新闻传播学科的一个路标。

目 录

其他论文

书评

特　稿

新公共领域：全球公民社会，传播网络与全球治理①

〔美〕曼纽尔·卡斯特 著　张建中　李雪晴 译②

摘　要：公共领域是思想和计划的传播空间，这些思想和计划起源于社会，并能影响社会体制中的决策者。全球公民社会就是社会价值和利益的组织化表达。政府和公民社会的关系及两者通过公共领域的互动决定了社会的政治形态。全球化进程使讨论范围由国家扩展到了全球，促进了全球公民社会和专门的全球治理形式的出现。同样，公共领域作为公共事务的讨论空间也从国家范围转变到了全球范围，并围绕全球传播网络日益被构建起来。公共外交是公众而非政府的外交，它影响全球公共领域，并通过构建共同的文化意义，为传统外交形式超越权力关系的保守谈判奠定了基础。其中，共同的文化意义正是传播的本质所在。

关键词：公共领域　全球公民社会　全球治理　传播网络

公共领域与社会的建构

处于国家与社会之间的公共领域，就是“一个传播信息与观点的网络”。公共领域是社会政治组织的必要组成部分，在公共领域这个空间内，人们能以公民的身份聚集在一起，并且可以自由地表达他们的观点，从而影响社会政治组织。公民社会是这些观点组织化的表达，而国家与公民社会之间的关系是民主的基石。如果没有一个有力的公民社会能够组织和传播公民对于各种思想及利益冲突的争论，并且为这些有争论的思想和利益冲突提供一个充分的表达渠道，那么政府与其国民就会逐渐疏远，政府与其公民的互动就会局限于选举期间的互动。在这样的时期，政治营销和特殊利益集团占据主导，公民的政治选择十分有限。

公共领域的实质性表达随着情境、历史和技术的变化而变化。就其在当下的实践来说，公共领域完全不同于18世纪中产阶级公共领域那种理想类型，而哈贝马斯的公共领域理论正是围绕这种理想类型建立的。物理空间（尤其是城市和大学的公共空间）、

---

① 本文译自《美国政治与社会科学年报》（*The ANNALS of the American Academy of Political and Social Science*）第616卷第1期，2008年3月出版，原文标题为 The New Public Sphere: Global Civil Society, Communication Networks, and Global Governance。

② 作者：曼纽尔·卡斯特，美国著名社会学家和传播学者，著有《信息时代：经济、社会和文化》三部曲，《传播权力》、《网络星河》等。
译者：张建中，西安外国语大学副教授，jianzhongtougao@163.com；李雪晴，香港中文大学博士候选人。

文化制度，以及民意形成的非正式网络，是影响公共领域发展的重要因素。当然，正如约翰·汤普森（2000）所言，在工业社会中媒介变成了公共领域的主要组成部分。如果任何形式的传播网络构成了公共领域，那么我们的现实社会、网络社会，就是在媒介传播网络的基础上形成了公共领域，而非形成了其他的传统组织形式。在数字化时代，公共领域既包括多样化的大众媒体，也包括多样化的互联网与无线传输网络。

不过，如果公共领域的概念具有一些启发性价值，那是因为这个概念与现代社会建构的其他两个关键性的制度建构维度——公民社会与政府——不可分。公共领域并不仅仅只是媒介或者公众互动的社会空间领域，它更是公众辩论中思想和计划方案来源的文化/信息储藏室。各种各样的公民社会正是通过公共领域维持了公众辩论，并最终影响政府做出的决定。另一方面，社会政治制度确立了宪政原则，通过这些原则能够使公众辩论有序地开展和组织。正是公民、公民社会以及政府通过公共领域的沟通互动，才保证了公共事务处理过程中的社会稳定和社会变迁之间的稳定性。如果公民、公民社会与政府之间没有这种互动，或者在互动过程中两个或者两个以上关键组成部分之间的传播渠道被堵塞，那么整个代表体制和决策体制就会陷入僵局，合法性危机就会随之出现，因为公民在社会体制中不能确认自我。合法性危机会导致权力危机，最终又会导致根植于政府中的权力关系产生重新界定的需要。

正如哈贝马斯（1976）自己所承认的，他的民主理论事实上只是一种理想情景，无法抵抗资本主义对政府的渗透。但是他提出的政治平衡术语仍然是一个有用的知识建构——它表达了社会行动者的利益冲突、文化意义的社会建构，以及政府体制之间的矛盾关系。作为一个意义生产的中立空间，公共领域与所有的历史迹象相悖。但是我们仍然能够强调文化领域的关键作用，在这个领域中社会的表征与观点经历了形式化、去形式化以及再形式化的过程，为政治和政策运作的基础建构提供了理想的元素。

因此，在本论文中我首要分析的问题是建立在文化元素之上的社会政治形式与过程，这些文化要素既可能被政治组织作为社会宰制的表达方式而独立创造，也可能由公共领域内的个人、利益集团、各种公民组织（公民社会）以及政府共同生产出来。这些公共领域的建构和运作方式，在很大程度上限定了某种特定政体的结构和变化。

此外，我们有理由证明在国际领域存在着一个公共领域。国际范围内的这个公共领域存在于政治/制度空间内，它不服从于任何具体的国家主权力量，反而由国家和全球非国家主体之间不断演化的结构关系所塑造。人们普遍认为，各种社会利益主体都在国际领域内进行着自我表达，这些利益主体包括跨国企业、世界宗教组织、文化创造者、公共知识分子、自我认定的世界主义者，以及其他各种社会利益团体。正如我将在下面论证的，国际领域中还存在一个全球公民社会，以及由国际社会、国家联盟和超国家政治组织所展现的特别的全球治理形式。所有的这些行为主体和机构要想以常规的方式进行互动，就必须有一种发端于国家公共领域、并与之共享的理想化领域。否则，互相破坏会取代合作，纯粹的主导控制会超越治理。不过到目前为止，国际公共领域建构的形式和过程还远未明晰。这是因为许多同时出现的危机模糊了国家公共领域与国家之间的关系、国家与公民社会之间的关系、国家与公民之间的关系，以及国家与国家之间的关系。国家公共领域的危机使得国际公共领域的出现尤其具有重要意义。如果没有一个繁荣的国际公共领域，全球政治秩序只能由民族国家的强权政治来限定。尽管社会现实受到全球化的深刻影响，这些民族国家依然执着于国家主权的幻象。

全球化与民族国家

我们居住于一个以全球化为标志的世界。全球化是一个建构社会体系的过程，这个社会体系具有在实时或特定时间内，把全球连接成一个整体而发挥作用的能力。能力主要指技术能力、制度能力和组织能力。新的信息与传播技术，包括快速的远距离运输及计算机网络，允许全球网络在世界范围内选择性地连接任何人与任何事。制度能力主要指民族国家为了保持其对领土范围内行为的控制，而进行的去管制化、自由化和私人化的规则与程序。组织能力指在任何地点、任何活动中，能把网络当作一种灵活、互动、超越边界的结构形式进行使用的能力。并不是每件事和每个人都被全球化了，但是构建我们这个星球的全球化网络会影响到每个人和每件事。这是因为所有关键的经济、传播以及文化行为都被全球化了。换言之，它们都要依赖战略性的网络节点链接全球。这些网络节点包括全球金融市场、全球货物与服务的生产分配、国际贸易、科学与技术的全球网络、全球技工市场、由外国直接投资和劳动力迁移带来的全球劳务市场的选择性融合、全球媒体、传播的全球互动网络（这主要指互联网，也指专门的计算机网络），以及与各类文化产业发展相关的全球文化。并不是每一个人都被全球化了，因为网络在链接的同时也造成了分离。根据网络中的价值程序设计，网络链接所有有价值或可能变得有价值的事。网络会绕过和排除不能给网络添加价值，或会扰乱网络程序有效运转的任何人或任何事。我们这个世界的社会、经济以及文化地理都随着全球网络结构的变化而变化，这些网络体现了多维度的全球化逻辑。

此外，人类面临的许多问题在表现和处理上是全球性的。这些全球化议题包括：由于不可持续发展所导致的环境治理问题；为了遏制环境恶化所需的全球性的、长期性的保护战略；人权问题的全球化，以及在整个世界范围内出现的社会公正问题；全球安全问题（包括大规模杀伤性武器的扩散，全球恐怖主义，以反恐为借口的政治恐吓）。

总的说来，正如乌尔里希·贝克（2006）在其《全球时代的权力》（*Power in the Global Age*）一书中所分析的，决定个人日常生活和各国政府管理的关键问题，在很大程度上受到了全球性相互依赖过程的影响，而这一过程明显超越了国家主权的地域控制范围。按照贝克的论述，在全球化年代，全球企业的超级权力（meta-power）挑战了国家权力，并且“相应地，国家不再被看作是一个事先存在的政治实体”（p.51）。国家权力也受到了全球公民社会试图重新定义世界体系的反权力战略的破坏。因此，在这个全球化年代，我们现在所目睹的并不是政治的终结，而是政治的四处移动……政治行动的机会结构不再被国家 / 国际的二元对立所限定，而是根植于“全球”领域。全球政治转变为全球内政（global domestic politics），侵犯了传统国家政治的边界和基础（p.249）。

问题产生的全球性和问题管理的国家性所造成的鸿沟仍在不断扩大，导致了 4 种有明显区别、相互联系，并且影响管理制度的政治危机：

1. **效率危机**：问题不能得到适当的解决（举例来说，主要的环境问题，如全球变暖，金融市场管制，或者是反对恐怖主义的情报工作）。
2. **合法性危机**：民族国家基于民主的政治代表制仅仅象征着对于民族国家能力的信心和支持，即相信民族国家能够在全球政策制定网络中维护本国利益。考虑到必须处理的政策制定的多变性和问题的不可预测性，选举任命不再表示一种特殊的授权。因此，公民与他们的代表之间不断增加的距离和不透明性会随之出现。随着形象制造代替问题协商成为获得权力的首要机制，这种合法性危机由于媒介政治实践和政治丑闻而加剧。在过去十几年内，世界范围内的政治态度调查表明，公民对于政治党派、政客，以及代议制民主制度，有一种普遍增加的不信任态度。
3. **认同危机**：当人们发现他们的国家和文化日益与全球或跨国网络中的政治决策机制脱节，为了反抗其作为（该国）公民的政治身份，他们的自治要求就以抗拒身份认同和文化认同的形式表现出来。
4. **公正危机**：在去管制化的框架内，由市场力量主导的全球化进程常常会增加国与国之间，以及国家内部社会群体之间的不平等。在一个缺乏全球管制的环境中，为了弥补不断扩大的不平等，对经济竞争的需求会对现存的福利国家造成伤害。福利国家的急剧减少使得政府越来越难以弥补结构上导致的不平等，这是因为作为纠错机制的国家制度能力在不断下降。

由于这些危机的产生及政府缓解危机能力的下降，非政府行动者变成了多数人的需求、利益和价值的倡导者，从而进一步破坏了政府在应对全球化和结构转型方面所扮演的角色。

全球公民社会

在全球范围内，国家基于政治体制处理世界问题的能力的降低促进了全球公民社会的崛起。然而，公民社会作为一种属性标签，把几种不同的、常常是既矛盾又竞争的组织与行为模式整合在了一起。因此，不同类型的组织之间必须做一个清晰的划分。

在任何一个国家，都会有地方的公民社会行动者来保卫当地的或部门的利益、特殊的价值观，以反对或超越正式的政治进程。这些次一级公民社会的例子包括草根组织、社区组织、工人协会、利益团体、宗教组织，以及公民协会。在所有社会中这都是一种非常古老的社会实践，一些社会学者，尤其是帕特南（2000），甚至认为这种公民参与形式正在衰落，因为个人主义变成了我们社会的主导文化。事实上，在不同的国家与地区，这些组织的发展情况有很大的不同。例如，在拉丁美洲的绝大多数国家，社区组织已经变成社会景观中非常重要的组成部分。各国组织的差异性在于社会组织起源的日益多样性。比如，宗教在拉丁美洲起着非常重要的作用，尤其是在一些非天主教的宗教组织中。在东亚社会，尤其在韩国，学生运动仍然是社会变革的重要起源。有时候，犯罪组织在一些贫穷的社区建立他们的支持网络，以换取庇护与强制性保护。而在其他一些地方，社区中的人民、妇女组织、生态学家或者是少数民族将他们自己组织起来，发出自己的声音，维护他们的认同。尽管传统形式的自愿政治组织和意识形态资源好像在任何一个地方都处于衰落状态，但是，围绕着每一个主要的政党，侍从体系依然存在。总体来讲，这些多种多样的过程导致了一种转变，就是从制度化的政治体制转变到非正式和正式的利益与价值团体，它们是集体行动和社会政治产生影响的来源。这赋予地方公民社会以权力，以应对不受控制的全球化所造成的社会问题。事实上，尽管地方公民社会构成了一个滋养全球公民社会发展壮大的组织、计划以及实践环境，但它并不是全球公民社会。

第二个表现出来的趋势是非政府组织（NGOs）的崛起，它们的行动或目标以全球或国际社会作为参考框架。绝大多数分析人士将它们看作是“全球公民社会”。这些组织是私人组织（全部或部分地由公共机构提供资金赞助），它们在政府渠道外运作以期解决全球问题。通常他们强调获得普遍认可、但本身却被政治机构所压制的价值观。换句话说，国际非政府组织声称要成为被压迫人权的解放者。一个典型的例子就是大赦国际，这个组织的影响力源于它能公平公正地批评任何政治、意识形态以及宗教的压迫，而不考虑任何政治利益风险。这些组织主要拥护最基本的准则，或者是不可妥协的价值观念。例如，严刑逼供受到普遍谴责，即使它能作为一种和“魔鬼”作斗争的手段。因此，在全球范围内对人权的广泛主张，导致了数以万计非政府组织的诞生，这些组织囊括了人类活动的全部领域：从贫穷到疾病，从饥饿到瘟疫，从妇女权益到儿童保护，从禁止使用地雷到拯救鲸鱼。典型的全球公民组织有：无国界医生组织，国际乐施会，绿色和平组织，以及其他几千个这样的组织。在玛丽·卡勒德的主持下，由伦敦经济学院全球治理中心编撰的年度报告《全球公民社会年刊》系列丛书，都有力地证明了国际非政府组织在数量上的重要性和质量上的相关性，并且还表明了其在全球范围内，如何改变了全球性和地方性问题的社会与政治治理方式。

要理解国际非政府组织的特征，其中三个特征必须要强调一下。首先，与政治党派不同，这些非政府组织具有相当大的名气以及合法性，这使其能够通过捐赠和自愿服务获得相当大的资金支持。这些非政府组织的行为关注实际问题、具体案例，以及人类团结的具体表达：解救饥饿中的儿童，释放政治犯，阻止用石块砸死妇女，以及减轻非可持续发展对本土文化所造成的影响。而最基本的一点是否决了依据整体的政治大环境进行合理化决策的传统政治观点。其次，目标并不能确保手段的正当性。目标往往是消灭邪恶，切实行善。积极的结果必须从其本身进行考虑，而不仅仅作为朝积极结果发展的一种方式。因为人们逐渐不再相信工具主义的政治逻辑，直接行动带来直接结果这种方式愈发地得到人们的支持。最后，非政府组织完成其目标，为其事业寻求支持的关键性策略是媒体政治。正是通过媒体，这些非政府组织才能接触到公众，并且动员人民支持它们的事业。这样，它们以选票作为威胁，最终对政府产生压力，或者以公司对消费者反应的担心，向公司施加压力。因此，媒体变成了非政府组织活动的战场。正是因为这些活动是全球性的，所以全球性的媒体是它们的主要目标。传播全球化导致了媒体政治的全球化。

以控制全球化进程为目标的社会运动，构成了第三类公民社会行动。这些社会运动建构了行动与组织网络，来促进追求全球正义的全球社会运动（媒体不太确切地给它贴上了一个反全球化运动的标签）。例如，萨巴达运动就形成了一场社会运动，反对全球化（具体表现为北美自由贸易协定）对墨西哥土著印第安人和大部分墨西哥人带来的经济、社会和文化的影响。为了生存和维护自身的权利，他们呼吁全球团结一致，并最终成为本土社会运动在全球网络中的先锋。同时，该运动亦是更为广泛的全球运动的一个组成部分。全球网络中许多具有争议性的运动和协调一致的运动相互关联，其中某些形成了旨在改变全球化进程的一种社会首创的固定网络，这一过程重新确立了世界范围内的政治图景。不过，由“另一个世界是可能”这类话语所激发的全球正义运动并不是国家范围内斗争的简单相加。在全球化进程中，这是一个反对目前占主导地位的价值观和利益的全球性网络。该网络中的节点交替增加与缩减，这些变动取决于每一个社会与全球化的联系，以及它们的政治表现。尽管许多社会的领导人试图为新世界秩序建构一个程序，但社会运动最好从其所反对事物的角度进行描述，而非从一种统一意识形态的角度进行描述。这些运动是民主运动，他们呼吁在全球治理过程中能有代表人民意志和利益的新的政治代表形式。尽管运动内部非常多元化，但仍普遍存在一种对国际组织治理世界的批判，因为国际组织完全由国家政府组成。这是一种合法性危机的表述，最终又转变成为反抗的政治行动。

此外，还有全球公民社会的第四类表述，这就是民意运动。它由多元化媒介体制中的信息流，以及利用横向传播、网络自发创造的即时、特定的社会动员所组成。在全球范围内这种现象充满了政治意义。第一例证便是 2003 年 2 月 15 日在全球范围内同时发生的反对即将爆发的伊拉克战争的和平示威游行。通过建立一个全球的水平传播网络，互联网与无线传输网络既提供了一个组织工具，也提供了一个讨论、对话以及集体决策的方式。对韩国、菲律宾、西班牙、乌克兰、厄瓜多尔、尼泊尔、泰国以及其他一些国家所做的通过互联网与移动通讯工具组织当地社会政治动员的案例研究证明，这些活动在呼吁世界团结时，具有组织和动员当地人民的能力。2007 年 10 月缅甸反对军人政权的社会运动就是一个典型例子。最早由学生主导的示威游行，其规模相对来讲要小得多，但人们用手机拍摄示威活动并上传到 YouTube 之后，引起了世界范围内的广泛关注。示威游行者的决心和军人政权的残暴使示威运动扩大。当寺院的僧侣走上街头表达他们的愤怒时，这一运动已经变成了全社会的运动。接下来的暴力镇压也很快被拍摄下来上传到互联网上，这是因为抗议者有能力拍摄记录，并且可以通过无线传输网络传播这些记录材料，几百缅甸人手中的拍摄工具使一切信息传播活动变得可能。缅甸人民通过短信、电子邮件、博客日志、脸书通知和上传到 YouTube 中的视频，不屈不挠地传播抗议运动中的信息，从而将他们自身，以及自身与世界连接起来。国外的主流媒体重新编辑并向世界报道了这些来自运动第一线公民记者的报道。当独裁的军人政府关闭所有的互联网服务，切断手机服务，并没收在街道上发现的录制设备时，缅甸军政府的残暴早已暴露在了全球视野之下。这些对军人政府的揭露让它的支持者感到难堪，政府的残暴也招致美国和欧盟持续不断地施加压力（尽管他们没有停止军人政府和欧盟、美国公司之间利润丰厚的石油、天然气交易）。总而言之，全球公民社会现在拥有的技术手段使其能独立存在于政治机构和大众媒体之外。不过，社会运动要改变公众意识的能力，在很大程度上仍然要依赖于它在公共领域中影响辩论的能力。在这一情境和历史境遇中，全球治理如何在社会实践和社会机构中得以顺利进行呢？

全球治理与网络国家

民族国家在面对和处理全球化过程中出现问题的（这些问题是民族国家治理的目标）能力在逐渐减弱，由此出现了各种特别的全球治理形式，并最终形成一种新的国家形式。尽管面临多重危机，民族国家却并不会消失，它们会转变自己以适应新的环境。这种实用主义转变真正地改变了当代政治与政策制定的景观。我所指的民族国家在制度设置上包括整个国家（即国家政府、议会、政党体制、司法，以及政府行政部门）。民族国家经历的危机是由全球化造成的，这个体制通过 3 种主要机制来转变自身：

1. 民族国家之间彼此联系，形成了国家网络。其中一些国家网络具有多重目的，并且从实质上得以确认，如欧盟；其他的一些网络普遍关注一系列与贸易有关的问题，（如南方共同市场或北美自由贸易协定）；而另外一些其他网络只是合作与讨论的空间（如亚太经合组织和东南亚国家联盟）。在最强大的网络中，参与国家很明显共享主权。在比较弱的网络中，国家通过隐含却实际上共享的机制来合作。
2. 国家也许会建立越来越稠密的国际机构和超国家组织网络来处理全球问题——从多功能的机构（如联合国）到特殊功能的机构（如国际货币基金组织、世界银行、北大西洋公约组织、欧洲安全会议、国际原子能组织）。也有围绕着一系列具体问题（像环境保护条约问题等）成立的特殊的国际机构。
3. 国家为了提高合法性也许会将权力和资源分散，或者通过将权力下放给当地政府，以及能够扩展公民社会决策空间的非政府组织来开发其他的文化或政治服从形式。

以上这些多元过程孕育了一个新的国家形式——网络国家，其特征是共享主权与责任，治理过程灵活多样，从时间和空间方面来讲，政府与公民之间的关系多样化显著。整个体制通过专门决定朝着实用性方面发展，有时会引入互相对立的原则和机构，也会从政治控制方面去模糊、消除政治代表体制。在网络国家，效率会有所提升，但是随之而来的合法性是通过民族国家危机的加深来获得的，尽管地方机构发挥作用，整体的政治合法性也许也会有所提升。不过，随着地区国家自治的增加，也许会导致不同层次国家之间的彼此竞争。

依靠专门网络的全球治理实践会面临许多主要问题，这些问题从矛盾中演化而来。这个矛盾就是制度成为网络的历史性建构性质与它们必须在网络中承担起新的功能与作用之间的矛盾，这些新的功能与作用与它们的民族国家社会紧紧相连。网络国家面临着组织、技术以及政治三方面的协作问题。就组织问题而言，以前的部门在面对社会时，通过领土和权力获得生命力，而现在部门的基本角色是寻求与其他部门的协作，这两者之间的结构、奖惩机制和运行原则都不一样。技术合作问题的出现是因为传播协议不能运作。互联网与计算机网络的引入常常会破坏而不是促进部门之间的协作，因此各部门经常会拒绝网络化科技。政治协调问题不仅仅在部门的水平方向，并且也在纵向上发展，这是因为各部门与监督部门之间联系的网络化使官僚自治力降低。此外，各部门网络必须与它们的公民选区网络建立联系，这就会给官僚机构带来更大的压力，促使他们更加积极地参与和公民的互动。

网络国家的发展也需要面对一个意识形态问题：协调一个共同的政策意味着要有一种共同的语言和一套共享的价值观。这些例子包括在市场管制中反对市场原旨主义，在环境政策中接受可持续发展，在安全政策中接受人权先于国家安全。而通常，政府并不共享同样的原则或者类似的解释原则。

此外，还有一个遗留的地缘政治问题。民族国家仍然将治理网络看作是一个为他们获取特殊利益的谈判桌。非政府组织的决策过程有时会陷入僵局，这是因为缺乏一种合作性的文化。而阻碍合作达成的最重要的原则是民族国家的利益和服务于民族国家的个人 / 政治 / 社会利益至上。政府将国家全球化看作是扩大他们自身利益的一个机会，而非一种新的由政治机构共同治理的新环境。事实上，全球化进程越是向前发展，它所造成的冲突越大（如认同危机、经济危机和安全危机），并导致民族主义的复兴和对主权的极度重视。这种紧张关系成为各个政府在政策中追求单边主义的基础，而当今世界，全球互相依赖导致的是一种客观存在的多边主义。

只要这些冲突一直存在，对于世界的地缘政治行动者而言就很难（并不是不可能）从一种实用主义的实践、政策协商的特殊作用形式，转变到接受网络化治理的宪政体制。

新公共领域

在全球化的世界中，新的政治体系来源于一个全球公民社会和全球网络国家形成的过程。全球网络国家超越并且整合了先前存在的民族国家，但并没有将这些民族国家融为一个全球政府。实际上，在没有全球性政府的情况下，出现了一个全球治理的过程，将这些社会政治组织与决策方式从实用主义转变为一种更为复杂的全球体制，要求全球公民社会和全球网络国家之间进行意义的共同创造并共享价值观念。这种变革受到文化观念因素的影响和博弈，通过这一过程，政治和社会利益作用于国家变革。归根结底，人民的意志来源于人民的思想。而且人民基于影响他们生活和人类未来的这些问题，以及在公共领域中出现的信息和发生的争论，来形成他们的思想。当代的全球公共领域主要依赖全球 / 地方的传播媒介体系。这个媒介体系包括电视、广播以及印刷媒体，也包括各种各样的多媒体和传播体系，其中互联网与水平的传播网络现在扮演着非常关键的角色。在这一过程中，以国家地域为基础的公共领域朝着以媒介体系为基础建构的公共领域转变。这个媒介体系包括我提出的大众自我传播概念体系，即在一个多重模式的传播中，多对多的那种接受和发送信息的传播网络。这种传播模式常常会绕开大众媒体以及政府的控制。

当前的媒介体系是地方的同时也是全球的。这个媒介体系围绕着核心的媒介商业集团组织起来，它们的网络可以延伸至全球。但是同时，这个媒介体系依赖于国家管制，并且专注于对特殊受众的窄播。通过媒介体系所采取的行动，尤其是通过传播一些强有力的影像和信息来制造媒介事件，跨国激进分子引发了关于如何全球化、为什么要全球化以及全球化是什么的争论，同时也引发了与之相联系的社会选择的争论。正是通过媒体，既包括大众媒体也包括水平的传播网络，非国家的社会行动者影响了人们的思想，并且促进了社会的变革。最终，人们意识的转变会对政治行为、投票模式以及政府决定产生影响。正是在媒体政治这个层面，社会似乎可以偏离政治体制中被制度化的价值和观念而发展。

因此，对于国家行动者和跨国政府机构（如联合国）而言，最要紧的是不仅要围绕着体制运作机制的政治代表程序来连接公民社会，而且要将在全球公共领域中的公共争论与公民社会连接起来。全球公共领域围绕着媒介传播体系和互联网络建立起来，尤其是在 Web2.0 时代的社会空间，最典型的就是 YouTube、MySpace、Facebook，以及不断增长的博客空间。在 2007 年年中互联网上共有 7000 万博客，而这一数字每六个月内就会增加一倍。在 1990 年代，联合国组织召开了一系列关于人类问题的重要会议（从妇女问题到环境保护问题）。尽管在政策设计方面这些会议并不是非常有效，但是这些会议在促进全球讨论、提升公众关注以及在提供讨论平台方面是必要的，通过这个平台全球公民社会得以延伸到政策争论的前沿。因此，加强巩固以传播为基础的公共领域是核心机制，通过这个机制国家和国际组织就可以为公民社会的需求和项目作出贡献。要想做到这点，可以通过不断鼓励具体的社会创造和历史记录方面的对话，并且为对话提供材料，使之能向世界反映其政策决定。通过全球媒体和互联网利用世界公共舆论的力量是在全球范围内扩大政治参与最有效的方式，这可以通过在以政府为基础的国际机构和全球公民社会之间创造一个富有成效的、相互协作的连接来实现。正是这个多重形式的传播空间构成了全球公共领域。

结论：公共外交与全球公共领域

公共外交并不是宣传，也不是政府外交。我们没有必要用一个新的概念来指称传统的外交实践。公共外交就是公众的外交，也就是公众的价值观和思想理念在国际领域的表达。公众并不是政府，因为公众不会拘泥于国家机构。就“公众”而言，我们所公认的意义是超越私人领域的一个既定社会组织。私人领域是一个以自我价值和利益为主的领域，而公共领域是一个共享价值观和利益的领域。公共外交理念背后隐含的并不是以“软权力”的形式来维护国家或社会行动者的权力，相反它利用不同社会集团和他们文化之间的对话，来实现意义与理解的共享。公共外交实践的目标不是说服而是沟通，不是声明而是倾听。公共外交寻求建立一个各种声音都能够被听到的公共领域，尽管这些声音有着不同的起源，界限分明的价值观，以及常常冲突的利益。不同于政府外交，公共外交的目标并不是去维护权力，或者是通过谈判重构权力关系。公共外交促进传播空间的产生，在这个空间内出现了一种新的、共同的语言作为外交的前提条件，所以当外交时刻到来的时候，它反映的不仅是利益与权力，而且还反映意义与共享。从这个意义上来讲，公共外交卷入了全球公共空间，它等同于传统意义上国家体系中被认定的公共领域。这是一个文化积极参与其中的领域，在这个领域中社会行动者创造、面对各种观念性元素，同时也创造一种环境。在这样的环境中不同的计划通过全球公民社会和全球政治机构进行传播，向着共知的决策过程发展，这一过程尊重各种观点和政策选择。

因为我们居住在一个全球化互相依赖的世界，政治上共同决定的空间必然是全球性的。我们所能选择的，或者是去建构一个全球政治体系，并以此作为不考虑文化的权力关系的表达，或者是围绕着传播全球网络创造一个全球公共领域，其中的公共讨论象征着一种新形式的全球治理共识的出现。如果选择是后者的话，公共外交——可以理解为网络化的传播和意义共享——就变成了一个为实现世界秩序可持续发展的决定性工具。

参考文献

Anheier, Helmut, Marlies Glasius, and Mary Kaldor, eds. 2004. *Global civil society 2004/5*. London: Sage.

Arsenault, Amelia. 2007. *The international crisis of legitimacy*. Unpublished working paper.

Arsenault, Amelia, and Manuel Castells. Forthcoming. Structure and dynamics of global multimedia business networks. *International Journal of Communication*.

Barber, Benjamin R. 1995. *Jihad vs. McWorld*. New York: Times Books.

Bauman, Zygmunt. 1999. *In search of politics*. Stanford, CA: Stanford University Press.

Beck, Ulrich. 2000. *What is globalization?* Malden, MA: Polity.

———. 2006. *Power in the global age*. Cambridge, UK: Polity.

Bennett, W. Lance. 2004. Global media and politics: Transnational communication regimes and civic cultures. *Annual Review of Political Science* 7 (1): 125-48.

Calderón, G., Fernando, ed. 2003. *Es sostenible la globalización en América Latina?* Santiago, Chile: Fondo de Cultura Económica PNUD-Bolivia.

Caputo, Dante, ed. 2004. *La democracia en America Latina. Pograma de Naciones Unidas para el Desarrollo*. Buenos Aires, Argentina: Aguilar, Altea, Alfaguara.

Cardoso, Gustavo. 2006. *The media in the network society*. Lisbon, Portugal: Center for Research and Studies in Sociology.

Castells, Manuel. 1996. *The rise of the network society*. Oxford, UK: Blackwell.

———, ed. 2004a. *The network society: A cross-cultural perspective*. Northampton, MA: Edward Elgar.

———. 2004b. *The power of identity*. Malden, MA: Blackwell.

———. 2007. Communication, power and counter-power in the network society. *International Journal of Communication* 1:238-66.

Castells, Manuel, Mireia Fernandez-Ardevol, Jack Linchuan Qui, and Araba Sey. 2006. *Mobile communication and society: A global perspective*. Cambridge, MA: MIT Press.

Castells, Manuel, Shujiro Yazawa, and Emma Kiselyova. 1996. Insurgents against the new global order: A comparative analysis of Mexico's Zapatistas, the American militia, and Japan's Aum Shinrikyo. *Berkeley Journal of Sociology* 40:21-59.

Catterberg, Gabriela, and Alejandro Moreno. 2005. The individual bases of political trust: Trends in new and established democracies. *International Journal of Public Opinion Research* 18 (1): 31-48.

Chester, Jeff. 2007. *Digital destiny: New media and the future of democracy*. New York: New Press.

Costanza-Chock, Sasha. 2006. *Analytical note: Horizontal communication and social movements*. Los Angeles: Annenberg School of Communication.

Dahlgren, Peter. 2005. The Internet, public spheres, and political communication: Dispersion and deliberation. *Political Communication* 22:147-62.

Dalton, Russell J. 2005. The social transformation of trust in government. *International Review of Sociology* 15 (1): 133-54.

———. 2006. *Citizen politics: Public opinion and political parties in advanced industrial democracies*. Washington, DC: CQ Press.

Dean, Jodi, Jon W. Anderson, and Geert Lovink, eds. 2006. *Reformatting politics: Information technology and global civil society*. New York: Routledge.

Dewey, John. 1954. *The public and its problems*. Chicago: Swallow Press.

El-Nawawy, Mohammed, and Adel Iskander. 2002. *Al-jazeera: How the free Arab news network scooped the world and changed the Middle East*. Cambridge, MA: Westview.

Forsythe, David P. 2000. *Human rights in international relations*. Cambridge: Cambridge University Press.

Gallup International. 2006. The voice of the people. International survey conducted for the World Economic Forum. http://www.gallup-international.com/.

Giddens, Anthony. 1979. *Central problems in social theory: Action, structure, and contradiction in social analysis*. Berkeley: University of California Press.

Giddens, Anthony, and Will Hutton. 2000. *On the edge: Living with global capitalism*. London: Jonathan Cape.

Gilbert, Neil. 2002. *Transformation of the welfare state: The silent surrender of public responsibility*. Oxford: Oxford University Press.

Gillmor, Dan. 2004. *We the media: Grassroots journalism by the people for the people*. Sebastopol, CA: O'Reilly.

Glasius, Marlies, Mary Kaldor, and Helmut Anheier, eds. 2005. *Global civil society 2005/6*. London: Sage.

Grundmann, Reiner. 2001. *Transnational environmental policy: Reconstructing ozone*. London: Routledge.

Guidry, John A., Michael D. Kennedy, and Mayer N. Zald. 2000. *Globalizations and social movements: Culture, power, and the transnational public sphere*. Ann Arbor: University of Michigan Press.

Habermas, Jürgen. 1976. *Legitimation crisis*. London: Heinemann Educational Books.

———. 1989. *The structural transformation of the public sphere*. Cambridge, UK: Polity.

———. 1996. *Between facts and norms: Contributions to a discourse theory of law and democracy*. Cambridge, MA: MIT Press.

———. 1998. *Die postnationale konstellation: Politische essays*. Frankfurt am Main, Germany: Suhrkamp.

Held, David. 2004. *Global covenant: The social democratic alternative to the Washington consensus*. Malden, MA: Polity.

Held, David, and Ayse Kaya. 2006. *Global inequality: Patterns and explanations*. Cambridge, UK: Polity.

Held, David, and Anthony G. McGrew, eds. 2007. *Globalization theory: Approaches and controversies*. London: Polity.

Held, David, Anthony G. McGrew, David Goldblatt, and Jonathan Perraton, eds. 1999. *Global transformations: Politics, economics and culture*. Cambridge, UK: Polity.

Jacquet, Pierre, Jean Pisani-Ferry, and Laurence Tubiana, eds. 2002. *Gouvernance mondiale*. Paris: Documentation Française.

Juris, Jeffrey. 2004. Networked social movements: The movement against corporate globalization. In *The network society: A cross-cultural perspective*, ed. Manuel Castells, 341-62. Cheltenham, UK: Edward Elgar.

———. Forthcoming. *Networking futures: The movements against corporate globalization*. Durham, NC: Duke University Press.

Kaldor, Mary. 2003. *Global civil society: An answer to war*. Malden, MA: Polity.

Kaldor, Mary, Helmut Anheier, and Marlies Glasius, eds. 2006. *Global civil society 2006/7*. London: Sage.

Keck, Margaret E., and Kathryn Sikkink. 1998. *Activists beyond borders: Advocacy networks in international politics*. Ithaca, NY: Cornell University Press.

Keohane, Robert O. 2002. *Power and governance in a partially globalized world*. London: Routledge.

Low, Setha M., and Neil Smith, eds. 2006. *The politics of public space*. New York: Routledge.

Lull, James. 2007. *Culture-on-demand: Communication in a crisis world*. Malden, MA: Blackwell.

Mann, Michael. 1986. *The sources of social power, vol. I, A history of power from the beginning to A.D. 1760*. Cambridge: Cambridge University Press.

———. 1993. *The sources of social power, vol. II, The rise of classes and nation-states*, 1760-1914. Cambridge: Cambridge University Press.

McChesney, Robert Waterman. 2007. *Communication revolution: Critical junctures and the future of media*. New York: New Press.

Mydans, Seth. 2007. Myanmar comes face to face with a technology revolution. *International Herald Tribune*, October 3.

Nye, Joseph S. 2002. *The paradox of American power: Why the world's only superpower can't go it alone*. New York: Oxford University Press.

Nye, Joseph S., and John D. Donahue, eds. 2000. *Governance in a globalizing world*. Washington, DC: Brookings Institution Press.

Paterson, Chris A., and Annabelle Sreberny. 2004. *International news in the 21st Century*. Eastleigh, UK: University of Luton Press.

Price, Monroe E. 2002. *Media and sovereignty: The global information revolution and its challenge to state power*. Cambridge, MA: MIT Press.

Putnam, Robert D. 2000. *Bowling alone: The collapse and revival of American community*. New York: Simon & Schuster.

Sassen, Saskia. 2006. *Territory, authority, rights: From medieval to global assemblages*. Princeton, NJ: Princeton University Press.

Soros, George. 2006. *The age of fallibility: The consequences of the war on terror*. New York: Public Affairs.

Stewart, Angus. 2001. *Theories of power and domination: The politics of empowerment in late modernity*. London: Sage.

Thompson, John B. 2000. *Political scandal: Power and visibility in the media age*. Cambridge, UK: Polity.

Tremayne, Mark, ed. 2007. *Blogging, citizenship, and the future of media*. London: Routledge.

Volkmer, Ingrid. 1999. *News in the global sphere: A study of CNN and its impact on global communication. Eastleigh*, UK: University of Luton Press.

———. 2003. The global network society and the global public sphere. *Journal of Development* 46 (4): 9-16.

社会生产：健康信息领域中的自治和合法化①

〔法〕阿德里安·斯太依（Adrian Staii）著　朱振明　邹晓菁 译②

摘　要： 近年来，超过三分之一的法国人都在互联网搜索健康信息，且这一现象有不断扩大的趋势。传统的医学权威（医生、专家等）要面对来自论坛、博客、协会网站等渠道的另类疾病信息与表达。在一个不断推进自我承担的社会中，个体可以不再对自己的健康管理实行全部委托处理。因此，健康信息的演变与社会的大规模变迁产生共鸣，并依据现行的结构条件来得到更好的阐释。即：重拾对专家系统的信心，社会自治性增强和对"舒适"文化的宣扬。这篇文章致力于分析这些丰富的社会条件。文章的最后部分将借助健康论坛中的经验研究成果对这些条件与健康信息的构合展开讨论。

关键词： 健康信息　信息传播技术　数字媒体　自治　社会融入　职业合法化

一、引言

现在，健康问题已经成为社会公共空间的中心问题（Miège, 2010）。越来越多的文章（Fassin, 1996 ; Lafon et Paillart, 2007 ; Romeyer, 2010 ; Marchetti, 2010 ; Pailliart et Romeyer, 2012）将研究的方向指向健康及其政治社会问题公开化的现实广度。还有一些文章倾向于研究职业实践、实践环境（Carré & Lacroix, 2001 ; Carré, 2001 ; Staii et al., 2008）或健康信息生产方式（越来越媒介化和公开，Clavier et al., 2010 ; Staii, 2012a）的转变。

在这里，虽然不会忽略这些问题，但我们的目的不是去再次探讨这些问题。这篇文章首先是一种情景化的操作。通过强调影响健康信息变迁的结构条件，我们来尝试一种去中心化处理。

这种切入方法有诸多好处。一方面，它允许在一个特定领域（即健康信息领域）内阐释当下复杂社会变迁中的可见变化，这些变迁既受制于内部发展（如医学实践及其组织运作语境的变迁）也受到社会历史运动（如生活方式、社会关系）的影响。

另一方面，为了说明中介化装置（尤其是信息传播技术）在这种再度构型（reconfiguration）中所占的位置，这种情景化表现得更有用处。在以往的某些作品中，我们已经强调了健康论坛的作用（Clavier et al., 2010 ; Staii, 2012a）。这些空间充分促进

---

① 本文译自《网络杂志》中的"网络与传播研究"，2012 年第 1-2 期。中译文的出版得到作者和原出版者授权。

② 作者：阿德里安·斯太依（Adrian Staii），博士，副教授，任教于法国格勒诺布尔第二和第三大学（Universités de Grenoble 3 et Grenoble 2）E-mail:adrian.staii@iut2.upmf-grenoble.fr.
译者：朱振明，中国传媒大学国际传播研究中心副教授，100024；
邹晓菁，中国传媒大学传媒研究院传播学硕士研究生，100024。

了健康信息的生产与传播，它们所遵从的逻辑既不是专业医学信息传播逻辑，也不属于普通信息扩散逻辑，亦未采用敏感信息的传播路径。习惯上与信息传播技术联系起来的规范似乎已充分发挥了它的作用，而这些规范也把自己的逻辑强加给合法权威所控制的传统领域。

不过，这种格式化的表述并未给变迁现象作出合理解释。为理解这种构型的意义，必须参照一系列超越健康及其历史框架的社会历史条件。对信息和交换的渴望依赖于信息传播技术的可使用性及其技术语法，以便将自治性的焦虑形式化（Ehrenberg, 1998；2010），使“专家系统”得到验证（Giddens, 1994）。于是一种信息和情感话语便应运而生，该话语的意义具有实践和象征双重特征。在此，网民讲的不仅是一种不同于医学专业知识的语言（因基于实践经验之上），而且也是一种有关社会凝聚力本质形式的语言（它缓解了自治性的压力）。

这超越了一个限定领域的变迁，因此它既是与重要社会过程的构合（articulation），也事关信息传播技术在这些值得探讨的运动的现实组织中所占据的位置（Staii, 2012b）。另外，这种处理问题的方法也提出一些与社会科学和对象分割中理论反思相关联的认识问题。在本文中，这些问题因过于复杂而不再重复讨论，我们已在其他地方有所涉及（Staii, 2012b）。不过，它们同样影响在此所做的选择。因此，比较合适的做法是去提醒读者，我们充分沿袭社会科学的两种传统：阐释与实证。

因此本文的主体部分集中于三个社会历史过程的分析：专家系统的复杂化、社会自治化与“舒适”文化的出现。虽然它们明显超出了健康框架，但这些过程却是这个特殊领域中特别活跃的东西。在本文的最后部分，通过对有关论坛的经验研究（其结果已经在以往出版的文集中得到了详细的说明，参见 Clavier et al. 2010）的数据分析，我们将展示这些过程在健康信息领域是如何与信息传播技术结合在一起的。

二、对专家系统的信心重建

安东尼·吉登斯（1994）认为，现代性机构建立在一定数量的公共机构之上，这些机制不但没被削弱，反而被强化——包括在最近时期内。在这些机制当中，我们选出可解释主题的两个系统。它们涉及时间与空间的分离（与抽象化），特别是“社会系统的去地方化”。（Giddens, 1994, p.25）

吉登斯提醒人们，时间与空间的分离是以对时空维度的长期测量及其标准化为基础的，该长期过程导致了时间与空间的客体化。在传统社会中，时间和空间是现象学现实，它们直接与社区的存在联系在一起，当然也与自然和神话秩序联系在一起。相反，在现代社会中，在经过长期的曲折变迁后，时间与空间维度被分化。时间因此成了日常生活的时间，同时也是工厂中的工作时间，旅游的时间，交流的时间或科学的时间。至于空间，则最终可以与地点（lieu）分离。地点是必要的时间存在形式，因为它与一种局部社会现实联系在一起，以便成为一个国家的、大陆的以及政治方案的现实。

这种分化不是整体上的分离，而是一种多元结合的可能性。从该分化中产生了另一种根本的现代性机制，即去地方化（dé-localisation）。去地方化是指“社会关系从地方互动语境中的‘抽离’，然后再结构在不确定的时空领域中”（Giddens, 1994, p.30）。这种机制允许多元化的社会形式（如经济价值、符号交流、权限）进行流动和普及，且这种社会形式具有运作功能（因此可把行动植根于某种语境中）和结构社会整体的双重特性。

吉登斯区别了两种去地方化机制：“象征标记的生产”和“专家系统的建立”。尽管这些机制没有内在地与具体的技术联系在一起，并且吉登斯也没怎么强调严格意义上的技术作用，但我们在以往的著作中已说明，在今天的许多领域中，这些机制的复杂化依赖于技术装置（dispositif），特别是信息传播技术（Staii, 2012b）。

在吉登斯那里，象征标记如同货币一样是些不同的“交流工具”（Giddens, 1994, p.30）。在此，象征标记问题并不太令我们感兴趣，不过专家系统却与我们直接相关联，因为“健康”是其组成部分。吉登斯的专家系统是指：“涉及我们物质和社会环境诸多部门的技术领域或职业技能。大部分门外汉只是定期或不定期地向‘专业者’咨询，如律师、建筑师、医生等。但是聚集了这些专家知识的系统在我们的诸多习惯性行为中发挥着作用”（Giddens，1994，p. 35）。

当整个社会被结构以便使其运转（这意味着一种广义上的社会技术化）且（只有）个体对其产生信任时，这些装置就可以发挥作用。这种信任不仅依赖于对能力分化和技能专业化（也依赖对专家地位的认同）原则的认同，也依赖整个合法化和控制装置。（Berger & Luckmann, 1989）。当专家的能力（compétences）和权威被不同的机构（国家、专业团体、教育系统、媒介等）控制与合法化时，个体就对专家系统产生了信任。

现在，信息传播技术经常驱动着“使用者”和“专家系统”间力量关系的重组。如果认为这种变迁处处相似且方向唯一，那便是有失偏颇的了。信息传播技术的介入既会给人一目了然的感觉，同时也可以加重系统的不透明性。

虽然去识别一些独特效果的做法是错误的，但我们可以说明信息传播技术的存在往往会导致信任关系与合法化机制的更新。当信息传播技术使某种医学专家系统的“监控”成为可能时，特别是当它们使医患间信任协议重建的必要性变得具体时，信息传播技术的这种作用便在健康信息方面表现得尤为突出。这些指令不仅指向病人与自己病情表达建构间的结合，而且也指向不再单纯依赖权威身份参照的医学机构的合法化形态的更新。

三、自治产生的解释框架

第二个结构性过程是自治化（autonomisation），在我们看来，这在理解健康信息的最近发展方面具有决定性作用。该词的使用需要澄清，因为自治是当代社会科学最流行同时又最缺乏共识的概念之一（Dworkin, 1998）。虽然没能勾勒出相关辩论的概念内涵，但我们可以提出几个关键点。我们至少可以指出自治产生的三种阐释框架。

第一种是政治心理学过程。根据卡斯特利亚蒂斯（Castoriadis, 1975）的观点，在个体或集体层面上，对自治的理解需要参照依据规范来实行的行为管理，这些规范来自于一种协议，因此它们既不是强加的，也不需要忍受。故而自治既是行为伦理的基础，也是民主社会政治组织的规范依据。一种基于这种阐释框架上的分析可能认为，信息传播技术在公共空间的重构中发挥着重要作用，它允许情感和活动者的多样性表达，加强自治化的动力（这并不意味该自治化实际上是一种普遍化的社会现实）。实际上，这是贝尔纳・米涅（Bernard Miège, 2010）提出的观点，他注意到了信息传播技术在"社会"公共空间出现中所作出的贡献。该公共空间无论在组织机制（不仅仅是或主要是合理性问题）还是在碎化性方面都与哈贝马斯的模型相去甚远。

第二个阐释框架是诺尔贝・埃利亚斯（Nobert Elias, 2013）所描述的"文明化过程"。确切地讲，尽管埃利亚斯没有谈及自治化，但我们可以认为它来自"文明化过程"。文明化过程概括地被界定为一种具有政治社会与社会心理属性的双重运动。一方面，它包括集权国家的逐渐巩固（一项自 17 世纪开始加速的长期运动），另一方面，它又涵盖一种新的个体化制度的形成，这种制度主要依赖于"自我约束"和放弃物质暴力（从此被交给国家强制机器）。

埃利亚斯的著作提供了一种极具启发性的框架，可帮助我们理解信息传播技术的规范化功能。信息传播技术行为既属于规训（disciplinaire）逻辑框架（聚焦于规范的确定），又属于个体化过程（使对其挪用的理解成为可能）。借助交流的媒介化，信息传播技术通过扩大配置形式（如在线社区、社会网络或论坛）或使其去地方化（如将职业或私人关系公之于众）促进了系统表述的规范化。

第三个阐释框架的参照是工业现代性近期的社会经济过程，在此令我们感兴趣的就是这种变迁。

四、当代自治化

根据自治化的研究领域，我们至少可以把该过程的阐释分为四个"次级层次"：家庭和私人领域的重组，劳动重组，个体与消费社会间关系的重组，个体与制度秩序间关系的重组。

4.1 自治化与私人生活

在法国，自 1968 年后传播开来的社会学对社会自治化问题尤其敏感。在私人生活和家庭领域，个人主义的上升导致了如帕特里斯・夫里奇（Patrice Flichy, 2004）所说的阐释的多元化。克劳德・杜巴尔（Claude Dubar, 2000）对具有负面效果的个人主义与使私人关系重建成为可能的具有正面效果的过程进行了区分，夫里奇对此进行了借鉴。在第二种意义上，自治化更多被赋予宣扬自由的角色，而不是沦落为“普遍压抑”的载体。弗朗索瓦德·辛格里（François de Singly）就是这样把“去归属”（désappartenance）描述为一种联合生产联系和自愿依附某些社会框架（其中包括家庭框架）的过程；个人主义因此成了允许“自由整体”存在的方式，而不是去生产孤立，它可以改善甚至重建社会关系（Singly, 2003）。

虽然夫里奇没有公开就悲观和乐观个人主义间的对立实质发表观点，但他似乎更多把信息传播技术行为与第二种姿态联系在一起，因其明确表示：“在私人生活中，信息传播技术使每个人更容易过一种与家庭相联系的自治生活。”（Flichy, 2004, p.47）

虽然对这种主张本身持怀疑态度（可能除了“更容易的”褒义性欣赏），但在我们看来，信息传播技术行为同样可以在具有“压抑效果”与/或被忍受的自治化的框架下进行解释。信息传播技术不一定成为这些效果的强化载体（如同我们使那些害怕“数码瘾”的人所认为的那样），但可以是一种使另类社会联系方式发展成为可能的调节工具。这些形式可以表现在或多或少转瞬即逝的数字社会性中，或具体化于凝聚性的话语之中——如果没有信息传播技术的行为，该话语的功能将难以把握。今天，生态系统，尤其是健康，成了担保社会凝聚功能的话语的组成部分，这种担保不仅依赖于共识（因直接涉及到每个公民而且具有自己“无对手诉讼”的特征），而且通过个体的主动依附而实现，这个现象与自治化问题不能割裂开来。

4.2 自治，生产和消费

近几十年来，生产和消费领域中的重组问题同样指向自治问题。该现象似乎直接与资本主义，换句话说与资本主义精神联系在一起。博尔坦斯基和齐亚佩罗（Boltanski et Chiapelle, 1999）认为，资本主义精神依赖于在其历史过程中构建起来并为其稳定性担保的论据，如“物质进步、效率、满足需求的效力、有利于经济自由发挥并与自由政治体制相兼容的社会组织模式”。（Boltanski & Chiapello, 1999, p. 50）

然而，这几种合法性论据是在过于普遍的层面上进行的，目的在于确定行动者及其根据社会经济语境的发展和定位所采取形式的具体含义。因此出现了参考语境变迁为具体介入形式进行定位的第二个辩护层面。最近几十年来所形成的资本主义精神因此在职业和生活中提供了自由、自治、个人充分发展、价值化、共同发展等承诺，这种承诺弥补了生产系统中大部分劳动者（干部或纯粹的工薪族）在安全担保方面的损失。

劳动中的自治问题自1960年代已被提出。这不仅是一种通过缓解科层制压力来释放员工创造潜力的方法，而且也是激发其责任感和动力的手段。目标管理逐渐成了流行的新原则。这种组织方式首先局限于人事部门的特殊领域，在1990年代倾向于扩大到所有工薪阶层并许以自治和职责。自1990年代“网络”组织形式被视为“高效管理”的解决方法，这些组织形式表现为个体的柔性安排，个体既是自治的，又借助信息传播技术进行不断的相互交流。在劳动的世界里，个体因此纠缠于被迫担负责任和获得充分发展——通过劳动者的不断努力得以实现——的承诺之间。

在消费领域，个体必须面对相似的自治要求。我们可以通过两种倾向来进行把握。或与我们社会发展的批判模式（Morin, 2011；Stiegler, 2004 ～ 2006）联系在一起，或以强制的方法与生活方式的转变相关联（Herpin & Verger, 2008），有关迷失于超市柜台并在众多品牌和商品间自我选择的消费人（homo consumericus）的主题经常出现在对消费社会的批判之中。

但我们可以从此探究另一种正在进行的变迁的意义。我们可以通过两种趋势对其进行把握：第一种趋势与以广义文化产品或其他能带来“舒适感”的产品为取向的消费市场的边界扩大联系在一起，该趋势为文化工业的长期发展奠定了基础，并因信息传播技术获得了新的影响范围。第二种趋势体现在消费者表达的演变。消费者越来越不被看成“荣誉”体系中的囚徒——在该体系中，购买行为成了一种地位象征符号——而是逐渐被看作“定制”消费的活动者。定制消费概念既意味着被购买产品和认为可以被满足的需求相符合，又指向所谓的消费者的自我肯定。

消费者在现实中与这种模式相符与否并不太重要。重要的首先是营销专家和广告商已经这么看了。在这里，信息传播技术与这种错综复杂的机制联系在一起：或被看作商品，对它的消费被认为是对追寻幸福活动的一种参与；或作为工具，提高了小心谨慎的消费者的灵活性，使他们能够长期地对性价比进行优化；或作为对产品和服务实施联合生产或个性化的技术。

毫无疑问，以上话语把这些现象的影响推演到了它们的真实效果之外。但同样明显的是，这涉及的是位于当代个体日常生活中的现实。话语与实践、想象的投射与对约束的感觉间的反思关系不能被忽视。

4.3 自治与制度秩序

最后，自治化过程提出了与制度秩序的关系问题。就此问题，阿兰·艾伦伯格（Alain Ehrenberg）在自己最近的作品（2010a; 2010b）中提出一个有趣的观点。

艾伦伯格的出发点是：自 20 世纪 50 年代以来，出现在当代个体生活方式中的重要变迁导致有关精神疾病的意识形态话语和凝聚力的出现。他注意到社会自治化对个体所发命令（injonctions）的力量，也觉察到了围绕“类型病理学”——其范型为抑郁（dépression）——组织起来的精神疾病的形式变迁。

这种演变是三种运动间的彼此衔接，后者可以根据原因—疾病—症状的图式进行描述。原因主要源自于社会自治化过程在每个国家依据其制度传统（特别是与国家的关系）所具有的意义；它们位于从服从模式（忍受纪律）向自治模式（遵守纪律）的社会规范化的转移之中，在自治模式中，个体越来越成为自己命运的主人。这些变迁实现了病理学从弗洛伊德式神经官能症（尤其是犯罪感疾病）的传统视角向抑郁（特别是自恋障碍）视角的转变。（Ehrenberg, 2010, p. 13）

与社会的深刻变迁以及病理学的变迁相伴随的是特定的一致性话语。这些话语既追求“担负责任”又力求实现对这种现象（如知识和专家话语的出现，不管是否涉及医学，它们远离精神病学模式，开始对日常病理学和普通的精神疾病感兴趣，等等）的阐释和组织。在法国，有的理论从自治病理学中导出有关社会联系松散和去制度化的明显症状，这些理论在最近几十年的知识生产中取得了巨大的成功。（Ehrenberg, 2010, p.14-15）

艾伦伯格的观点是，对自治化及其病理学的阐释掩盖了过程的真实意义：事实上，这涉及的不是一种去制度化的现象，而是一种与制度（institution）相关的不同关系，它同样导致了一种精神疾病的社会地位的改变。因此，精神疾病可能是一种“社会语言”，它把个体的痛苦（由自治情景造成的个人压抑）与集体的痛苦（因社会方案缺失造成的普遍的不确定性）联系在一起。

然而，“社会疾病”意识形态掩盖了这种疾病的原因，并把它表述为一种（资本主义和工业的）现代性的结构松散的结果。根据艾伦伯格的看法，隐藏在这些话语背后的观点是要考虑到：自治化和社会联系之间是反比例关系。如果一方占据了优势，另一方的重要性必然会减弱。在美国和法国，对自治化（autonomisation）有着不相同的解释，对两个国家情况的比较有利于对这种意识形态进行批判。（Ehrenberg, 2010a）

在此我们特别要注意如下事实：自治化过程，不论现在为其定向的是何种语境因素，都不一定与社会联系和制度秩序相对立。于是，把信息传播技术看成自治化载体的做法并不意味为其赋予了一种独特的作用，同样也没有证实有关社会联系解体和混乱效果的观点。因为正相反，自治化的进展激发了有关凝聚力的话语和形式，这些话语和形式越来越依赖于信息传播技术。健康信息成了一个尤其能说明问题的案例。

五、“舒适”的简短系谱及其媒介化

为了理解前面讨论的两种社会过程（对专家系统的信心重建及自治化）在健康信息领域中所具有的形式，合适的方法是去简单回忆一下这个领域的某些特殊性。

特别是在 19 世纪，信息问题被看成教育和公共行为的对象。学校是社会机体中传播健康知识和“良好实践”的重要载体。这一点肯定在很早以前就已经引起人们的关注（Léonard, 1978 ; Parayre, 2008），但作为学校政策的形式化和实践的规范化是在第三共和国时期才得以形成的。在该时期，随着 Duruy 在 1867 年发表以学校卫生为主题的通报，出现了不少研究和指导性著作。

同一时期，在微生物的发现（巴斯德在 1878 年和 1879 年分别对葡萄球菌和链球菌的分离）与预防接种（巴斯德在 1885 年首次设计了狂犬病治疗办法）原理的推动下，与医学“实证”（positive）相联系的科学进步为健康打开了一扇新的预防治疗大门。国家因此被呼吁扩大其责任范畴以超越束缚性的做法。生命政治学因此经历了一个渐进的重构，从以管理手段为中心和以禁闭为目标的束缚行为转向了以说服、保护和自我合法化为目的交流行为。（Lafon & Oliveira, 2012）

因此在整个 20 世纪，健康的职业实践行为与健康的公开化相伴而行。一系列的协会（如1918年成立的抗癌联盟）、经济部门（如制药企业、出版社、农粮工业等）和媒介活动者的行为不失时机地与国家及职业机构（尤其是医生等级）的政策融合在一起。

健康的公开化是通过不同的传播渠道（传统媒介、非传统媒体以及新近的信息传播技术）（Lafon et Pailliart, 2007, p.7-15）来进行构建的，它与具有不同利益和传播策略（信息、推销、广告、娱乐等）的行为及行动者交叉在一起。

在信息传播技术出现以前，大众媒介是传递行动者讯息的主要渠道，在这里不同的利益汇聚在一起。多米尼克·马氏体（Domique Marchetti, 2010）说明了媒介对健康问题的处理如何从由专家控制的特殊化信息过渡成越来越大众化的信息，如何从20世纪50-70年代的“圣徒传记式”方法过渡到20世纪80年代（特别是90年代）的“批判”方法。他主要通过两组逻辑（在职业方面，旨在控制内容；在经济方面，旨在征服观众）的对照来解释这种变迁，它们的交叉是在重要的社会变迁背景（学校教育的发展，生活方式的变迁等）下来进行的。

健康信息的这种“改变”（conversion）发生在信息传播技术的可能行为之前，它强制性地规定“不同形式公众的无处不在”，并认可“借助病人及其亲属的支配性言语来实现的夸张方法”。（Marchetti, 2010, p.16）。这些使人想起了“私密电视”（Marchetti, 2010, p.16）所突出的方法。在同一时期，“私密电视”使一种具有自己编码和格式的真正类型成了见证者。

因此，对健康问题的处理越来越隶属于对自我和“舒适”表达的关注。自20世纪80年代以来，这种文化不断地对一系列的补充性关注进行强化。在此，对身体健康和风险预防的关心、对“精神健康”兴趣的不断增长以及对一种“健康生活”的更多关注等混合在一起。从新闻信息到突出“健康产品”与整合食品风险问题的广告（Iulio, 2011），再到越来越不强调禁止（interdit）同时逐渐看重好处和个人责任的公共运动，没有一个传播领域可以对抗此种“舒适”文化的渗透，“舒适”文化促使了规范行为的采用，以保证一种健康的生活。作为自我自治并对自己负责的管理者，个体不能不去倾听这些到处响起的召唤讯息。

作为对自由职业和经济逻辑所进行的媒介处理的回应，一种越来越涉及“自我管理”的接受被构建起来。证据当然由一种媒介类型的职业要求来框定，不过它仍然是一种“必然的情感表达形式”（Mauss, 1969），通过这种形式公众得以读懂某种可能规范的意义。因此，媒介明显地作为一种连贯话语的载体来发挥作用，这种话语在共同的焦虑中通过展示范例来建立秩序，同时以可见的方式把生活秩序中某些散漫的东西表述出来。

当信息传播技术介入时，该领域早已准备停当。信息传播技术进一步推进了这种规范表达语言的重建：在传统媒介所精选和导演的案例之外，信息传播技术又提供了许多匿名的、公众可以接近的案例。在传统媒体设立被管制格式（format）的地方，信息传播技术整合了一种“情感自然表达”维度，使得平行规范的建构成为可能。这些规范更多建立在案例的积累和个体经验的联合之上，而不是依赖于医学权威和统计学原则。

个人表达虽然自然发生，但并非摆脱了一切约束，因为它由不同的逻辑所框定（如经济方面的空间商业逻辑，关注所产生“信息质量”的政治逻辑——“生命政治学”[①]的另类表达，或开始担心力量关系（特别是病人和医生间）演变的职业行会的逻辑。我们不能忘记由信息传播技术带来的其他话语：这些技术同样提供了一个扩大至整个传统活动者（国家、企业、协会）的公开化领域。

信息传播技术的行为超越这些直接的范畴之外（如指向普遍参与、被置于权威——尤其是医学——的监督之下、自我表达、治疗框架的扩大等问题），又从属于围绕“舒适”来重塑社会凝聚力的长期意向之中。个人表达不是唯一的成分，由此也属于集体疗法，这种疗法既关注当代社会又对自治化的进展做出回应。

六、作为义务和求知欲望的自治：以健康论坛为例

在一个个体被不断要求参加自己的生命管理，同时“舒适”成了一种普遍化关注的社会中，个体不能不对像自己及亲人的健康这样的主题产生兴趣。当然，医学专家系统仍处于一系列复杂事情的中心，仍旧担负着自己的医疗角色。但该系统自20世纪90年代末以来所采取的定位要求病人及其家庭越来越多地进行参与，如多米尼克·卡雷（Dominique Carré）所言，“要让信息而不是病人动起来”。在一份官方声明中，这句口号成了远程医疗特征的帮衬。它似乎指出，在经历过医生去病人家、病人走进医疗机构或诊所之后，部分的医疗和监控现在可以在家庭空间中进行。因此，这再次强调了家庭结构在健康管理中的影响和作用。另外，这使被称作“单独会诊”的强化医生和病人特殊关系的“面对面”形式转向了更为集体的会诊（Carré, 2001）。

被医疗系统鼓励参与自我管理的病人，不再接受一种对自己病情的预建构的表述以及自己一无所知的病历跟踪。总之，由信息传播技术造成的信息公开的可能性促使患者在该领域中采取一种“主动的”姿态。

“网络病人综合征”不再是一个孤立的现象，而是社会范围内被证实的一种趋势（HAS, 2007, p.35）。这一点从提供信息或讨论空间的网站的增多中看得到，并已经为使用调查所证明。

在2011年，37%的法国人使用互联网获取有关健康的知识，而在2007年，还只有26%的人使用这一方法（Crédoc, 2011, p.120）。除了这种总体趋势之外，使用者的社会人口学特征同样呈现出来。健康信息在女性那里更为重要，43%的女性感兴趣的问题，在男性那里只占31%。对健康信息的兴趣与学历和收入成正比关系，无学历者占15%，而高学历者占53%，24%的使用者的收入低于900欧元，而49%的收入则高于3100欧元。最后，以年龄段划分，最多的是25-39岁，占59%，但有关健康信息的搜寻越来越

① 我们引述的是由网络健康基金（在法国，担负这项使命的是 Haute Autorite dé Santé）所设立的健康信息网站的标示方法。

出现在年轻人当中（12-17 岁中 28% 的人都会被涉及）（Crédoc, 2011, pp.120-121）。

这些数据为我们勾勒出了一种可能会稳固下来的趋势的轮廓。如果该趋势被信息传播技术的自由使用和医疗系统的某些变迁（如“非住院转向”）（Carré et Lacroix, 2001）所引导，那么依我们所见，这种趋势在以上讨论的结构化过程中的植入就成了其实现自我发展的决定性因素。考虑这些过程对于理解该领域中信息实践的意义是不可缺少的。

我们所参与的集体研究结果（Clavier et al., 2010）使我们能够说明这些陈述。这是 GRESEC 中心的研究者们于 2009 年到 2010 年在法国一个很具规模的健康论坛平台（Doctissimo①）网站上所实施的研究。

以高科技企业形式创立于 2000 年的 Doctissimo 网站已逐渐被 Lagardère 集团回购，后者于 2008 年成了其唯一的所有者。根据网站商业管理数据显示，2012 年 5 月份，Doctissimo 网站的访客有 8 539 000 人，浏览次数达 4 200 万次（根据 Nielsen/NetRatings 的研究）。每月都有 17 200 万次的网页访问量，简讯（newsletter）有 85 万的订户②。

参照其他范围更广的调查（Crédoc, 2011），在 2006-2008 年围绕 Doctissimo 论坛使用者所做的研究证实了人们对健康信息的渴望：74.8% 的用户宣称来此网站首先是为了寻找有关某种疾病的信息。不过，如果互联网网站和论坛今天被普遍应用，这同样是因为借助这些工具能获取信息的特征。诸多研究（Senis, 2003；Quéméras, 2003；Till, 2003；Eysenbach, 2003）因此强调，这些装置不只是满足信息需求，而且也提供了一种道义支持和一种有别于疾病的视角。在 Romeyer 和 Paillart 所做的调查中，某些用户公开宣称“感染相同疾病的人能够更好地相互理解”，并且论坛具有“站在病人而非科学一边”的优势（Romeyer et Pailliart, 2006）。

在已参与的研究中（Clavier et al., 2010），我们不是选择询问用户，而是进行内容分析。论坛是交流的空间，参与者既是信息的生产者又是使用者。书写和阅读在此不能分开。随着交流的进行，通过知识的积累和参与者间的对抗，信息成了集体构建的对象。被张贴的讯息因此具有了三重身份：它们当然负载着信息，但同样又包含着参与者的动机与期待，而且在另一层面上，它们是集体活动的可见痕迹。虽然内容分析遇到了不可忽视的方法论（如交流的分割，主题的识别）困难，但在展现一种较为精确的“信息类型”地形图以及参与者的不同动机特征和集体实践意义的差异等方面，它仍具有优势。

我们的研究涉及 36 个讨论话题，包含 235 537 个语言符号（两个空白字符间的文字图形链）和 444 个参与者，分布在 2 393 段交流信息中。这些被研究的话题都有 20-40 条讯息，涵盖不同的时间（从几天到几年），涉及的主题也非常广泛：癌症，睡眠问题等等。

交流成了根据提前测试的类别框架来进行人类编码的目标。我们已考虑到，每个内

---

① GRESEC 中心参与这一课题的研究人员有：Viviane Clavier, Maria Caterina Manès-Gallo, Evelyne Mounier, Céline Paganelli, Hélène Romeyer, Adrian Staii。

② 参考网站 http://www.doctissimo.fr/asp/espace_annonceurs/regie-commerciale-doctissimo.htm。

容单位可以对应一个“问题”或一个“回复”。“问题”标签与要求其他介入者参与的单位联系在一起，不管这些单位是否以提问的形式表达出来。“回复”标签指那些有助于话题丰富的单位，该标签可用于所有话题讯息，包括那些最初的讯息。“问题”和“回复”单位接着可以根据传播内容的类型而赋予其特征：例证、科学信息、实践信息、建议、询问等。[①] 交流内容类型的整体分布（见下图）。

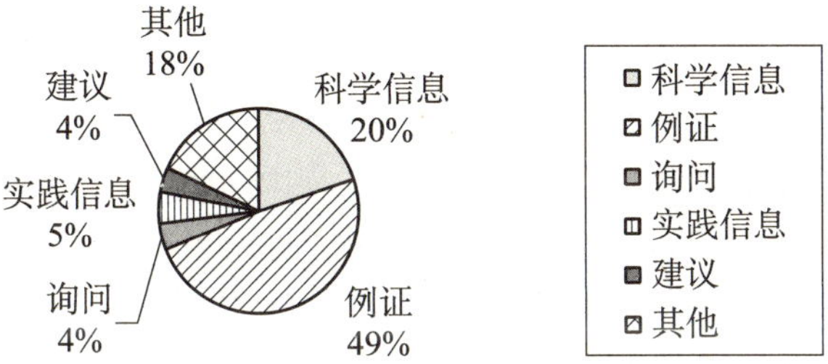

图 1　Doctissimo 论坛中的内容类型

我们的结果突出了基于实际经验上的信息的重要性（占分析讯息的 49%）。与其他信息相比，这种信息并不只因为讨论空间的性质及其自由性而占据支配地位（总之，参与者围绕他们所拥有的信息来进行交流，而这些信息非常自然地受到他们经验的影响）。问题不仅仅是一种自然的自由性，它更多涉及一种期待，一种由网民清晰表现出来的需求：46% 引发讨论的讯息和 50% 以上的所提问题都需要信息证据。

因此，很明显，网民试图了解自己或亲人的病情，喜欢不同于官方来源的话语。这有多种原因：或因为表达形式更适合他们（Romeyer et Pailliart, 2006）；或因为信息传播技术所崇尚的方法调动了他们的积极性（他们可以选择、交换、比较等）（Senis, 2003）；或因为他们因此可以更好地评估医生对病人自己所实施的（专家）控制的质量，并且自己也能获取一种使理解病历和治疗方法成为可能的专业知识形式（HAS, 2007）。

因此，论坛的参与者因诸多原因参考这些另类的信息来源。不过，他们这么做可能也是因为自己对健康问题的敏感性在增加，接触信息有了保证，他们不再是自己疾病的旁观者：如同自己生活的很多领域，他们必须担负起责任，尽管存在着犯错的危险。于是，他们努力去了解，并且这种“知”向职业团体和国家权威提出了更多新的要求。

这种求知欲不能自动地导向对医学专家系统的质疑（HAS, 2007, p.51），不过后者的权威从此不再被认为是“不可控制的”：其合法性从此必须依赖于对可使用知识的把握，不能仅仅依靠已获得的身份或地位（HAS, 2007, p.51）。病人越来越期待医生能够解释他们的决定，期待能够对人强加给自己的东西提出质疑。通过对医生的这种考验，病人实际上在要求一种对自己疾病的表述及自我负责（至少是在认知方面）的联合构建。

① 例证是一些强调参照实际经验和参与者个人体验的讯息。科学信息指被认为具有客观性的内容，其有效性被认为不依赖于个体的实际经验。实践信息包括（例如）那些对外部资源的参照（网页链接等）。建议信息通常参考一种程序、一种备忘录，一种做的方法（往往是另一种展现医生提供的信息的方法）。最后，“询问”标签主要与“寒暄”功能联系在一起（如保持联系，发起会话等）。

除了这种医疗求知欲之外，论坛的参与者在自己与他者实际经验的对比中找到相似性和复发特征，以求根据医疗系统外的另一种规范形式来形成自己个人状况表达。参与者一起构建的这种新形式依据的是案例而不是抽象的数据。这一新形式更多属于案例重现，而不是来自科学的严密性；更多属于一种去发现介于自己和病友群体间的“家庭氛围”可能性的愿望，而不是服从一种被控制的管制。

七、结论

在我们这个自治化的社会中，健康信息成了个体持续关注的主题，这是社会的一个重要问题。这不仅是因为其敏感性特征与政治和伦理内涵相关联，而且也因为它是一种真正的社会生产：人们再次生产了联系、表达以及与回应实际生活需求的制度关系。

如同与其他社会议题（生态、生物伦理等）的关系一样，信息传播技术的可使用性可能成了一种对健康信息产生兴趣的催化剂。因信息传播技术而出现的讨论空间使这些主题获得一种重要的可见性，因此促使其在集体关注下长期地定位在社会公共空间之中。对健康信息兴趣的不断增加在一定程度上可以借助自我指涉的刺激来解释。但同样也可通过一系列结构条件的长期强化来解释，其中包含着自治化在所有生活领域的加强以及舒适感关照的普及。当代个体一直在面对自治要求，并把这些要求整合在自己的不同实践之中（私人生活、工作、消费等）。信息传播技术往往作为一种行动的工具表现出来（如在劳动领域通过促销话语，有组织的工具化），使得面对自治需求成为可能。想象以及与这些技术相关联的实践为它们在健康领域（其普及标志着个体介入的新阶段）中的开发利用做好了准备，并使其变得更加容易。

信息传播技术同样有助于疾病陈述的另类表达。大众媒介通过把个体表述为主体并揭示其私密性的方式，开辟了新的道路。但是信息传播技术所允许的语言有自己的特殊性。当互动变得越来越私人化时，案例就不再具有特殊性：相反，影响力的波及面在扩大，在积累。这里，规范很少用根据专业格式（媒介的，医学的，等等）制作的一致性语言来解读，它（尤其）是由每个人借助特殊性的选择、相似性积累和实际经验间的对照来积极构建的。虽然具体的历史是特殊的，但一系列历史构成了某种共同关注的叙事。最终，自治以创造个体联系和凝聚力话语而告终。这些交流于是把健康问题推到社会公共领域的中心，促使对一种包含集体兴趣的共识主题的认同。

在另一个层面上，信息传播技术同样促使了职业合法化模式的重建。信息传播技术方便了信息的流动，这些信息流动以及资源的多元和活动者范围的扩展具有了公共话语权，它们为医疗系统创造了散漫而又不断强化的监控条件。当然，医疗机构并没有直接受到怀疑，但它已不再是疾病信息的唯一出处。病人可以从越来越多元化的信源处收集自己的信息，构建自己的病情和病历及医学专业知识表达。单独的会诊仍旧发挥作用，但其他机构通过问题、怀疑、证明（病人在经过一系列确凿信息的梳理之后提供给医生）等方式间接地参与其中。信任不一定被弱化，但总之它需要更新。这种张力不为健康所特有，但在该领域表现尤为突出。这就是为何除了自己的具体问题之外，健康信息同样也是一个观察大规模社会过程的实验室。

参考文献

BERGER P., LUCKMANN T. (1989), *La construction sociale de la réalité*, Paris, Armand Colin.

BOLTANSKI L., CHIAPELLO E. (1999), *Le nouvel esprit du capitalisme*, Paris, Gallimard.

CARRE D. (2001), À la frontière du marchand et du non marchand. Place des téléservices dans la réorganisation du secteur de la santé, *Études de communication*, n° 23, pp. 31-49. http://edc.revues.org/1136.

CARRE D., LACROIX J.-G. (2001), La santé et les autoroutes de l'information: *la greffe informatique, Paris*, L'Harmattan.

CASTORIADIS C.(1975), *L'institution imaginaire de la société*, Paris, Seuil.

CLAVIER V. et al. (2010), Dynamiques interactionnelles et rapports à l'information dans les forums de discussion médicale, In: *Le Web relationnel: mutation de la communication?*, MILLERAND F., PROULX S., RUEFF J. (sous la direction de), Montréal, Presses Universitaires du Québec, pp. 317-333.

DUBAR C. (2000), *La crise des identités. L'interprétation d'une mutation*, Paris, PUF.

DWORKIN G.(1998), *The Theory and Practice of Autonomy*, Cambridge, Cambridge University Press.

EHRENBERG A. (1998), *La fatigue d'être soi. Dépression et société,* Paris, Odile Jacob.

EHRENBERG A. (2010a), *La société du malaise*, Paris, Odile Jacob.

EHRENBERG A. (2010b), Société du malaise ou malaise dans la société ? Réponse à Robert Castel, *La vie des idées*, mars 2010, http://www.laviedesidees.fr/Societe-du-malaise-ou-malaise-dans.html.

ELIAS N. (2003), *La dynamique de l'Occident*, Paris, Calmann-Lévy.

EYSENBACH G. (2003), The Impact of the Internet on Cancer Outcomes, *CA A Cancer Journal for Clinicians*, n°53, American Cancer Society, pp. 356–371.

FASSIN D. (1996), *L'espace public de la santé : Essai de généalogie*, Paris, PUF.

FLICHY P. (2004), L'individualisme connecté entre la technique numérique et la société, *Réseaux*, n°124, Paris, Lavoisier, pp. 17-51.

FOUCAULT M. (1975), *Surveiller et punir : naissance de la prison*, Paris, Gallimard.

FOUCAULT M. (2004), *Naissance de la biopolitique : cours au Collège de France, 1978-1979*, Paris, Gallimard.

GIDDENS A. (1994), *Les conséquences de la modernité*, Paris, L'Harmattan.

HERPIN N., VERGER D. (2008), *Consommation et modes de vie en France. Une approche économique et sociologique sur un demi-siècle*, Paris, La Découverte.

IULIO S. (DE) (2011), De la peur de manquer aux dangers de l'obésité : les discours publicitaires et la construction sociale des risques alimentaires, *Le temps des médias,* n° 17/2, 2011, pp. 143-163.

LAFON B., OLIVEIRA J.-P. (de) (2012), Le cancer et la maladie d'Alzheimer, des chantiers présidentiels. De la gestion moderne des maladies aux stratégies *communication*nelles des présidents Chirac et Sarkozy, Communication, vol. 30/1, Laval, Université Laval, http://communication.revues.org/index2863.html.

LAFON B., PAILLIART I. (sous la direction de) (2007), « Malades et maladies dans l'espace public », *Questions de communication,* n° 11, Nancy, PUN.

LEONARD J. (1978), *La France médicale: médecins et malades au XIXe siècle*, Paris, Gallimard.

MARCHETTI D. (2010), *Quand la santé devient médiatique. Les logiques de production dans la presse*, Grenoble, PUG.

MAUSS M. (1969), L'expression obligatoire des sentiments : rituels oraux funéraires ustraliens, *Œuvres: Cohésion sociale et division de la sociologie*, Paris, Les Éditions de Minuit, pp. 269-278.

MEHL D. (1996), La télévision de l'intimité, Paris, Seuil.

MIEGE B. (2010), *L'espace public contemporain : approche info-communicationnelle*, Grenoble, PUG.

MORIN E. (2011), *La voie. Pour l'avenir de l'humanité*, Paris, Fayard.

PAILLIART I., ROMEYER H. (sous la direction de) (2012), Communication, vol. 30/1, Laval, Université Laval http://communication.revues.org/index2819.html.

PARAYRE S. (2008), L'hygiène à l'école aux XVIIIe et XIXe siècles : vers la création d'une éducation à la santé, *Recherches & éducations*, n° 1/2, septembre 2008, pp. 177-193.

QUEMERAS C. (2003), *Intérêt des listes de discussion destinées aux patients concernés par une pathologie rare, grave ou chronique : comparaison du point de vue de la population générale et du point de vue médical*, thèse de doctorat en médecine, Université de Brest-Bretagne occidentale, Faculté de médecine. [Document en ligne] http://www.medicalistes.org/these/these.pdf.

ROMEYER H. (sous la direction de) (2010), *La santé dans l'espace public*, Rennes,

Presses de l'EHESP.

ROMEYER H., PAILLIART I. (2006), Les mutations de l'information publique : le cas de la santé, Colloque international *Mutations des industries de la culture de l'information et de la communication*, MSH Paris Nord.

SENIS F. (2003), *Pourquoi accéder à l'information médicale sur Internet par le biais des groupes de discussions ? Qualité, centres d'intérêt et motivations des participants aux forums médicaux. A propos du forum Usenet Fr.bio.medecine*, thèse de doctorat de médecine générale, Université Bordeaux 2, Faculté de Médecine.

SINGLY F. (DE) (2003), *Les uns avec les autres. Quand l'individualisme crée un lien*, Paris, Armand Colin.

STAII A. (2012a), De la normalisation et des Tic: résistances, persistances et reconfigurations sociétales autour des questions de santé, Actes du colloque international *La communication électronique dans la Société de l'information: Quels usages, quelles pratiques ?*, Zlitni Sami, Liénard Fabien (sous la direction de), KLog Editions, pp. 257-267.

STAII A. (2012b), *Grammaires sociotechniques des Tic numériques. Pour une théorie élargie de l'ancrage social*, mémoire d'habilitation à diriger des recherches, Grenoble, Gresec, 225 pages.

STAII A., BALICCO L., BERTIER M., CLAVIER V., MOUNIER E., PAGANELLI C. (2008), « Les pratiques informationnelles des médecins dans les centres hospitaliers universitaires : au croisement de la logique scientifiqueet de la culture professionnelle », *Canadian Journal of Information and Library Science*, vol. 30, n° 1/2, pp. 69-91.

STIEGLER B. (2004-2006), Mécréance et discrédit, tomes 1-3, Paris, Galilée.

TILL JAMES E. (2003), Evaluation of Support Groups for Women with Breast Cancer: Importance of the Navigator Role, *Health and Quality of Life Outcomes*, vol. 1, n° 1, pp. 1-16.

CREDOC (2011), La diffusion des technologies de l'information et de la communication dans la société française, Collection des rapports, n° 278, Paris, Credoc http://www.credoc.fr/pdf/Rapp/R278.pdf.

HAS (2007), Le patient internaute (revue de la littérature).Haute autorité pour la santé http://www.has-sante.fr/portail/upload/docs/application/pdf/patient_internaute_revue_litterature.pdf.

意识形态帝国原理：战后东亚的国际传播与地区秩序[①]

刘建平[②]

摘　要：战后东亚终结了“帝国主义”军事殖民体制，但并未建立起主权平等的国际关系，而形成了“两个阵营”冷战模式的“新帝国秩序”。“新帝国”权力的合法性主要并不来自军事大国地位，而在于其具有“普世”意识形态生产能力。美国通过政治对话、知识对话确立了日本主流社会的“美国信仰”，发展出成熟的制度化同盟。“一边倒”的中苏同盟本来具有更坚定的价值信仰，但后斯大林时期的苏联缺乏把政治经济失败的历史真相转化为知识思想的改革意识形态生产能力；随着“苏联信仰”的消退，中国不能忍受被毛泽东比喻为“猫鼠党”的“社会帝国主义”压迫，苏联的东亚“帝国”地位丧失。美国利用中苏关系破裂的机遇，通过保证对抗苏联威胁、控制日本威胁的战略对话，把中国纳入其主导的东亚“正常化”秩序。“正常化”秩序是用“原则”表达象征性共识而遮蔽传统冷战结构存留的“假性和解”，旧金山和约体制下对日本战争责任的无责任处理、台湾与大陆的分裂化事实、钓鱼岛主权争议等被维持下来，这意味着“美帝国”权力扩张和日本“帝国精神”的复活。日本“帝国精神”之张扬不断可视化为参拜靖国神社、修改教科书、“钓鱼岛危机”，而美国则通过操纵遗留“历史问题”在日本利益方向上“解决”来稳定“帝国”权力，成为羞辱中国的象征暴力压迫。这是“正常化”秩序40年来发生周期性危机的逻辑，从中可以理解知识思想话语生产能力和国际传播主体性的建构是中国应对危机的前提。

关键词：战后东亚秩序　国际传播　意识形态　帝国　“历史问题”

2013年8月15日，虽然并非特别的周年纪念，日本政府的言动却受到罕见的国际关注：安倍晋三首相以奉纳祭祀费代替参拜靖国神社，似乎是“顾虑”中、韩等国反应的安排；但他在“全国战殁者追悼式”的致辞取消了多年来历代首相表明反省战争责任、坚守“不战誓言”的部分，代之以“谦虚面对历史”、“尽力贡献于世界永久和平”的抽象论。[③]对此，中国方面的回应明显升级，表示：美国主导的《旧金山和约》“没有解决日本与周边国家的关系问题”，1971年的美日《归还冲绳协定》“非法、无效”，日本政治的严重“右倾化”威胁亚洲各国；不管日本领导人以何种形式和身份参拜靖国神

① 本文系国家社科基金重点项目《国际传播学科发展前沿研究》阶段性成果，项目编号：11AXW003。
② 刘建平，中国传媒大学国际传播研究中心副教授，主要研究领域为中日关系和国际传播。
③ 「安倍色にじむ式辞」、「安倍首相の式辞」、『朝日新聞』2013年8月16日。

社，都意味着否认日本军国主义侵略历史、“挑战二战结果和战后国际秩序”；日本要“以实际行动”深刻反省侵略历史，否则“同亚洲邻国的关系就没有未来”。①

中日关系紧张从“钓鱼岛危机”向历史意识形态对抗扩大化，从具体问题摩擦发展到原则性话语对抗表达的象征秩序崩溃，反映着外交无解导致的敌意失控。但美国仍然作出掌握东亚国际关系基调的姿态：其参议院全体会议于7月29日通过指责中国在钓鱼岛海域“威胁”改变领土现状、强调日美安保条约适用的决议案；该决议案的主要推手——外交委员会主席梅内德斯8月15日前到访日本时受到感谢，他则赞赏安倍不参拜靖国神社是“深思熟虑”、“洞察未来的决断”。② 梅内德斯还于16日访问台湾，然后去韩国、中国大陆。而此前的8月8日，日本官房长官则在首相官邸会见了台湾对日交流代表机构“亚东关系协会”会长李嘉进；该会实际上由“中华民国外交部”所管，会长初次得见日本主要阁僚意味着中日邦交正常化以来“一个中国”原则被公然突破。据称，李会长就4月台日缔结“渔业协议”表示了对安倍首相的感谢。③

一方是“非法、无效”之类传统冷战时代无数次抗议语汇的复活，一方是我行我素挑拨政治尊严神经的心理战。从这种中日冷战险恶化、台湾“国际地位”被刻意突出的东亚政治构图，清晰可见对1970年代中日、中美建交所构造的“正常化”地区秩序的颠覆性反动。所谓“挑战二战结果和战后国际秩序”，不论概念是否准确，礼崩乐坏的“秩序”危机感是明确的。苏联解体后“全球冷战结束”以来，发展主义、全球化话语的国际传播在中国得到热烈反响，但对于规定美、日、中三国关系结构的战后历史遗留问题仍缺乏实证研究和思想整理。现在，以2012年“钓鱼岛事变”为触发点，主要表现为中日关系危机的东亚冷战政治活跃化，搁置“钓鱼岛问题”和“台湾问题”条件的“正常化”地区秩序已经被动摇；作为学术研究，必须在战后东亚政治发展史和地缘政治秩序原理的意义上给以逻辑解明和前景评估。

多年来，东亚研究既有“共同体”发展主义叙事，也有“多边安全机制”之类中美战略合作构想；但“钓鱼岛危机”的爆发不仅让“东亚地区主义”显得是一个幻想，而且连“和平与发展的时代主题论”也在日美同盟威慑中国的事实面前销声匿迹，代之以欲言又止、闪烁其词的“军国主义论”、“帝国主义论”老调。话语含混、概念陈旧是知识贫困、思想混乱的表征，不但不能有说服力地表达中国的利益和立场，反而招致更深刻的误解和猜忌——日本不断恶化的对华民意和美国不断打压中国“钓鱼岛主张”的态势就是明证。因此，系统地探讨战后东亚地区政治史，从具有实证意义的现象逻辑和可把握的外交过程出发来探讨国际政治的传播结构，是具有重要学术价值和紧迫现实意义的课题。

---

① 汤重南：《从国际条约视角论钓鱼岛主权归属中国》，《人民日报》2013年8月15日，第3版。张健：《日本政治右倾化的历史根源》，《人民日报》（海外版）2013年8月16日，第1版。《中方紧急召见日驻华大使表示强烈抗议和严厉谴责》，《人民日报》2013年8月16日，第3版。

② 「公明・山口代表、米上院外交委員長と会談」、『朝日新聞』2013年8月15日。「首相の靖国参拝見送りを評価　米上院外交委員長」、『日本経済新聞』2013年8月15日。「首相『同盟の重要性高まる』 米上院外交委員長に」、『日本経済新聞』2013年8月15日（夕刊）。

③ 「台湾対日窓口機関の会長、官房長官と初の面会」、『朝日新聞』2013年8月11日。

一、战后世界的“新帝国”与东亚地区秩序

在世界历史上，大国战争特别是涉及所有大国的世界大战，是人类价值观变革和国际秩序转型的分界线。古代东亚地区的中华帝国作为农耕文明中心，没有直接统治周边小国的意识形态和技术能力，主要以文化传播、贸易交流维持了礼治主义朝贡体制。到近代，欧洲人的航海活动、工业化、民族国家化使他们发现并具备了战争能力以征服美洲、非洲和亚洲，东亚的中华帝国战败而半殖民地化；曾经的朝贡国日本效法欧洲资本主义改革而列强化，先对琉球王国强行进行地方统治，又在19世纪末对中国发动甲午海战，中国被迫向日本割让台湾并承认朝鲜“独立”，东亚朝贡体制彻底崩溃。其后，日本吞并朝鲜继而发动全面侵华战争，力图建立东亚军事殖民主义统治；但由于与欧美、俄国的利益冲突，经过两次世界大战，东亚的日本帝国主义秩序尚未完全建立就被反法西斯盟国打垮而终结了。

处于政治变革的全球传播时代，第二次世界大战具有典型的意识形态性。“联合国家”高举自由、独立、正义、和平等价值旗帜，摧毁近代列强炮舰政策的军事殖民主义秩序，形成了既是新兴经济、军事大国又具有“普世”意识形态生产能力的美国、苏联所控制的“两极格局”。斯大林曾经解释“这场战争”与过去的不同：不仅是占领一片土地，还将社会制度“加诸其上”，并且“绝对没有例外”。而杜鲁门持类似的信念：彻底击溃、降伏敌人，然后帮助他们复苏“成为民主国家”，加入国际社会。[①] 战后世界就在这种意识形态性质的军事控制和制度植入意义上，筑起以“自由制度”与“极权政体”或“帝国主义”与“人民民主”二元对立为话语标志的“两个阵营”；美国、苏联居于各自阵营卫星圈的核心，正如“美帝国主义”、“苏联社会帝国主义”、“新殖民主义”、“邪恶帝国”等政治攻讦所指，是事实上存在的战后具有超国家权力的“新帝国”。

但“新帝国”在欧洲和东亚建立的地区秩序有着结构性差异。关于对意大利、德国等欧洲战败国的占领，美、英、苏在战争期间就议定设置盟国管制委员会，对德国更明确了美、苏、英、法分区占领体制；这样，意识形态对抗国家、战争受害国家的多元化权力结构所造成的“势力均衡”性和传播主体、利益表达的对称性，决定了欧洲的战犯审判、受害赔偿等战争责任处理具有比较客观的彻底性和公正性。而且，苏联在东欧的势力范围得到了西方阵营的现实主义尊重，这意味着两个阵营在欧洲的边界稳定和苏联直接处于冷战对峙的前沿，即与美国对抗的责任主要由苏联承担着，保持着较为稳定的“均势”。所以，冷战时期的欧洲既维持了国际和平，又实现了战后和解；随着苏联的政治改革和放弃对东欧国家的控制，欧洲的冷战秩序便瓦解而实现了一体化统合的共同体政治。

东亚地区则由于美国单独占领日本，其冷战战略利益压倒了通过战争责任处理实现东亚国家战后和解的逻辑。美国既是“阵营对抗”意义的战略性帝国，也是庇护日本逃避战争责任意义的地区政治结构性帝国，日美关系成为地区秩序的主导结构。在日本投

① 〔美〕亨利·基辛格：《大外交》，顾淑馨、林添贵译，海南出版社1998年版，第371、379页。

降前的盟国首脑“波茨坦会议”期间，1945 年 7 月 26 日发表的《促令日本投降之波茨坦公告》没有规定占领管理体制。那时，美国对日本投降的估计是在 1946 年，登陆本土作战要牺牲 50 万美国人的生命；并且苏联迟迟不明确参加对日作战的具体日期，美国则暗中准备用最新研制的原子弹轰炸日本，“以强迫敌人立刻屈服”，决意“不容俄国控制日本的任何部分”。① 在日本无视《波茨坦公告》并鼓吹顽抗的情况下，美国第一颗原子弹于 8 月 6 日轰炸日本广岛。苏联本来把压迫中国接受损害权益的《雅尔塔协定》作为对日参战的政治条件，这时便不等中苏缔约谈判完成（8 月 14 日），即于 8 月 9 日加入对日战争，而美国又把第二颗原子弹投到日本长崎。丧失了战斗意志的日本政府表示接受《波茨坦公告》，8 月 15 日由天皇广播“终战诏书”，向盟国投降。② 在日本乞降和美苏争夺主导权的过程中，美国拒绝了苏联关于“盟国最高统帅”可以为两人的建议，杜鲁门总统于 8 月 13 日任命麦克阿瑟将军为占领日本的“盟国最高统帅”，规定“日本天皇和日本政府统治国家的权力将隶属于”麦克阿瑟；杜鲁门还拒绝了斯大林关于由苏军在日本北海道受降的要求。③ 这样，日本向盟国的投降演变为向美国的投降，单独占领体制决定了日本“隶属于”美国的军事统治——历史学家把麦克阿瑟称为日本“新的君主”、“殖民总督”、“蓝眼睛的幕府将军”，而当今日本学者的反思精神也仍然顽强，流行着悲情的“主权在美”史观。④

美国能够让苏联默认单独占领，除了强大的“原子弹效应”，适当“放手”让苏联取得东欧势力范围和日苏有历史争执的千岛群岛，还在于通过日本天皇权威的信息操作来强化麦克阿瑟的统治权力。事实上，苏联、英国乃至美国当局内部，对于麦克阿瑟权限的理解存在分歧，即认为盟国所达成共识的是“为落实投降条款而采取必要措施的盟国最高司令官”，这种“鉴于日本突然投降而发生的紧急性”所任命最高司令的目的“限定于”处理受降，“不是连续性权限而是临时性的”。⑤ 日本投降初期，苏联由于占领北海道的要求被拒绝，曾经威胁要设法免去麦克阿瑟的最高统帅职务，英国则提议在东京设置政策决定性质的盟国管制委员会，但美国只同意在华盛顿设置“远东咨询委员会”。1945 年 9 月 24 日，苏联也提案要求在“军事性局面结束后”设置处理政治、经济课题的盟国管制委员会。对此，美国作出一定的让步，在 12 月莫斯科外长会议上，盟国决定设立由十一国代表组成的具有制定政策原则、“考核”最高统帅行政之权的“远东委员会”，以及由美苏中英等国代表组成的作为最高统帅商讨、咨询机关的“盟国管制日本委员会”。⑥

---

① 《杜鲁门回忆录》第一卷，李石译，世界知识出版社 1966 年版，第 313、315、316、318 页。
② 「大東亜戦争終結関する詔書」，竹内実編『日中国交基本文献集』（下巻），蒼蒼社 1993 年版，135 页。
③ 《杜鲁门回忆录》第一卷，李石译，世界知识出版社 1966 年版，第 332、340、342 页。
④ 约翰·W. 道尔：《拥抱战败：第二次世界大战后的日本》，胡博译，生活·读书·新知三联书店 2008 年版，第 178 页。「ノンフィクション時評 9 月『主権在米』史観」，『毎日新聞』2012 年 9 月 25 日（夕刊）。
⑤ 豊下楢彦：『昭和天皇・マッカーサー会見』，岩波書店 2011 年版，第 44-45 页。
⑥ 《麦克阿瑟回忆录》，上海师范学院历史系翻译组译，上海译文出版社 1984 年版，第 180 页。《苏美英三国外长莫斯科会议关于设立远东委员会即盟国管制日本委员会的决议》（1945 年 12 月 27 日），《对日和约问题史料》，人民出版社 1951 年版，第 17-19 页。

作为反击，麦克阿瑟利用日本天皇加强自己的实权。从美国的占领政策而论，保留天皇的象征权威以利于占领是既定方针；但事实上的利用比这种一般论复杂而微妙。麦克阿瑟初到东京时，其参谋人员曾建议把天皇召来以“显示我们的权势”；但他的判断是“等待”天皇“求见”，“东方的忍耐而不是西方的仓促更能达到我们的目标”。等到麦克阿瑟的权限受到盟国质疑、限制之际，同时也是要求追究天皇战争责任的国际舆论高涨之际，日美当局就“商妥”由天皇出宫于1945年9月27日到美国大使馆“访问”麦克阿瑟了。据麦克阿瑟回忆录的记述：天皇承认对战争“负完全责任”，是来“投案并接受审判”的；麦克阿瑟则认为“不是他的责任”，并感到天皇“理解民主思想”，肯定其“真诚合作和影响”对“占领的成功”有重大意义。[①]但当时报道出来的内容是：麦克阿瑟感谢无流血的顺利占领得益于天皇的权威；天皇对麦克阿瑟不言及战争责任很感动，认为“最终判断不得不有赖于历史学家”；麦克阿瑟欢迎天皇任何关于日本重建的提议，而天皇则表示对占领的进展非常满意。[②]这种新闻传播的导向非常明显，在于搁置天皇的战争责任问题，确认“政治利用”天皇、天皇与麦克阿瑟合作的重要性。而事实上，即使是日方翻译也承认麦克阿瑟对天皇有“严肃”的“演说口吻”。[③]总之，美国占领当局对外淡化战争责任而突出日美合作，在幕后则强调天皇向麦克阿瑟承认负有全部战争责任并愿意接受处罚，要求日本方面在战犯审判问题上尽力合作以使天皇免责——这是一种从道义高度控制“人质”权威、建构占领权力秩序的政治传播。而“负有”但被免去战争责任的天皇当然就与麦克阿瑟全面合作，天皇权威被政治利用而强化了麦克阿瑟的中枢地位和美国控制日本的权力结构。此后，从12月莫斯科外长会议召开到会议所决定的远东委员会于1946年2月成立期间，盟军总司令部迅速发出了关于“国家与神道分离”的指令、关于日本民主化基本指令的声明、关于废弃天皇制度的声明、麦克阿瑟欢迎天皇“人格宣言”的声明、修改宪法的“麦克阿瑟三原则”和宪法草案，造成在麦克阿瑟统治下建构战后日本基本政治框架的既定局面。[④]相应地，远东委员会和盟国管制日本委员会虽然成立了但被形式化，不能对美国占领政策和麦克阿瑟行政产生实质性的影响。

甚至到了日本新宪法施行（1947年5月3日）之后，麦克阿瑟仍然违宪利用天皇权威探索对日和约缔结之后美国继续占领冲绳的途径。6月27日，他对美国记者团谈话说：“冲绳诸岛，是我们的天然国境。对美国保有冲绳，我不觉得日本人会反对。为什么这么说呢？冲绳人不是日本人，而且日本人已经放弃了战争。在冲绳部署美国的空军，对日本有重大意义，非常明显会成为日本安全的保障。”他还相信，只要使苏联占有千岛群岛的对日要求得到满足，苏联就不会强行反对和约。[⑤]此后不久，天皇的顾问

---

① 《麦克阿瑟回忆录》，上海师范学院历史系翻译组译，上海译文出版社1984年版，第182-184页。吉田茂：《十年回想》第一卷，韩润棠、阎静先译，世界知识出版社1963年版，第54、60页。

② 豊下楢彦：『昭和天皇・マッカーサー会見』，岩波書店2011年版，第10-11页。

③ 吉田茂：《十年回想》第一卷，韩润棠、阎静先译，世界知识出版社1963年版，第61页。

④ 豊下楢彦：『昭和天皇・マッカーサー会見』，岩波書店2011年版，20-23と46-50页。

⑤ 新崎盛暉：《冲绳现代史》，胡冬竹译，生活・读书・新知三联书店2010年版，第21-22页。

寺崎英成特地向盟军总司令部传达天皇希望“美国继续军事占领冲绳及其他琉球诸岛”、可以在主权保留于日本的情况下长期租借“25年到50年或者更长时间”的口信，美国方面于9月20日作成了“麦克阿瑟将军备忘录”。[①] 这意味着，麦克阿瑟是足以操纵天皇违背规定其“象征性”的新宪法而干预国政的“超日本国家”性质的存在；以天皇战争责任的暧昧化换取日本“统治权威”与麦克阿瑟“占领权力”合作的机制，保障了美国在战后东亚的权力扩张。

对于美国的战后权力扩张，苏联以重整国际共产主义运动体制作对抗。一般认为，1947年9月提出“两个阵营”理论、组建欧洲九国共产党和工人党情报局，是战后苏联重建国际共产主义运动体制的标志。事实上，虽然共产国际于1943年解散，但由于日共驻共产国际代表野坂参三（冈野进）于1940年3月秘密来延安领导日本人反战运动，中日两党的合作以及与苏联联系的存在，使得苏联影响东亚政治的国际共产主义运动方式一直延续着。[②] 而随着对日决战的来临，面对美国势力的扩张，苏联高层更积极地探索控制战后东亚政治进程的渠道。1945年8月10日，曾任共产国际总书记、共产国际解散后任联共中央国际情报部部长的季米特洛夫和副部长波诺马廖夫给斯大林等提出报告，建议“利用冈野进同志的组织”。日本投降后，驻东北的苏军从张家口接应野坂，送往莫斯科。[③]

苏联军方情报部门的负责人和波诺马廖夫接见了野坂。野坂在10月11日的会谈中提出希望苏联帮助日共重建组织、给以政策指示和资金援助、解决日共与莫斯科的正常联络等问题；苏方表示“关心日本成为民主主义国家，希望与民主日本建立友好的关系”，同时又指出“完全明白处于美帝国主义铁蹄蹂躏之下日本形势的困难”。12月初，野坂又被秘密送回中国东北，取道朝鲜半岛，于1946年1月回到日本。[④] 这样，苏联在野坂归国前解决援助日共的技术性问题，在确认国际共产主义运动体制和反对美国单独占领日本的地区政治意义上重建了与日共的关系。

另一方面，随着中国革命形势的发展和中苏两党就苏联援助新中国进行具体沟通，斯大林又把中共纳入了东亚冷战的战略规划。1949年6月26日，刘少奇率中共中央代表团到达莫斯科。翌日，斯大林在第一次会谈中主要谈了经济、技术援助等问题。7月4日，刘少奇向联共（布）中央、斯大林提出书面报告，以“联共是世界共产主义运动的统帅部，而中共则只是一个方面军的司令部”原则，表示中共“服从并坚决执行联共的决定”。对此，斯大林在7月11日的会谈中略有谦辞，承诺将帮助和支持中共建国。[⑤]

解决了政治支持和经济援助等中共的迫切关心事项，斯大林在7月27日的宴会和

① 孫崎享：『戦後史の正体』，創元社2012年版，第87页。
② 刘建平：《野坂参三与中国共产党的日本认识——新中国对日外交思想探源》，《开放时代》2007年第6期，第76-93页。
③ 不破哲三：『日本共産党にたいする干渉と内通の記録——ソ連共産党秘密文書から　下』，新日本出版社1993年版，第267-268页。イワン・コワレンコ（清田彰訳）：『対日工作の回想』，文芸春秋1996年版，第39-40页。
④ 和田春樹：『歴史としての野坂参三』，平凡社1996年版，129-130と148-151页。「野坂議長にきく　延安から東京まで」(20と21)，『赤旗』1971年9月4日と5日。
⑤ 《建国以来刘少奇文稿》第一册，中央文献出版社2005年版，第16-17、21-22页。

会谈中着重阐述了国际问题。他说：在国际革命运动中，中苏应该有某种分工合作。你们多做东方和殖民地、半殖民地国家的工作，我们对西方多承担些义务。你们应当与日本共产党建立密切的联系。现在美国正争取日本，如果美国在日本达到目的，以后中国的困难就会大；如果你们能把日本争取到你们方面来，那资本主义在远东从此就要完蛋。因此，日本走向哪一边，是带有决定意义的事件。日本人民是很好的，中国人民中仇恨日本人的情绪，不该成为你们争取日本的阻碍。但日本上层还有反动分子没有被打下去。今后你们的任务，就是要很好地帮助日本共产党及其他进步势力，打击日本反动分子，以便能够把日本争取到你们方面来。① 这些指示把国际共产主义意识形态原则和新中国的安全战略联系起来，建构了苏联为中心、中日共同反美的东亚象征权力。

而等新中国成立后毛泽东出访苏联，于1950年2月签订《中苏友好同盟互助条约》，则使东亚反美阵营的国际政治体制化。条约序文和第一条是“共同防止日本帝国主义之再起及日本或其他用任何形式在侵略行为上与日本勾结的国家之重新侵略”的同盟安全内容；第二条是“缔约国双方保证经过彼此同意与第二次世界战争时期其他同盟国于尽可能的短期内共同取得对日和约的缔结”，即以共同行动和相互支持保证彼此战后大国外交地位的内容。② 关于战后对日议和之类的外交和国际法问题，毛泽东没有什么心得，他所满足的是：有了“用条约把中苏两国的友谊固定下来”的“同盟”关系，“帝国主义者如果准备打我们的时候，我们就请好了一个帮手。”③ 这是脱离实际的苏联意识形态教条造成的重大战略错觉。在日本尚未投降之际，中华民国与苏联签订共同对付日本的“同盟条约”还可以理解；但在日本投降解除武装、采用放弃国家战争权力的和平宪法之后仍然假定其为侵略敌国，并且用“与日本勾结”暗示与“美帝国主义”对抗，中国就被苏联纳入了反美冷战——控制中国而牵制美国——的同盟政治轨道，另一方面又被美国利用作了继续驻军东亚和扶植日本反华的借口。

与毛泽东访苏同时，日共也与中共中央秘密联络，派出战前曾在中国学习、工作多年的经济调查代理部长安斋库治作为常驻代表到北京，形成两党协调机制。而苏联以国际象征权力推动反美革命，斯大林于1950年1月在欧洲情报局机关刊物上发表匿名文章《关于日本的形势》，批评野坂参三坚持议会民主的“和平革命”理论是“反马克思主义的”、“粉饰帝国主义对日占领的理论”，要求“为立即缔结公平的对日和约，为从速撤退驻日美国军队，为保证各国人民间持久和平而进行坚决的斗争。”④ 在中共也表明

① 斯大林谈话记录（1947年7月27日）。可参阅：师哲回忆录《在历史巨人身边》，中共中央党校出版社1998年版，第368-370页；《刘少奇传》（下），中央文献出版社1998年版，第651页；刘建平：《“中间地带”理论与战后中日关系》，《当代中国史研究》1998年第5期，第78页。

② 《中华人民共和国苏维埃社会主义共和国联盟友好同盟互助条约》，《人民日报》1950年2月15日，第2版。

③ 毛泽东在中央人民政府委员会第六次会议上的讲话（1950年4月11日），《毛泽东外交文选》，中央文献出版社、世界知识出版社1994年版，第132页。

④ 「野坂の『平和革命論』に対するコミンフォルム批判を発表した機関紙編集会議議事録（1950年1月5日）。附属資料9、小林峻一・加藤昭：『闇の男　野坂参三の百年』，文芸春秋1993年版，第251-254页。《人民日报》1950年1月11日，第1版。

批评态度之后，日共德田球一、野坂参三等主流派作出妥协，接受情报局意见。①岂料，美日统治当局迅速作出反应，以苏联的“指挥和控制”使得日共“决定贯彻暴力革命主义”为口实展开“赤色整肃”。②1950年底，日共主要领导人潜行到北京，建立了以德田、野坂为核心的国外领导机关。这一领导机关接受斯大林提出的暴力革命纲领，在国内发起了一些袭击警察、组织山村工作队之类很快归于失败的所谓“军事斗争”，又成为日美阵营更加敌视新中国的根据。

作为一个更大的东亚国际共产主义运动战略，斯大林在新中国成立后支持金日成统一被美苏分裂了的朝鲜半岛，但拒绝在联合国安理会作出阻止美国武装干涉的政治努力，并要求中国出兵参战。1950 年 8 月 27 日，斯大林在给捷克斯洛伐克总统哥特瓦尔德的绝密电报中解释说：苏联没有出席 6 月底 7 月初的联合国安理会以阻止联合国派兵干预朝鲜战争的决议，就是为了让美国获得多数支持而“干蠢事”；美国“陷进了”武装干涉，“并使中国加入”，美国就“被牵制在远东”。“这就为巩固欧洲的社会主义争取了时间”，中美斗争在亚洲和远东地区也会引发革命——“从国际力量对比的观点来看”当然“对我们有利”。③但事实上，美国本来就极力寻找借口保持在日本、朝鲜、台湾驻军，即甘愿“被牵制在远东”，因此反而抓住朝鲜战争使之造成与中国、苏联关系尖锐敌对化的机会，在拖延了多年之后于 1951 年 9 月推行排除中国、排挤苏联、庇护日本逃避实质性赔偿的“宽大”对日议和，实现了重新武装日本、缔结保证长期驻军日本的《日美安保条约》、以《日台和约》（1952 年）和《美台条约》（1954 年）分裂中国等战略目标。这样，美日、中苏阵营对抗模式的东亚冷战体制结构就固定下来。

如此，通过推动或支持日共、朝鲜、新中国与美国的对抗，苏联在东亚获得了反美阵营意义的“帝国”地位，而美国则通过朝鲜战争“威胁”下的对日议和实现了长期占领日本的合法化。美国把日本作为“遏制共产主义”的同盟政治工具，苏联与“一边倒”的中国结盟对抗美日阵营，貌似一种冷战“均势”；但对中国来说极其困窘的是，由于斯大林的“中苏分工论”和中国出兵朝鲜，事实上使中国处于与美国、日本对抗的前沿，即东亚的冷战政治压迫集中于中国，这意味着中国承担起中苏阵营的直接牺牲。在这种美苏主导、中国受苏联控制而被美日遏制的东亚冷战秩序下，战争责任、战后东亚和解的议题被压迫于美国以遏制中国为目标的冷战政治逻辑之下——扶植一个拒绝战争责任并迅速复兴的日本对中国意味着民族精神被蔑视、国家安全被敌视的巨大打击。日本付出被军事基地化的“工具成本”，但获得了逃避战争责任的利益；中国作为日本侵略战争的最大受害国，其利益、尊严却受到冷战政治压迫、战争责任拒绝之双重的损

① 『日本共産党戦後重要資料集』（第一卷），351 と 384 页。袴田里见：《我的战后经历》，周斌译，商务印书馆 1980 年版，第 48 — 49 页。

② 吉田茂：《十年回忆》第二卷，阎静先等译，世界知识出版社 1964 年版，第 190 页。

③ 俄国学者列多夫斯基在 2005 年公布了这份电报，中国学者沈志华发表在 2007 第 5 期《史学集刊》的论文《斯大林、毛泽东与朝鲜战争再议——根据俄国档案文献的最新证据》中有全文引用，2008 年 6 月 25 日韩国《中央日报》报道了韩国学者金东吉使用这份电报重新解释朝鲜战争起源的情况，中国《环球时报》在 2008 年 6 月 26 日有简短译介，日本媒体也有介绍。这份电报生动地证明了斯大林冷战外交追求国际政治优势和阵营权力地位的谋略性，中美交战既有利于苏联巩固欧洲势力范围，也使中国更加依赖苏联。

害和屈辱。东亚战后和解政治的荒废造成敌对化的中日关系结构，使得美国成为一直到现在仍然被依赖的“战略平衡”力量；作为战略理论生产和操纵东亚地区政治的中枢，美国已不同于世界殖民战争时代的“帝国主义”侵略者，而是战后新殖民主义时代被依赖的“帝国”。

二、“思想战”：“美帝国”意识形态生产与日美关系调适

从中苏结盟、朝鲜战争，到旧金山对日议和、1952年对日和约与日美安保条约生效以及日台和约签订，“旧金山体制”主导的战后东亚冷战政治秩序形成。这一体制的逻辑是日美安保对抗中苏同盟，美国以战争边缘政策维持势力范围现状的冷战政治取代了日本战争责任处理前提下的战后东亚和解政治。

冷战政治以意识形态的本质主义论阐释势力范围的神圣性，经过朝鲜战争，阵营的军事分界在南北朝鲜、中国台湾海峡稳定下来。“阵营对抗”模式的东亚地区秩序之维持或演变，也就事实上决定于阵营内部秩序的维持或演变，其原理在于经过意识形态传播、政策协调达成价值共识和利益认同的国际政治共同体机制。历史表明，美日阵营努力克服认识分歧和认同危机，维持并发展出强有力的同盟政治；中苏阵营却发生分裂乃至军事冲突，东亚冷战政治秩序也就从意识形态界限分明的“两个阵营对抗”向多极化转型，演变为现实国家利益原则的“外交关系正常化”秩序。

控制日本的美帝国意识形态话语是和平主义、民主化与现代化，这种意识形态控制既有秘密外交，也有大众传播，具有政治合法性、知识合理性的过程和形式。美国要求以和平、民主精神修改日本“明治宪法”，1945年10月成立的币原喜重郎内阁设立了宪法问题调查会，但麦克阿瑟认为他们的草案不过是为继续维护天皇权力、限制人民自由而对明治宪法“改变措辞的重述而已”。于是，由美国占领当局直接起草，麦克阿瑟于1946年3月6日发表的声明说：“天皇和日本政府决定向日本人民提出一部我完全赞同的、崭新的、开明的宪法。”但事实上，盟军总部的民政局局长惠特尼及其部下盖迪斯在年初就访问了币原，希望日本政府请“天皇颁布放弃战争的敕语”。很快，币原于1月24日拜访麦克阿瑟，称感谢他赠送了治疗其肺炎的青霉素，但谈话间就表示“开明”认识说：新宪法应有“非战条款”、禁止日本的“任何军事建制”，以防止军人重新掌权且利于经济复兴。麦克阿瑟也有所感动，谈到原子弹使他作为军人的厌战心情“达到了顶点”，币原不禁“泪流满面”。[①] 这样，日本天皇和政府接受了盟军总部提供的“示范宪法草案”。

但日本的安全保障就成为悬案。在新宪法公布（1946年11月3日）前夕，天皇于10月16日访问麦克阿瑟，表明对于规定“禁止军队”、“放弃战争”的忧虑；岂料，麦

① 《麦克阿瑟回忆录》，上海师范学院历史系翻译组译，上海译文出版社1984年版，第198-201页。升味准之辅：《日本政治史》第四册，董果良译，商务印书馆1997年版，第885页。

克阿瑟大谈“要消除战争就只能放弃战争”的辩证法。宪法正式实施（1947年5月3日）之后，日本天皇于5月6日再次向麦克阿瑟表示对国家安全的担忧，说：既然日本完全废除了军备，安全保障就必须期待联合国，但联合国中多个大国有否决权，实在难以指望。“因此，需要作为盎格鲁—撒克逊代表的美国主导保障日本的安全，希望元帅鼎力相助。”得到这种恳求，麦克阿瑟在讲了一通“日本完全放弃军备本身就是最大的安全保障”的抽象论后，才承诺说：“美国的根本观念就是要确保日本的安全，这一点请完全放心。”进入1949年，苏联原子弹爆炸试验成功和中国革命胜利和建国使日本政府的危机感更加严重。11月26日，麦克阿瑟又对到访表达这种危机感的天皇说：考虑到日本主权恢复之后的安全保障，为了防止侵略，美国需要在日本继续驻军作为“数年间过渡性的措施”。[①] 到1950年6月朝鲜战争爆发，负责处理对日议和问题的美国国务院顾问杜勒斯发现：日本的多数领导人“比以前更清楚地认识到美军继续驻留日本是必要的”。有媒体也明确地主张：“日本如欲依靠美国来保卫自己，就得自动地把日本的战略地点提供给美军作基地。”而美国也的确以世界领导者和东亚秩序维护者的姿态，迅速组织起由麦克阿瑟任最高司令官的联合国军出兵朝鲜，日本则在美军投入朝鲜战场之际组织了“国家警察预备队”。与此同时，美国根据杜勒斯的主张在朝鲜战争期间完成对日议和，从而把美军继续驻留日本正当化，以避免“美国要把日本殖民地化”的印象。[②]

从上述过程可以看到，所谓战后日本的和平民主宪法，其实是美国把日本军事基地化的逻辑起点。当然，日本的军事基地化有赖于东亚冷战乃至热战的“事实”逻辑驱动，但美国占领当局把关于“事实”的知识转化为日美共识的传播政治学智慧也至关重要：以宪政民主、战争责任大义作为与日本国民“对话”的前提，取得价值共识和冷战政治认同；以回避战争责任的利诱俘获天皇的象征权威，在与日本统治阶层的“对话”中取得战略利益共识和同盟政治认同；基于全面的日美共识，经过日本制宪、旧金山议和而形成基本法、国际法象征体系，创造了美国主导、美日同盟支撑的东亚“旧金山体制”。作为原则论，因为这一体制得以成立的关键技术环节在于回避天皇战争责任的美日权威关系交换，所以美国牺牲了对日战争的国际道义。但从“阵营对抗”模式的东亚冷战秩序而言，美日对于中苏的地缘政治敌视与战后处理蔑视在逻辑上是统一的，美国向日本天皇神权意识形态妥协是寻求价值共识的一种形式，也使美国利用这种意识形态诱导、驱动日本政治成为可能。以意识形态的传播政治达成共识而不以军事体制的权力政治实行强迫，是近代帝国主义向现代帝国进化的标志。

作为控制冷战秩序的意识形态传播，占领统治时期的和平民主“政治对话”之后是日本主权恢复、经济振兴过程中关于“现代化”的知识对话。所谓“现代化”的知识对话，是指被美国定义为“思想战”的“现代化”知识话语传播。这种用“现代化”宏大理论在战后非殖民化世界与共产主义对抗的意识形态斗争政策，经过1961年上台的肯

---

① 豊下楢彦：『昭和天皇・マッカーサー会見』，岩波書店2011年版，53と98と111-112页。
② 升味准之辅：《日本政治史》第四册，董果良译，商务印书馆1997年版，第980、986页。

尼迪总统调整对外战略，由突出军事基地部署到重视国际对话、援助欠发达国家，成为美国应对战后苏联军事科技追赶、中国革命胜利、朝鲜战争造成的国际政治心理冲击进而主导全球性社会变迁的信念和手段。① 尤其在美日关系调整的意义上，这种“对话”具有控制日本的知识思想、克服日本社会批判日美安保条约的“反美民族主义”，从而稳定阵营秩序的目的和功能。

日本的“反美民族主义”起因于美国占领政策转变，而在1960年反对日美安保条约的斗争中达到高潮。占领初期，“非军事化与民主化”改革曾经鼓舞了日本民众的理想主义国际政治期待，一般预计美国占领会在三年内结束。② 但随着美苏冷战的开始和中国革命胜利发展，美国调整对日政策，于1948年10月形成了国家安全委员会NSC13 / 2号文件，决定拖延对日和约、保留美军基地、建立日本警察力量、全力复兴日本经济、放宽财阀限制和战犯整肃、减缓日本战争赔偿等等。③ 此后到朝鲜战争期间，美国操纵片面对日议和，美日统治当局镇压劳工运动、清洗“赤色分子”、重整军备，日本社会失业增加、政治气氛趋于保守，形成了战后史上的“逆流”时期。针对美国主导的只包括“资本主义阵营”的片面对日议和，日本“进步知识分子”群体和左翼政党发起主张全面议和、非武装中立、反军事基地、经济自主的社会运动；虽然没能阻止日美“片面”议和，但培育了战后民主主义文化。④ 强烈批判美国在日本保留军事基地的左翼政党和知识分子把日本称为“殖民地”。著名政治学者丸山真男甚至以“日本是唯一失去民族主义处女性的国家”这种刺激男性自尊的比喻，呼吁恢复因战败、被占领而受到伤害的民族身份。1956年10月更发生了美军扩大东京军事基地导致警民冲突的流血事件，数百名知识分子签名发表“安保问题再检讨声明书”，批判“安保条约”和“旧金山体制”，一些著名学者还发起“国际问题谈话会”，倡导根据日本高度工业化的现状“迅速解除对美从属”、以“中立于一切军事同盟”确立日本的自主性。⑤ 及至1960年日美两国签订新的《日美安保条约》，苏联和中国作出对抗性反应，被美国拖入战争的危机感迅速在日本社会蔓延，数十万、数百万人走上街头参加“反安保斗争”游行示威，以致美国总统艾森豪威尔的访日计划也不能成行。虽然“反安保斗争”最终没能阻止新条约，但日本社会美国观的分裂造成政治对抗，岸信介首相在新条约生效后下台。

对于危及美日关系的日本政治生态和社会思潮动向，美国保持了高度敏感和具有国际传播意识的应对。在转变占领政策的1948年到1949年间，美国曾经向日本派遣“文化社会科学使节团”，提供人文和社会科学发展指导。其中的赖肖尔是著名的东亚问题学者，有着日本生活经历、日本史和中国史学历以及战时陆军情报军官、战后在国务院参与对日政策制定、在哈佛大学任教等职历，他回国后出版了重要著作《美国与日本》

① 雷迅马：《作为意识形态的现代化》，牛可译，中央编译出版社2003年版，第2-4页。

② 约翰·W. 道尔：《拥抱战败：第二次世界大战后的日本》，胡博译，生活·读书·新知三联书店2008年版，第513页。

③ 于群：《美国对日政策研究》，东北师范大学出版社1996年版，第111页。

④ 中村正則：『戦後史』，岩波書店2006年版，版57-58页。

⑤ 小熊英二：『〈民主〉と〈愛国〉 戦後日本のナショナリズムと公共性』，新曜社2005年版，273-280と501页。

（1950 年），主张亚洲冷战是一场意识形态斗争。[①]1950 年代初，他向日本《每日新闻》提供了十余篇冠以“哈佛大学教授”的“特别寄稿”，分析说：马克思是 19 世纪德国的理想主义者，如果有基于 20 世纪的人类经验修改理论的机会，相信他会喜欢伦敦的社会民主主义而厌恶莫斯科的新专制主义；民主主义承认个人自由，在发挥多数人智慧和创造力、逐步推进社会进化方面优于极权主义，是人类进步的根源。日本的工业技术能力是共产主义“世界征服计划”中的“贵重目标物”，面临着苏联威胁的日本是东西方“均势”的“中枢”；日美合作使日本走上民主、繁荣之路，对于战后世界秩序避免受到侵略国家、传播“精神疾病”的落后地区之妨害至为重要，在苏联及其卫星国对日本“非友好”的前提下应该尽早选择排除苏联阵营的“单独议和”。日本的民主化成功与否“决定亚洲命运”，是与共产主义展开“思想战”的“主战场”，为了打赢“思想战”，期待日本思想家创造出现代民主主义的表达体系。[②]

然而，冷战政治的意识形态说教并不能轻易动摇日本知识分子的思想主体性和迷惑日本国民反基地的民族自尊心。1953 年，当赖肖尔一篇系统论述日美关系的论文发表在日本《世界》杂志之后，著名左翼学者、法政大学校长大内兵卫也以长文反驳。他说：赖肖尔教授根据“民主主义美国”的敌人设定，要求“民主主义日本”一起与苏联、中国为敌，这种理论未免过于“简单”，即使美国对苏联、中国开战有胜算，日本站在美国一边也会灭亡。美国把世界二分为敌我的主张是错误的，共产主义也有主张和平的一面。日本国民并不像美国人那样害怕共产主义，日美关系危机的原因在于美国对日政策的转变。日本人对于占领初期解除军国主义的纯粹“美国民主”充满感激，但“旧金山条约”后的日本到处是美军基地，日本的许多工厂生产着美式武器，本来应该归还于中国的日本旧领地台湾被交与了反对政权。因此，日本人知道自己并没有获得政治独立而是处于美国的支配之下。事实上，日本的产业围绕军备展开，旧军人势力全面复活，这种“逆流”通向法西斯主义和军国化。“逆流”的推动力是美国的朝鲜政策和亚洲大陆政策，日本国民认为现在美国的对日政策已经不是传统占领时期的民主主义，而是一种帝国主义。为了日美关系的友好，赖肖尔教授希望知识分子致力于两国国民的相互理解，但必须指出：如果美国试图利用日本与共产主义战斗，必将助长日本对美国的反感；如果美国从日本确立撤军的原则并有秩序地实行，日本人就即刻能理解美国是真正希望日本独立，将以感谢和感激之心建设日本民主。“只要不满足这个条件，无论我们日本知识分子怎样向国民说教对美合作，也不会有大的效果。”[③]

大内兵卫的日美关系结构分析击中了美国本位的意识形态冷战论的要害。赖肖尔在 1955 年出版的《需要一项亚洲政策》中对自己的论点有所调整，认为应当充分考虑到

① 「民主日本の重要性」,『毎日新聞』1950 年 8 月 23 日。归永涛：《赖肖尔与美国对日政策——战后日本历史观中的美国因素》，重庆出版社 2008 年版，第 31-33 页。
② 「民主日本の重要性」,『毎日新聞』1950 年 8 月 23 日。「既に思想の主戦場」,『毎日新聞』1950 年 8 月 26 日。「単独講和早きを選べ」,『毎日新聞』1950 年 10 月 9 日。「日本に独自の形」,『毎日新聞』1950 年 10 月 18 日。「思想戦と近代民主主義」,『毎日新聞』1950 年 11 月 14 日。
③ 大内兵卫：「日米関係の将来——ライシャワー博士の見解」,『世界』昭和 28 年 4 月号，第 17-27 页。

日本民族主义的潜能，允许日本与中国贸易。而此时，美国学术界也在转变策略，为对抗共产主义准备了更具有知识话语形式的“现代化”理论。在1958年密歇根大学的一次学术会议上，学者们主张避免政治和意识形态的干扰，采用“现代化”概念来表达近代日本以及世界历史的重大变迁，取代马克思主义历史观。①美国学者相信“真理”是作为“武器”的“知识产品”，以沃尔特·罗斯托1960年出版《经济增长的阶段：非共产党宣言》为标志，现代化理论成熟起来；一种各国都将经历像西方那样从“传统社会”向“大众消费时代”演进的宏大历史叙事被认为足以回应马克思主义。共产主义并非“未来的潮流”而只是“过渡时期的一种病症”之说，并有能力重新解释历史和塑造未来。②而恰在1960年，日本的反美民族主义“潜能”以反对日美安保条约的大规模抗议形式爆发出来，与日本进行关于现代化的“知识对话”就很快进入美国的外交议程。1960年7月初，赖肖尔到日本与日本知识分子交流，亲身体验“反安保斗争”。当时的美国驻日大使麦克阿瑟二世把“反安保斗争”归因于共产主义者的阴谋煽动，但赖肖尔回国后在美国《外交》杂志上发表题为《与日本之间中断的对话》的文章，反驳这种傲慢的阴谋论，指出：日本的骚动表明了日本人反对日美军事关系的意志，不是被共产主义宣传蛊惑，而是对议会民主主义感到危机的大众行动。“我们可以归罪于日本知识阶层太脱离现实，但我们也有不理解他们的内心之过。”美国政府与东京使馆的形势判断错误表明，我们与日本反对派的接触太少。美国大使馆当然要与会讲英语的实业家、政界人士保持接触，但必须知道他们与知识阶层以及其他反对派对事物的看法是有差距的。占领时期知识阶层和反对派与美国人保持的接触不存在了，日美关系已经出现危险的征兆，“日本与美国失去了相互对话的能力。”③

作为恢复对话的行动，美国、日本、英国、澳大利亚等国的学者于1960年秋在日本东京附近的旅游胜地——箱根举办了“现代化”研究主题的研讨会，赖肖尔与会并提交论文。1961年，新任总统肯尼迪任命赖肖尔为驻日大使，这位有政治志向的学者终于能够实践其通过知识话语传播控制国际秩序的意识形态冷战政策。

赖肖尔大使从1961年4月履职到1966年8月离任，其间的美日关系之成功在历史上留下了所谓“肯尼迪·赖肖尔路线”的佳话。他以与日本社会各界的直接交流和发起关于现代化的学术思想讨论两种形式，重建、扩展了作为共识过程的“日美对话”。他不像其前任那样单纯依靠与美国同样持反共政策的保守政治主流，还重视与工会、在野党、知识分子和学生等持左翼立场的社会各阶层建立沟通渠道，体现了他赴任前在日本《世界》杂志上所表明的“民主主义”态度：理解他国的态度和想法，不仅需要努力，更需要善意。④这种通过交流达成共识的传播学立场尤其在日本知识界赢得了学术声誉

① 归永涛：《赖肖尔与美国对日政策——战后日本历史观中的美国因素》，重庆出版社2008年版，第43、52页。
② 雷迅马：《作为意识形态的现代化》，牛可译，中央编译出版社2003年版，第10、70-73页。
③ 池井優：『駐日アメリカ大使』，文芸春秋株式会社2001年版，第69-70页。入江昭等：『日米戦後関係史』，講談社2001年版，第78页。
④ エドウィン・ライシャワー：「日本の民主主義について——日米間の交流を前提に」，『世界』昭和35年10月号，第221页。

和影响力。他通过大量的演讲、讨论和文章，以美国现代化研究的知识思想建构了世界历史主流中的日本现代化叙事框架和分析模式。他指出：日本的民主主义不是战后在美国的教导下萌发的，而是有着明治维新以来的历史基础的；战后民主改革是在日本历史上已经培植起来的民主主义前提下实现的。日本在西欧社会之外最早达成现代化，国家实现工业化，国民追求民主主义。可以形成对照的是中国，政府依靠权力控制国民生活和进行投资，这种放弃民主主义而发展工业化的"中共方式"收效不大。因此，"过去90年的日本历史在世界史上是最重要的，应用西欧现代化范式加速现代化过程并且取得巨大成功的唯一例子就在其中。"从民主主义的意义看，日本的政治、经济成功在于个人自主性。中国或许是世界上最擅长商业的国家，但由于犯了政府独裁、压制民间能动性的错误，正面临着巨大困难。"所以，今天的日本将成为空前的亚洲榜样。"①

以赖肖尔大使具有传播学智慧的公共外交为前线，以美国富于启发性论证的知识生产为后方，"美日知识对话"有力地冲击了日本社会的思想生态。随着"现代化"知识话语的流行，左翼马克思主义者作出的反应是"沉默或无气力的抵抗"；日本共产党机关刊物《前卫》称之为"阴险"、"巧妙"的"文化思想工作"，恰反证"极左阵营"受到了"威胁"。②总之，美国的"现代化"知识话语压缩了马克思主义、苏联阵营思想在日本社会的影响空间，"反美民族主义"意识形态的政治动员能力随之消退。并且在事实上，赖肖尔发起"现代化论"攻势的时期，正是战后日本告别"政治季节"而转向"经济季节"的经济高速增长时期，他作为大使到任之初就促成池田勇人首相于1961年访美，双方商定设置经济贸易问题部长级联合委员会以及文化、教育、科学合作研究委员会。随着经济"起飞"，日本迅速跻身于现代化发达国家行列，大众消费文化也成熟起来。在"现代化论"照亮日本经济大国化之路的事实面前，左翼色彩的大众反美民族主义衰落了。

特别富有战略性的是，赖肖尔的"知识对话外交"并未止于把日本的左翼势力转化为合作者，而是更进一步从日本国民全体的自尊心和国家利益思想高度创造了新的日美关系概念和东亚政治结构，以平衡、淡化或消解"美帝国主义论"的影响力。日本"反美民族主义"诉求之一的"冲绳返还"具有强烈的感情煽动性，肯尼迪总统在1962年3月发表声明承认日本对"琉球"的主权和美国的"归还"意愿。③虽然日美国力相差仍然巨大，但赖肖尔提出日美"对等伙伴关系"的新概念，既要求美国去掉"占领军心态"，又鼓励日本以积极的外交自信要求"冲绳返还"。他甚至认为："从长远来看，基地全部应该是日本的基地，形式上就是让我们使用。"赖肖尔积极说服美国的军政高层，推动美国国防部和国务院在1966年设置联合委员会研究冲绳问题。④这样，日本意识形

---

① E・O・ライシャワーと中山伊知郎：「日本近代化の歴史的評価」，『中央公論』昭和36年9月号，第84-97页。
② 福田恒存：「ライシャワー攻勢といふ事」，『文芸春秋』1963年10月号，第78-79页。池井優：『駐日アメリカ大使』，文芸春秋株式会社2001年版，第94页。
③ 吉泽清次郎主编：《战后日美关系》，上海人民出版社1977年版，第79页。
④ 孫崎享：『戦後史の正体』，創元社2012年版，第226-231页。

态化的“反美民族主义”就向具体要求“冲绳返还”的“领土民族主义”转型。很快，通过外交谈判，在保证驻日美军基地使用和日美安保体制威慑朝鲜、中国的前提下，美国于1972年5月把“琉球”交予日本。当任的佐藤荣作首相把实现“冲绳返还”视作“日本战后的终结”，战后日美协调达成的和解、和平秩序以及在美国安全保障下表明的日本核武装拒绝使他获得了1974年度的“诺贝尔和平奖”。而作为历史的一个细节，长期同情日本“归还冲绳”诉求和发展日中关系需求的赖肖尔还是佐藤荣作为“诺贝尔和平奖”候选最有影响力的推荐人。[①]尤其有意味的是，美国向日本移交“琉球”时把日本与中国有主权争议的钓鱼岛也包括在内，设置了使日本“领土民族主义”指向中国的后意识形态东亚冷战结构，而美苏全球冷战终结后的现实的确证明，这种地区政治结构决定了中日冷战关系即使在邦交正常化之后也能够可持续发展，成为日本依赖美国亦即美国继续得以控制日本的前提。至此，美国“思想战”对日政策看来是如此成功，帝国意识形态生产提供了日本战后复兴的现实主义路线，具有传播学自觉的学者型公共外交积极地在世界历史叙事和国际政治体制中为日本寻求重建民族尊严、扩大国家利益的再定位，从而不断调适日美关系并将日本培养成了全力支持美国主导地区秩序的“民主伙伴”。到1970年日美安保条约延长时，此前1969年已经达成了“1972年归还冲绳”的合意，预期中的“1970年反安保斗争”没有形成1960年那样的国民运动。

日美关系在意识形态共识和同盟制度化两方面稳定、成熟起来，以“日本人民”名义抗议作为战争危险的“美帝国主义”、抗议日本政府“从属于美帝国主义”的社会运动大为削弱，暗示着日美关系的普遍可接受性。进入1970年代，已经“大国化”的日本要探索更独立自主的外交，中国也从苏联阵营分离出来，以阻止中苏同盟复活和占有中国市场为目标的中美、中日关系“正常化”之东亚政治主题呈现了。美国欲全面控制东亚，就需要也能与中国“对话”的帝国意识形态扩大再生产，建构东亚无抵抗的“后殖民”帝国秩序。

三、“正常化”：中苏关系失败与美帝国意识形态扩大再生产

与日本进入战后发展“黄金期”、日美同盟在1960年代的制度化成长形成对照，新中国则经历了一系列政治、经济挫折，中苏同盟也陷入“空话”连篇、对话无能的“论战”，并最终导致“领土民族主义”武装冲突，阵营自毁。这是苏联帝国意识形态破产和中苏关系的“伪同盟”性质造成的；研究苏联对新中国的意识形态控制过程可以为全面理解东亚冷战政治秩序提供另一部分知识前提。

战后苏联本来是向美、英和中国政府承诺不支持中共的；体会到苏联的冷落，随着内战的进展，中共希望与美国建立外交关系，1948年10月底东北局因即将接管沈阳而请示对不随国民党撤退的美、英、法领事馆应采取的态度时，中共中央就要求“用外交

① 中村正則：『戦後史』，岩波書店2006年版，第139页。

手续”争取美国承认。但苏联的态度在中共解放战争胜利的形势下也发生了积极转变，开始向东北解放区派遣代表和技术专家。这种援助给中共以鼓舞，却自有其谋略性：苏联着意在东北寻求特权，所以其驻东北的代表建议中共封锁美国领事馆、限制其自由、没收其电台。到11月初沈阳解放以后，中央指示东北局与苏联方面协商，纠正争取美方承认的做法，采取上述措施“挤走”美、英、法领事人员。1949年1月19日，中共中央又发出《关于外交工作的指示》，规定“一概”不承认“国民党政府所承认的资本主义国家”的外交机关和人员。① 苏联要求中共逼退美国外交官，既出自其在华特权欲望，也等于给美国发出中共反美立场的信息，使其不可能承认新中国。

与外交谋略同时，苏联在新中国成立前后通过媒体宣传、直接对话，传播无产阶级专政和优先发展重工业的政治经济模式。本来，新中国成立有着“战后和平民主”的语境，即民主联合政府、人民私有财产和自由权利的保护、多种成分的经济形态、逐步发展轻重工业。但随着1948年“苏南冲突”之后斯大林推动东欧国家从人民民主制度向无产阶级专政的社会主义转变，中共党内也出现了毛泽东主张无产阶级专政、社会主义、优先发展重工业与刘少奇主张人民民主、经济放任、优先发展农业和轻工业的不同政见分歧。1948年10月，苏联出版《斯大林全集》第八卷，《真理报》特别评论有关中国革命的部分说：斯大林在1926年关于中国革命的观点在今天同样正确，中国未来发展与“无产阶级与农民民主专政”相似，这种专政“在本质上是反对帝国主义的”。②1949年1月底，斯大林派联共中央政治局委员米高扬秘密访问中共中央驻地西柏坡，毛泽东在会谈中强调了驱除帝国主义的立场，并说明：新政权是“在工农联盟基础上的人民民主专政，而究其实质就是无产阶级专政。”③ 谈到马列主义和斯大林，米高扬批评“民族主义分子一般地是利用本国的历史特点把党拉到资产阶级蜕化的道路上去”，毛泽东表示作为“斯大林的学生”奉行亲苏方针，自己分析中国革命性质问题的根据就是斯大林著作。④

但刘少奇倡导主体性鲜明的新民主主义建国路线。1948年12月25日，他给华北财政经济委员会作报告时主张“从轻工业方面积累资本之后才能建设重工业”的非苏联模式的经济发展战略。⑤1949年6月底刘少奇秘密访问苏联，他在向斯大林提出的报告中说：新中国将实行人民民主专政，它“不是资产阶级专政，也不是无产阶级专政”，有民族资产阶级的代表参加。⑥ 回国后途经沈阳时，他在8月28日东北局干部会议上更批评“东欧搞无产阶级专政，我们就也要搞无产阶级专政”的想法是“言必称希腊”的教条主义，指出：我们的问题要根据中国的具体情况决定，要长期和资产阶级合作，不能

---

① 刘建平：《毛泽东的美国观与新中国“一边倒”国际战略的形成》，《中国社会科学》1999年第5期，第168-170页。
② 《新华日报》（太行版），1948年10月11日。
③ 师哲：《在历史巨人身边》，中共中央党校出版社1998年版，第336-340页。
④ A.M.列多夫斯基：《斯大林与中国》，陈春华等译，新华出版社2001年版，第71-72页。
⑤ 刘少奇在华北财政经济委员会会议上的报告（1948年12月25日），可参阅中共中央文献研究室编《刘少奇传》（下），中央文献出版社1998年版，第617-618页。
⑥ 代表中共中央给联共（布）中央斯大林的报告（1949年7月4日），《建国以来刘少奇文稿》第一册，中央文献出版社2005年版，第1-17页。

建立无产阶级专政而只能是人民民主专政。[①]9月21日，在开国立宪的中国人民政治协商会议第一届全体会议上，刘少奇作为中共代表讲话说："中国共产党以一个政党的资格参加"会议，和其他各民主党派一起，"在新民主主义的共同纲领的基础上忠诚合作，来决定中国一切重要的问题。"[②]会议通过了作为开国"大宪章"的《共同纲领》，选举产生多党联合政府。其后，刘少奇继续为"巩固新民主主义制度"而努力。他在1950年写作的《国家的工业化和人民生活水平的提高》一文中特别论述了"以发展农业和轻工业为重心"的理由在于改善人民生活、积累发展重工业的资金，可以从政治上团结全体人民。[③]1951年2月28日，他在北京市第三届人民代表会议上概括其民主政治、民生经济思想说："我们的基本口号是：民主化与工业化！在我们这里，民主化与工业化是不能分离的。"[④]

斯大林接待刘少奇时是肯定新民主主义的，但事实证明其言不由衷，输出苏联模式才是本意。刘少奇于1949年8月14日离开莫斯科回国，苏联学者F.P柯舍列夫的著作《国家工业化和农业集体化的苏维埃的方法》次日就被节译发表在了《人民日报》，其中说：从前，历史仅仅知道资本主义工业化方法，现在有新的社会主义工业化方法了。资本主义工业化方法的特征是首先发展轻工业，而斯大林同志认为工业化的中心、基础是发展重工业即机器制造业。因此，首先发展重工业就是社会主义工业化方法的最大特点。资本主义工业化"要几十年之久"，在没有重工业的情况下等待轻工业的发展。托洛斯基分子、布哈林分子以及其他党和苏维埃的敌人便企图把苏联推上这一道路，他们反对列宁、斯大林的社会主义国家工业化计划，反对社会主义建设的布尔塞维克速度。经过斯大林五年计划，苏联"变成了一个能够制造任何生产手段的强大的工业强国"。而且，两种工业化还造成不同的社会结果。资本主义工业化引起工人阶级的贫困和失业，致使千百万农民失掉土地和财产；社会主义工业化则从国家经济中排除资本主义因素和消灭人剥削人的现象，导向工人阶级和知识分子数量的不断增加以及劳动人民物质状况的改善。[⑤]这篇文章可谓苏联"工业化"的政治广告，但充斥着掩盖事实的吹嘘，因为事实上优先发展重工业的国家主义工业化对苏联人民特别是农民的财产乃至生命造成了灾难性剥夺。但从苏联对外贸易而言，诱导中国走苏联模式的工业化道路意味着向中国全面输出其工业技术设备，这种传播政治经济学谋略能带来巨额超市场利益——仅以苏联援华专家的待遇就能理解其旺盛的"输出社会主义"欲望："每个专家的费用相当于每月10000斤至18000斤小米，而中央人民政府主席和副主席们每月只有3400斤，部长们只有2800斤。"[⑥]

---

① 《刘少奇年谱》下卷，中央文献出版社1996年版，第222页。
② 《刘少奇选集》上卷，第433－435页。
③ 中共中央文献研究室编《刘少奇论新中国经济建设》，中央文献出版社1993年版，第173页。
④ 《刘少奇选集》下卷，人民出版社1985年版，第60页。
⑤ 《人民日报》1949年8月15日，第4版。
⑥ 罗申与周恩来会谈记录（1950年2月12日），沈志华：《中苏同盟与朝鲜战争研究》，广西师范大学出版社1999年版，第363页。

新中国成立后，苏联的干涉更加具体化。毛泽东访苏时，斯大林拿出了苏联驻华总顾问科瓦廖夫《关于中共中央若干政策与实际问题》的报告，其中称：中共党内过去亲美反苏的人现在正得势；刘少奇组织和领导了对高岗无根据的批评；中央人民政府里民主人士比例很大，“实际上变成了各党派的联合会”。他向毛泽东提议建立人民代表大会制度、制定宪法、编辑著作集，并推荐学者尤金到中国工作。① 如此，从优先发展重工业、实行无产阶级专政到制造个人崇拜，斯大林为中国设计了典型的苏联模式路线图。

1950 年 7 月，尤金来北京帮助编辑《毛泽东选集》。毛泽东还安排他在北京各机关讲学，9 月 21 日首场的题目就是《苏联从资本主义到社会主义的过渡时期》。尤金宣传斯大林的工业化思想说：社会主义工业化的实质在于发展重工业。“只有建立起重工业和自己的机器制造业，才能保证社会主义的物质基础，并使国家处于不依赖资本主义世界而独立的地位。”“只有在斯大林同志所发现的苏维埃的工业化方法的帮助下，有赖于它超越于资本主义工业化方法的优点，才能在短促的历史期间把我国变为工业国。”② 尤金的讲演还在《人民日报》发表，其编者按说：“这篇讲演对于苏联从资本主义到社会主义的过渡时期的巨大历史转变作了科学的说明，希望读者注意阅读。”③

在这种苏联意识形态专家吹捧“斯大林主义”的舆论控制之下，尽管当时刘少奇、周恩来、薄一波、胡乔木等都主张优先发展轻工业，但在 1952 年初中央决定着手编制第一个五年计划的时候，还是“根据毛泽东以重工业为中心的意见”，明确了“工业建设以重工业为主”、“力求迅速发展”的方针。④ 毛泽东在 1951 年底的一个中央文件中强调：“完成工业化当然不只是重工业和国防工业，一切必要的轻工业都应建设起来。为了完成国家工业化，必须发展农业，并逐步完成农业的社会化。但首先重要并能带动轻工业和农业向前发展的是建设重工业和国防工业。”⑤ 这些论述正是苏联宣传的翻版。

进一步地，斯大林还引导中国改变政治体制。1952 年 10 月刘少奇率中共代表团参加“苏共十九大”，毛泽东委托他向斯大林通报中共中央关于向社会主义过渡的设想和方针政策。斯大林长篇大论地要求中共“在 1954 年搞选举和宪法”，说：如果你们不制定宪法，不进行选举，“人家就可以说你们的政权是建立在刺刀上的，是自封的”。你们现在是联合政府，就不能只对一党负责，而应向各党派负责，国家重要的问题就不能不和其他党派商量，他们知道了，等于英美也知道了。“你们的计划如事先被敌人知道，对你们是很不利的。如果人民选举的结果，当选者共产党员占大多数，你们就可以组织一党的政府。”⑥ 斯大林不久就去世了，但他的指示被如期贯彻：第一届全国人民代表大

---

① 薄一波：《若干重大决策与事件的回顾》上卷，中共中央党校出版社 1991 年版，第 40-41 页；师哲：《在历史巨人身边》，中共中央党校出版社 1998 年版，第 410 页。
② 《人民日报》1950 年 12 月 1 日，第 3 版；《人民日报》1950 年 12 月 2 日，第 3 版。
③ 《人民日报》1950 年 12 月 1 日，第 3 版。
④ 宋劭文：《周总理和第一个五年计划》，《我们的周总理》，中央文献出版社 1990 年版，第 154 页。
⑤ 毛泽东：《实行增产节约，反对贪污、浪费和官僚主义》（1951 年 12 月），《毛泽东文集》第六卷，人民出版社 1999 年版，第 207 页。
⑥ 刘少奇关于与斯大林会谈情况给毛泽东和中央的电报（1952 年 10 月 30 日），《建国以来刘少奇文稿》第四册，中央文献出版社 2005 年版，第 536-537 页。

会于1954年9月召开，会议通过由毛泽东主持起草的宪法，提出了进行社会主义改造、建设社会主义的任务，《共同纲领》规定的新民主主义政治、经济制度被废弃。会议选举出的政府主席、副主席、总理、副总理中的民主党派人士消失，斯大林催促的“一党政府”产生了，国家政权性质从新民主主义的人民民主专政转变为社会主义的无产阶级专政。而在无产阶级专政力量的推动下，中国以远超过预想的速度在1956年完成了社会主义改造。

然而出乎意料是，就在中国欢呼建立社会主义制度的这一年，苏共第二十次代表大会揭露了斯大林制造个人崇拜、大规模恐怖清洗等骇人听闻的错误，给斯大林崇拜、苏联迷信已经成为合法性论证和意识形态逻辑前提的他国共产党带来“休克”式冲击。[①]1956年2月6日，赫鲁晓夫还对来参加“苏共二十大”的中共代表团团长朱德承认：集体化之后，苏联粮食产量长期低于战前旧俄的水平。[②]毛泽东痛恨赫鲁晓夫突然反斯大林的冒失，在中央政治局会议上强调不要“如丧考妣”而要“硬着头皮顶住”，但他也痛苦于“社会主义”的真相，说：“苏联粮食产量还没有达到沙皇历史上最高的水平，这就是大问题了。”“如果真是这样，集体化、机械化的优越性在哪里？社会主义制度比沙皇制度好又要怎么说呢？”[③]

苏联新领导人批判斯大林的错误体现了对本国人民的责任感，但没有充分考虑给他国共产党造成政治被动的后果，更没有基于新的历史叙事进行系统的改革社会主义知识思想话语的重建准备，以致波兰、匈牙利等国相继发生了要求独立自主和民主化改革的抗议运动。斯大林主义破产之后的苏联丧失了帝国意识形态生产能力，国际共产主义运动话语体系断裂，社会主义阵营的象征秩序动摇，各国产生混乱和离心趋势，进而演变成阵营内反苏意义的国际秩序动荡。这在中国引起两种反应。以毛泽东为首的传统社会主义维持派捍卫斯大林的马克思主义者地位，批评苏联和东欧某些国家丢掉了列宁、斯大林这两把“刀子”，“阶级斗争没有搞好，那么多反革命没有搞掉”，“苏共二十大”的台风一刮，“蚂蚁出洞了，乌龟王八都出洞了”。[④]作为克服危机的方法，政治上他强调“阶级斗争论”，在经济建设方面提出以苏联的经验教训为鉴戒，试图“搞得快点多点”，摸索“一种更多更快更好更省的办法建设社会主义”，期望中国出现社会主义奇迹——事实上仍然是把来自苏联的意识形态当作中国的目的。[⑤]但刘少奇根据赴莫斯科与苏联协调处理波兰、匈牙利骚乱事件的经验和中国多地发生“群众闹事”的情况，提出了政治改革思想。就在毛泽东大讲“刀子论”、“阶级斗争论”的中共八届二中全会上，刘少

① 赫鲁晓夫与意大利共产党代表团的会谈记录（1956年7月10日），《苏联历史档案选编》第26卷，社会科学文献出版社2002年版，第495页。

② 师哲：《在历史巨人身边》，中共中央党校出版社1998年版，第532页。

③ 吴冷西：《十年论战》上卷，中央文献出版社1999年版，第14-15页。薄一波：《若干重大决策与事件的回顾》上卷，中共中央党校出版社1991年版，第487页。

④ 在中国共产党第八届中央委员会第二次全体会议上的讲话（1956年11月15日）、在省市自治区党委书记会议上的讲话（1957年1月），《毛泽东选集》第5卷，人民出版社1977年版，第321-323、334页。

⑤ 论十大关系（1956年4月25日），《毛泽东选集》第5卷，人民出版社1977年版，第267页。邓力群编《毛泽东读社会主义政治经济学批注和谈话》（下），中华人民共和国史学会1998年刊印，第715页。

奇谈道：鉴于若干社会主义国家的情况，国家的领导人有可能成为特殊的“统治阶层”，我们这些国家可能产生一种新的“贵族阶层”，必须规定一些限制权力、取消特权的制度，以避免脱离工农劳动群众。“华盛顿在革命之后，作了八年总统，又退为平民。……艾森豪威尔当过总司令之后，又当过哥伦比亚大学的校长，然后才去竞选总统。……资产阶级的有些制度也可以参考。”[①] 这是一条通过民主制度建设创造政治合法性的改革思想路线，把“社会主义”当作一种政治经济发展组织形式而使之相对化的中国主体性立场已经生成。

但无论是毛泽东维护斯大林地位，还是刘少奇倡导“参考”美国制度的改革，都构成了对苏联意识形态权威地位的挑战。对于中国的挑战，特别是在毛泽东的“阶级斗争论”和“多快好省论”抑制了刘少奇的“制度改革论”而把中国引向政治高压推促“大跃进”、“人民公社”的空想共产主义运动轨道之后，苏联领导人就越来越不掩饰对中国的批评和蔑视。由于在党内也受到彭德怀等领导人的质疑，毛泽东摆出了与苏联对决的姿态，表示“要向全世界作战”，激发出公开与苏联争辩马克思列宁主义真理的意识形态大论战。[②] 但正如邓小平后来所反思的，论战是可悲的“空话”对抗——事实上连自己也“没有搞清楚”马克思主义。[③] 结果，虚构的意识形态“空话”所推动的国家政治、经济都必然地失败了，尤其是毛泽东在论战中就想到“我们能不能胜利地防止赫鲁晓夫修正主义在中国重演的问题”，这使他最终在1966年以“无产阶级文化大革命”名义发动“全面内战”来清洗“睡在”身旁的“赫鲁晓夫那样的人物”，给中国带来了“十年浩劫”。[④]

从国际意识形态论战到“全面内战”，中苏关系急剧敌对化，中国政府的外交职能丧失。意识形态分歧使苏联社会主义阵营的象征秩序动摇，当对话无能的“十年论战”确证了国际主义价值共识不能重建之后，潜伏的“领土民族主义”亢奋起来。1969年3月，两国边防部队在珍宝岛地区发生边境军事冲突，中苏同盟以内讧自戕的方式荒唐地瓦解，所谓“一边倒”的中苏阵营政治秩序终结了。

中苏同盟分裂是苏联帝国意识形态破产的结果，也是中国“以苏为首”的国际主义幻想破灭即“伪同盟”关系修辞破产的结果。《中苏友好同盟互助条约》承诺共同抵御侵略，被颂扬为“牢不可破”、“天下无敌”，斯大林在推促毛泽东出兵朝鲜时也曾经重申中苏盟约，肯定中国将因此得到台湾。[⑤] 然而，斯大林在朝鲜战争期间就暗示将与日本单独议和，他去世后的苏联新领导人又在对中国不利的政治形势下强行要求停战，使

---

① 《要防止领导人员的特殊化》（1956年11月10日），《刘少奇论党的建设》，中央文献出版社1991年版，第643-648页。

② 《关于研究人民公社问题的批语》（1959年8月1日），《建国以来毛泽东文稿》第8册，中央文献出版社1993年版，第391页。

③ 《结束过去，开辟未来》（1989年5月16日），《邓小平文选》第3卷，人民出版社1993年版，第291页。

④ 《关于赫鲁晓夫的假共产主义及其在世界历史上的教训》（1964年7月14日），《关于国际共产主义运动总路线的论战》，人民出版社1965年版，第513页。中国共产党中央委员会通知（1966年5月16日），《文化大革命研究资料》上册，国防大学党史政工教研室1988年编印，第4页。

⑤ 斯大林关于中国出兵问题致毛泽东电（1950年10月5日），沈志华编《朝鲜战争：俄国档案馆的解密文件》中册，中央研究院近代史研究所2003年版，第581页。

得中国在战俘问题上都不得不作出重大让步，更遑论向美国提出“台湾问题”的要求。甚至，由于苏联高唱“和平共处”、“缓和国际紧张局势”，中国在朝鲜停战后一度回避提及“解放台湾”。但因朝鲜战争而得以喘息的国民党台湾当局在“反攻大陆”的口号下不断袭扰，同时向美国要求缔结共同防御条约。1954 年 7 月，毛泽东和中共中央决定必须向全国人民提出“解放台湾”的任务，岂料反被美国作为借口于 12 月 1 日与台湾正式签订共同防御条约。中国不能不作出反抗“侵略”的姿态，攻下了大陆近侧的东南沿海岛屿，而美国国会则授权总统使用武力协防台湾甚至威胁使用核武器，中美冷战关系因台海热战达到了危机的顶点。但苏联在中国主权与领土完整受到美国挑战之际却力主“缓和”政策，使中国根本得不到中苏盟约所承诺的“援助”。因此，中国只能在浙江沿海岛屿展开有限的军事行动，所谓“解放台湾”只能由宣传攻势象征性地维持着，美国对中国的强权压迫使中苏同盟的虚伪性完全暴露出来。① 此后，毛泽东试图挽回，极力在 1957 年 11 月的“莫斯科各国共产党和工人党会议”上推动“以苏联为首”的团结以突出“向帝国主义示威”，但苏联置若罔闻，更遭到东欧国家反感。回到北京，毛泽东在政治局常委会上说明：要坚持无产阶级国际主义原则，不能把和平共处作为党的对外关系总路线，但尚不与苏联展开争论。岂料赫鲁晓夫在 1959 年 9 月成功访美后更加对中国不耐烦，教训中国领导人：美国很发达，与美国只能搞“和平竞赛”，不能用武力来试探其“稳定性”。② 毛泽东不仅无以说服，反而遭到对方的嘲笑，所以便展开“论战”尽释积怨——谴责苏联的“和平共处”是“美苏合作主宰世界”的投降政策，不仅自己背叛无产阶级国际主义，“还要社会主义兄弟国家服从它的私利，不许反对帝国主义，不许支持被压迫人民和被压迫民族的革命，在政治上、经济上和军事上听从它的摆布，实际上变成它的附属国和殖民地”。③ 但国际政治中的“空话”对抗徒劳无益，向大国“论战”更适得其反。到 1968 年 8 月苏联武装入侵捷克斯洛伐克镇压“布拉格之春”改革，以及 1969 年 3 月中苏边境武装冲突爆发之时，中国就切实感到“社会帝国主义”、“社会法西斯主义”苏联的“凶恶”威胁而不得不正视国家安全危机了。④

苏联阵营混乱、中苏同盟瓦解是美国外交进攻和意识形态扩张的机会。1968 年以后中苏政治军事对抗使美国看到了同“世界上人口最多的、战略上和外交上的重要性不断增长的”中国“公开接触”的可能性，在国务院情报研究司负责东亚事务的霍尔德里奇（赖肖尔的学生）认为：美国的最大利益在于同中国进行建设性的对话，建立和平共处的“正常”外交关系。他把这一过程称为“正常化”。⑤1969 年 1 月新总统尼克松就任以后，国家安全事务助理基辛格开始探索打开中美关系的秘密外交渠道。

① 刘建平：《“一边倒”冷战体制下和平共处的限度：朝鲜战争后中国外交政策的调整》，《国际论坛》2000 年第 2 期。
② 吴冷西：《十年论战》上卷，中央文献出版社 1999 年版，第 96-103、152、220-221 页。
③ 《两种根本对立的和平共处政策》（1963 年 12 月 12 日）、《关于赫鲁晓夫的假共产主义及其在世界历史上的教训》（1964 年 7 月 14 日），《关于国际共产主义运动总路线的论战》，人民出版社 1965 年版，第 317、498 页。
④ 林彪：《在中国共产党第九次全国代表大会上的报告》（1969 年 4 月 1 日），《“文化大革命”研究资料》中册，国防大学党史政工教研室 1988 年编印，第 323-325 页。
⑤ 约翰 • H. 霍尔德里奇：《1945 年以来美中外交关系正常化》，杨立义等译，上海译文出版社 1997 年版，第 5 页。

与促使日本接受美国主导东亚“阵营对抗”秩序的政治对话、知识对话类似，美国通过战略对话使感到苏联威胁的中国接受了美国定义的维持其军事政治存在现状前提下的“正常化”秩序。越南战争让美国承受的力量消耗和道德折磨接近极限，与高调“援越抗美”的中国建立外交关系，既能让美国的撤军看起来不是败退而是政治解决，又足以把美国的败退作为“撤军”来满足中国的政治需求；并且，只要美国公然站在苏联威胁之下的中国一边，就既能杜绝中国最终屈服于苏联、复活中苏同盟的可能，又能使中国成为牵制苏联的地缘政治力量。尤其为要害者，美国在中国内政混乱、外交孤立、安全处于危机状态的时候与之建立外交关系，使中国挑战美国东亚地位的意志低落，这样一旦实现外交关系的“正常化”，战后美国的东亚存在就是中国承认的既成事实。如此，中苏关系危机为美国提供了一举把冷战对手的失败转化成自己的战利品、把自己摆脱挫折掩饰成向对手妥协的机遇；但美国的冒险在于，能否确认中苏相互的“畏惧”大于对美国的警戒，以一种“把两极对峙的世界转化为战略性的三角关系”的新和平战略话语唤起中国的共鸣。美国认为这是在美、欧、苏、中、日五大力量的某种均衡关系中重新定义美国领导地位的“大好机会”。[①]

1971 年 7 月，基辛格开始其所谓“波罗行动”——以为他访华会像 13 世纪意大利人马可 • 波罗的中国之旅那样充满风险。岂料，这位前哈佛大学教授的“均势理论”传播大获成功。基辛格在北京只停留 48 小时，就与周恩来化解敌意，达成了让中国邀请美国总统访华的目的。他以“世界潮流的现实让我们走到一起”、在平等和相互尊重的基础上合作致力于人类福祉、中国应该在形成国际协议方面发挥相称的作用等战略意义给中国定位，以“让历史判断”意识形态分歧的态度给出双方停止对抗的暧昧话语空间，取得了周恩来的好感。[②]而当周恩来根据毛泽东的指示大谈“我们准备美国、苏联、日本一起来瓜分中国”时，基辛格否定美国与苏联、日本合作进攻中国的可能，他完全读懂了“毛泽东担心苏联会侵略，但又不愿明说，更不愿表现出有求于人”的信息，理解周恩来“是在委婉地暗示愿意讨论战略合作问题”，因此确信中美之间基于“对共同威胁的共同认识”能够形成“共同的战略考虑”。[③]作为中国政策一贯性的必然立场，周恩来要求美国从台湾、越南、南朝鲜撤军，并谈到废弃“日美安全保障条约”以避免“军国主义复活”。基辛格则强调朝鲜战争造成了台湾问题、驻台美军与印度支那战争的关系、美国与苏联对抗的战略作用，还着重解释美国的对日战略，说：如果日本的军队在朝鲜，对于你们来说是不是比美军在朝鲜更不能安心？实际上，驻日美军创造了一种“似非而是的悖论”，即日美防卫关系反而使得日本不能追求侵略政策。这一理论称日本具有强大的经济社会基础，如果美国放弃日本，日本会追求自己的军事组织甚至制造核

---

① 亨利 • 基辛格：《大外交》，顾淑馨、林添贵译，海南出版社 1998 年版，第 652、668 页。《论中国》，胡利平等译，中信出版社 2012 年版，第 134 页。

② 第一回周恩来 • キッシンジャー会談（1971 年 7 月 9 日），『周恩来　キッシンジャー機密会談録』，岩波書店 2004 年版，第 5-6 页。

③ 亨利 • 基辛格：《论中国》，胡利平等译，中信出版社 2012 年版，第 160 页。

武器，中国的担心才会真的成为现实。美国从日本撤军，就是允许日本重建武装，在太平洋对岸放任让日本和中国摧毁“力量均衡”，日本就会重复1930年代的政策。“因此，关于日本，贵国的利益与我们的利益是很相似的。”结果，倒是周恩来担心美国从台湾撤军之后“日本军国主义”武装进入的可能性，请求基辛格：“必须保证在美军撤退之前不使日本军事力量进入台湾。”而基辛格承诺反对日本军事膨胀、驻军台湾，表明共有警惕日本军国主义复活的战略。[①] 这样，美国与中国达成战略共识，中国一直谴责的“美帝国主义”威胁被基辛格解释为中国的安全保障，这种东亚战略话语逻辑的秘密外交建构了一种欲推还就的消极依赖型中美关系。

在基辛格中国之行确立的中美战略共识前提下，1972年2月尼克松访华发表“中美上海公报”提出具体磋商两国关系正常化的外交议程，带动日本与中国在9月达成了不触及日美安保体制、无责任的战后处理、“一个中国”原则等条件的邦交正常化，及至1978年中日签订和平友好条约、1979年1月中美发表建交公报、东亚政治的多极化冷战转型创造出“正常化”概念的地区新秩序——在中美日相互妥协的政治基础上建立“正常”外交关系，形成国家间对话机制。但必须注意到，所谓“正常化”的东亚秩序无非是通过美中、日中的外交关系与中国确认美国驻军东亚、日本侵华战争无责任化、台湾海峡和朝鲜半岛分裂等美国主导的战后东亚政治既成事实现状。因此，在诱导中国与美国达成战略共识、向西方开放市场和彻底阻断中苏同盟复活的意义上，正是美帝国权力和秩序的扩张，把中国纳入了“美帝国东亚秩序”。而中国的战略意识形态从对抗、拒绝霸权政治伦理的“美帝国主义论”转变为具有合作对话形式但事实上接受霸权秩序功能的隐形“美帝国”主义论，所谓“正常化”就是无抵抗化的“后殖民”美帝国秩序。

随着东亚秩序的“正常化”转型，中国自1972年开始从美、日、欧大规模引进成套技术设备，及至毛泽东去世、“文化大革命”结束，“改革开放”的现代化话语成为国家新意识形态。与“社会主义”意识形态意味着苏联模式的工业化传播一样，现代化意识形态则意味着西方经济植入：1978年10月邓小平为互换《中日和平友好条约》批准书访问日本，他在参观日本企业时感慨终于懂得了“现代化”，请日本钢铁企业照样子“帮我们建设”；1979年初邓小平在中美建交后访问美国，途中对随行人员表示：对外开放主要是向美国开放，因为跟着美国的那些国家都富强了。[②] 当时的领导人还以“国家领导层借用外脑”、“智力引进”的思路聘请顾问，1979年1月国务院第一次邀请日本顾问大来佐武郎等人讲授经济发展模式、基础建设资金筹措方式，据称给“政府官员的思想解放起了某种程度的启蒙作用”。[③] 尤为奇巧者，大来佐武郎是1960年赖肖尔等

---

① 黄华：《亲历与见闻》，世界知识出版社2007年版，第163页。第一回周恩来・キッシンジャー会談（1971年7月9日）、第二回周恩来・キッシンジャー会談（1971年7月10日）、第四回周恩来・キッシンジャー会談（1971年7月9日），『周恩来　キッシンジャー機密会談録』，岩波書店2004年版，第35-39、47-66、93-99页。

② 陈锦华：《国事忆述》，中共党史出版社2008年版，第105页。刘小磊：《李慎之及其时代》，《怀念李慎之》，非市场发行印制2003年版，第660页。

③ 谷牧：《谷牧回忆录》，中央文献文出版社2009年版，第332-336页。

美国学者在日本箱根举办现代化问题研讨会的日方代表之一；1979年12月他作为日本外相随大平正芳首相访华，从此中国开始接受大规模日元贷款。总之，在东亚完成“正常化”地区秩序转型的同时，从美国、日本到中国的“现代化传播”路径也清晰地呈现出来。甚至一直到1990年代中共中央面临“姓资姓社”的意识形态难题而“着急”于如何对“计划经济”与“市场经济”定位、如何确立中国改革方向的时候，基辛格的意见仍被重视而直达决策层。他鼓励中国进行“经济体制转换”，指出：现实生活中不存在“纯粹的市场制度”或“纯粹的市场经济”，经济本来就是“混合的”，向市场经济变革是世界潮流，但改革过程必须与各个国家的国情一致，“改革的成功取决于政治稳定”。这些意见被认为“没有政治偏见”、“没有夹杂意识形态”，成为中共中央确定“社会主义市场经济体制”提法时的参考。[①]其实，既然基辛格能够把保持驻日美军基地都说成有利于抑制日本军事扩张以诱导中国的战略依赖利益想象，那么早就不存在什么实质意义的“政治偏见”了——它不过是“美帝国”权力游戏的姿态符号：在“阵营对抗”时代设置它，可以成为控制日本的话语逻辑权柄；撤销它则适于“正常化”时代诱导中国的战略合作与市场开放。尤其是后冷战条件下的无“政治偏见”姿态堪称“全球化”时代的传播政治学智慧，因为这种在超出外交对象的“意识形态”理解之“无意识”层次上进行的知识话语形式的意识形态生产，无需付出利益交换成本，而只需要作出一种政治休战姿态，就能诱导外交对象作出符合美国利益的决策。

四、作为“新威胁”的美帝国：福岛核灾难与“钓鱼岛危机”

从传统冷战时期对日本的“思想战”控制，到冷战转型时期对中国的“战略”话语传播，再到苏联解体后推动中国实行“政治稳定”前提下的“市场经济”改革，美国的东亚外交可谓“从胜利走向胜利”：既维持了尽管是以“威慑”遏制“威胁”意义的“和平”，又促进了至少是经济学叙事的“繁荣”；不但为日本所依赖，连背负着“台湾问题”的中国也终于在2010年“中日钓鱼岛海域撞船事件”之际称赞“一个强大、稳定的美国”有利于中国乃至世界的“稳定和发展”。[②]总之，不管是日本源于逃避战争责任而对美国产生的积极依赖，还是中国由于受到苏联或日本威慑而对美国形成的消极依赖，“美帝国”的意识形态传播和东亚秩序建构看起来是成功的。

然而，2011年3月11日的福岛核电站爆炸揭开了战后日美关系腐败、荒唐的暗部。正如福岛核灾难是被美国的“再次战败论”所象征的，日美关系史和日本核电发展史的知识喷涌以空前强有力的批判呈现了对“日美同盟”和“美帝国”意识形态的颠覆性逻辑，直指“战后日本”的神话性和日本社会的“美国信仰”。日本的核电产业在美

① 陈锦华：《国事忆述》，中共党史出版社2008年版，第210-211页。陈锦华：《国事续述》，中国人民大学出版社2012年版，第129页。

② 《中美要做合作的伙伴——温家宝与美国企业、金融和学术界人士座谈侧记》，《人民日报》2010年9月24日，第3版。

国“原子能和平利用”的“安全神话”前提下发展起来，但福岛核电站受到地震和海啸袭击时，紧急防御、救援技术对策和政府的危机管理行政竟然陷入混乱，直至发生厂房爆炸和大规模核泄漏，首相含泪痛告遭遇了“战后最大危机”，天皇也发表战败投降广播以来第二次全国媒体讲话。4 月 12 日，以研究太平洋战争、南京大屠杀事件著称的现代史专家秦郁彦在报纸上撰文，借 1939 年日本关东军与苏联军队在外蒙古和中国东北边境诺门坎地区的激战，讽刺应对核泄漏的“福岛之战”与那时日本兵以“火焰瓶”对抗苏军坦克的“肉铁搏斗”一样难以取胜。他说：“诺门坎之所以战败，是因为大本营和关东军的精英参谋们毫无根据地妄称苏军弱势，结果一切都陷于被动。现在，大本营之政府和关东军之东电公司正重蹈技术装备贫弱的覆辙，在没有远程操作摄像机，无人驾驶侦察机、注水车、重型机械、作业机器人的情况下，还与堆芯部分熔毁这一强敌对抗。”秦郁彦呼吁：请掌握核技术、有处理核事故经验、有专业部队、有占领日本经验的美国来进行“镇压作战”。[①] 事实上，尽管日本政府没选择公然交由美国处置这种疑似二次“被占领”的构想，但接受美国专家“随时”进入首相官邸。[②] 8 月 15 日，一本畅销书《日本再占领》出版，作者把福岛核电站爆炸与美军向日本投下原子弹联系起来，称：崇拜美国原子能技术的日本再次受到核袭击，美国专家“进驻官邸”象征着“间接再占领”，日本已经沦为“无统治能力”的“轻度失败国家”。[③]

为什么学者们在日本半壁江山成为无人区、核辐射危险地带、低量辐射受害地带甚至整个国家都陷入恐慌的世界最严酷核灾难之际，还以“被占领”之类毫无“正能量”的昏暗比较历史叙事批判政府无能和羞煞民族自尊心呢？这恰是日本知识分子敢于直面现实、追究真相而努力重建民族主体性的奋斗意志所在。事实上，日本一直存在着研究核电危险性、揭露核电行政腐败的反核知识分子和市民运动，但这些运动长期处于美国科学技术意识形态和日本保守政治的核国家主义虚构的“安全神话”的压制之下。现在，这种“国策”灾难的责任被搁置于司法空白，知识分子就从学术研究的“历史审判”中寻求国家重建的知识思想；他们带着被剥夺了日常生活的国民“悲愤”，以锲而不舍的信息发掘和独立自尊的知识生产，从新闻传播、历史研究切入福岛核灾难的真相追究，在系统整合资料基础上重构日美关系史、日本核电发展史，对“战后成功”叙事发起挑战。[④]

作为一般的社会历史“常识”，能源资源稀缺的日本在战后得到美国的技术援助，发展起“和平利用原子能”概念的核电产业，确保了日本战后的经济高度增长和国家现代化。但在事实上，核电发展史是日本政治家的核国家主义欲望与美国为确保冷战势力范围的国际战略、输出高技术设备的商业冲动共振的过程，美国通过秘密情报组织笼络日本精英阶层控制了日本的舆论生态、政治决策和经济结构。日本核技术研究与核电

---

① 秦郁彦：「原発処理、もう米国に頼みたい」,『産経新聞』2011 年 4 月 12 日。
② 福山哲郎：『原発危機　官邸からの証言』，筑摩書房 2012 年版，第 130 页。
③ 中田安彦：『日本再占領』，成甲書房 2011 年版，30-32 と 43-44 页。
④ 山岡淳一郎：『原発と権力——戦後から辿る支配者の系譜』，筑摩書房 2011 年版，第 7-14 页。

产业政策决策的主导人物是战后从海军复员竞选成功的年轻议员中曾根康弘。他大致了解战争后期日本军方讨论、研究原子弹的情况，在海军勤务时看到并铭记了广岛被原子弹轰炸时的巨大蘑菇云景象，这一“冲击”成为他“奔走原子能和平利用的动机”。他主张日本“重新武装”，向来日本交涉战后议和的美国特使杜勒斯上书建议解禁日本的原子能研究。而此时，美国鉴于苏联追赶核武器技术的形势压力，决定改变核技术神秘主义政策，通过向盟国和发展中国家输出核技术来防止其依赖苏联，并为美国通用、西屋公司在水电之后继续以核电作为巨大出口产业确保渠道。美国情报机构看好主张“反共”和“重新武装”的中曾根康弘，为他创造了 1953 年 7 月赴美国哈佛大学参加“基辛格副教授”主持的夏季研讨班修学的机会。基辛格的“均势”理论增强了他“重新武装”的自信，对核武器“有兴趣”的中曾根还参观美国的原子能研究机构，接触主张日本拥有核技术的专家，“政治家必须为这一国家事业作决断”的意志坚定起来。[①] 回国后，他操纵国会陆续通过了原子能研究预算和组建原子能行政的系列法案。

但在遭受过美国原子弹轰炸、战后誓言和平民主的日本，有着强烈的反核并因此而反美的社会心理和市民运动。日本学者的研究指出：即使当时日本首相如岸信介，发展核电的初衷也并非仅在于能源战略，而还在于取得“核武装选项”的国际政治战略。本来，国策的选择取决于国民，需要正确的情报信息公开，但关于核电站的危险性，政府和企业总是隐瞒事实，回避情报信息公开的义务。而大众媒体也没有发挥追究真相的作用，反而被收买去宣传原子能“和平利用”、虚构“安全神话”，这是新闻媒体在战前参与制造“满洲国”虚构之后的“第二次失败”。[②] 尤为荒唐的是，拥有《读卖新闻》、日本电视台的媒体大王正力松太郎本来对原子能产业并无兴趣，竟然出于竞选议员、觊觎首相权位的野心而接受美国中央情报局的利益诱惑，以媒体组稿、展览会展示、美国使节团来访等新闻事件作轰炸式宣传，向日本社会灌输美国的“原子能和平利用”政策和“产业革命”神话。虽然正力松太郎的权位止于负责原子能行政的机构长官，但他和中曾根康弘共同把日本大众带入了通过原子能技术实现战后复兴的“幻想”之梦。[③] 随着美国的“轻水反应堆”核电技术具有与火电匹敌的经济性的宣传，日本掀起了引进、建设核电站的热潮；其中，福岛核电站于 1966 年动工建设，一号机组于 1971 年 3 月投入商业运营。

既然“原子能和平利用”是美国利益本位的国际政治经济战略表意，既然引进核电站的动机在于日本权贵的核国家主义意识形态和个人权力野心，那么日本的安全、国民的安全就必然被美国、被日本权贵置于次要乃至被忽视的地位。福岛核事故发生后，日本新闻工作者挖掘文献和口述史料，清晰地呈现了高技术文化帝国对依附国家、核官商

① 開沼博：『「フクシマ」論　原子カムラはなぜ生まれたのか』，青土社 2012 年版，第 228-234 页。山岡淳一郎：『原発と権力——戦後から辿る支配者の系譜』，筑摩書房 2011 年版，26-28 と 42-44 页。

② 「なぜ原発を始めたか」，『毎日新聞』2012 年 10 月 31 日（夕刊）。

③ 開沼博：『「フクシマ」論　原子カムラはなぜ生まれたのか』，青土社 2012 年版，第 235-240 页。山岡淳一郎：『原発と権力——戦後から辿る支配者の系譜』，筑摩書房 2011 年版，第 56-102 页。

权贵对国民的信息控制结构。2011 年 7 月 17 日，《朝日新闻》以档案文件和当事人采访证实“核电行政自始就是谎言”，报道说：为了推动引进核电技术，1954 年 12 月由政府派出的“海外和平利用原子能调查团”在报告书中谎称“各国的统一归口机关几乎都采取委员会的形式”，但事实上只有美国设有原子能委员会。基于这种“伪装”报告，国会通过专门法律，成立了以正力松太郎为首的原子能委员会。①2011 年 3 月 30 日《每日新闻》报道：福岛第一核电站使用的是美国通用电气公司 1960 年代开发的“马克 I”沸水型反应堆，设计该型反应堆的技术专家戴尔 • 布莱登堡在 1975 年就认识到“马克 I”存在着“失去冷却水将导致压力不可承受”的设计缺陷，讨论过停止运转的问题。但这种讨论被上司制止，理由是：“如果不让其继续运转，公司的反应堆就卖不出去了。”1976 年布莱登堡退职后曾就这种反应堆的结构缺陷及其危险性在国会作证，美国核管理委员会的专家也指出同样的问题，通用公司才安装减压阀并改善安全壳下部支撑结构的强度。②但即使日本不了解这些“商业机密”，也还有避免事故的可能性。据《产经新闻》2011 年 6 月 12 日的报道，曾经担任国际原子能机构副总干事的瑞士核工程专家布鲁诺 • 皮劳德透露：瑞士的电力公司也使用“马克 I”，认识到其结构缺陷，采取了双重安全壳、双重厂房等预防氢气爆炸的对策。皮劳德在所经营的公司主持改良工程，1992 年访问东京电力公司时就建议过安全补救措施，岂料东京电力公司置若罔闻，声称：“通用公司什么也没说，所以没必要改良。”另外，2007 年的国际原子能机构会议也曾经指出福岛县境内核电站防震、防海啸对策不足的问题，但日本方面严重懈怠。③

那么，是不是日本政府全然不知核电站事故的可能性和危害性呢？早在 1964 年，日本原子能委员会制定的《核反应堆选址用地审查方针》要求：假定发生技术上可以设想的最严重事故，要做到不给周边公众造成核辐射损害；即使发生“认为不可能的事故”，也不给周边公众造成明显的核辐射损害。这意味着，国家以政治信用对周边居民安全给以绝对保障。但事实上，这种政策宣示完全是欺骗国民的谎言。因为早在 1961 年已经制定了《原子能损害赔偿法》，其中规定：必须采取损害赔偿措施，实行责任保险，才允许核反应堆运转；在损害超过赔偿措施时，由政府给以必要的援助。当时，科学技术厅曾经委托原子能产业会议估算日本核电站预想事故的损害规模，形成题为《大型核反应堆事故在理论上的可能性及其公众损害估算》，得出了死 720 人、伤 5000 人、10 万人搬迁、15 万平方米农业禁区、3 兆 7300 亿日元损失的结论。而 1960 年的国家预算才 1 兆 6000 亿日元，这意味着大型核电站事故将导致国家破产。研究报告令人心惊肉跳，结果只有部分交国会审议，其余则一直被封印秘藏至 1973 年。总之，日本的核电是在一方面煞有介事地宣称保障绝对安全，一方面暗知“可能发生毁灭性事故”的欺骗性冒险前提下推进的。因此，联系到福岛核电站事故爆发之际政府仍然不诚实面对国

① 「原発導入へ偽装報告書」,『朝日新聞』2011 年 7 月 17 日。
② 「開発の GE 元技術者証言」,『毎日新聞（夕刊）』2011 年 3 月 30 日。
③ 「東電、20 年間放置　人災だ」と「IAEA 元事務次長　一問一答」,『産経新聞』2011 年 6 月 12 日。

民，核专业学者今中哲二痛指："这个国家的统治体系已经腐败透顶。"[①] 而地震学者石桥克彦在 2008 年就曾警告说：日本的原子能事业，作为"国策"被投入了巨大的资金和人力，这和战争时期的"帝国军队"相似。2007 年新泻县地震引发的核电站事故可谓大自然发出的"波茨坦公告"，然而并不能撼动强大的核权贵集团专政，结果导致福岛核灾难的发生。他撰文指出：现在的"核电主义"和过去的"军国主义"一样抱有"无根据的过度自信"，但"失败时毫不负责任"，顽固排斥反核市民运动，其结果就是陷国民于"不幸和苦难的深渊"。[②]

福岛核灾难不仅摧毁了物质生产，也摧毁了人的生存条件，基于学术研究的知识思想再整理使"日美安保"、"日本高度发展"的"战后神话"和"美国信仰"崩溃了。"我们陷入了战争，甚至应该说是比战争更加严酷的状态！"作为原子能物理专家的反核电知识分子小出裕章这样向国民讲述真相。[③] 与日美两国政府合作应对福岛核事故的"朋友作战"行动所要达到的宣传效果相反，"日本丧失了统治能力而被美国再度占领"的反讽流行起来。"战后日本被美国的'战略'推动，这种状况该终结了！从现在开始，日本要作为'自立国家'定义国家利益。"2011 年 8 月 15 日发售的日美关系政论畅销书《日本再占领》以这样的结语，呼吁"重建被核电站摧毁的国家"。[④] 而诺贝尔文学奖获得者作家大江健三郎在 9 月 8 日呼吁反核电示威的演讲会上痛切地批判说："在广岛、长崎之后日本人被投下了第三颗原子弹，并且是我们亲手所为——受到如此苦情的纠缠，像我这样的老人心里完全是悔恨莫及的愤怒和绝望。"[⑤] 在知识阶层历史重建、思想反省的同时，日本国民掀起了 1960 年代"反日美安保斗争"以来最大规模、连续性的抗议运动。在 2012 年的夏天有 20 万人包围首相官邸，被称为"官邸示威"，而表现为反政府诉求的"反对重开核电站"、"反对增加消费税"、反对加入 TPP（美国主导的跨太平洋伙伴关系协议 Trans-Pacific Partnership Agreement）、反美军基地、抗议美军基地配备有坠落危险的"鱼鹰"飞机等等，其实都有着或明或暗的反美民族主义色彩。相关学者指出：与"反安保斗争"有组织动员的工人、学生主体特征相比较，现在的"官邸示威"是多样化构成的"自由"参加，由此可以判定走上街头的示威者背后有着数十倍量的社会支持。[⑥] 并且，这是日本国民基于充分的知识理解和独立判断前提下的行动，不会像"反安保斗争"那样"很快萎靡"；而更加"决定性"的不同是因为有了福岛核事故的毁灭性打击，政府和大众传媒"对美追随"的欺骗宣传已经不再有效，如果政府的对美追随态度不改变，人们将一直说"不"。"反安保斗争"以来的 50 年，日本几乎没有大规模抗议，但其间积累的扭曲已经达到极限，形成的巨大能量"终于爆发起来"。如果阻止核电站重新启动、"鱼鹰"飞机部署和加入 TPP，"日本也就在真正的意义上终

① 今中哲二：「『原発』への思考停止から脱するとき」,『潮』2011 年 6 月号，第 156-157 页。
② 石橋克彦：「まさに『原発震災』だ」,『世界』2011 年 5 月号，第 126-127 页。
③ 小出裕章：『原発ゼロ世界へ』，エイシア出版 2012 年版，第 52 页。
④ 中田安彦：『日本再占領』，成甲書房 2011 年版，第 282 页。
⑤ 鎌田慧編：『さようなら原発』，岩波書店 2011 年版，第 16-17 页。
⑥ 小熊英二：『社会を変えるには』，講談社 2012 年版，第 176-177 页。

结‘战后’，可以展望新的未来了。”①

面对日本社会广泛的“参与型民主主义”觉悟和疑似“反美民族主义”复活的征兆，因为日本已经成长为国民权利不可被公然侵犯的民主化国家和学术、教育发达而足以自我反省的知识思想独立国家，美国既无麦克阿瑟占领时代那种创造民主和平新政治的绝对权力和道德正当性，也没有赖肖尔“思想战”时代给冷战政治赋予意识形态信念的知识生产条件，所以其试图遏制日本国民反核电、反基地、反 TPP 等正当权利的手段，只剩下以“中国威胁论”为口实的“重返亚洲”之“再平衡”战略操纵。而其得以对日本进行“中国威胁论”诱导的工具，则是“正常化”酝酿时期给中日关系设计的“钓鱼岛问题”。

所谓“钓鱼岛问题”，是指中日之间围绕位于中国东海（日本称“东支那海”）从福建、台湾到琉球群岛航线上较为靠近台湾、以“钓鱼岛”为主岛之无人群岛的主权归属争执。琉球群岛古来存在着独立的政治统治，14 世纪以后是中国明、清两朝的册封王国。在地质构造、地理区隔的意义上，钓鱼岛位于东海大陆架边缘的浅海，东部是大陆架与琉球群岛之间深度达 2000 米以上的海槽“黑水沟”，日本称“冲绳海槽”。由于经过的“黑潮”能量巨大，在古代就是一道“天然屏障”，从琉球到钓鱼岛逆风、逆流，从福建、台湾到钓鱼岛则顺风、顺流。因此，琉球人“与钓鱼岛几乎无缘”，其钓鱼岛知识来自中国。而中国赴琉球的册封史文献、海防文献则都记载有钓鱼岛，并确指其构成了中国东端与琉球的境界。②17 世纪日本武装侵入琉球，1879 年明治政府进一步把琉球作为“冲绳县”编入中央政权，中国清政府或无所知闻或无能为力。到 1895 年甲午战争中国战败之际，日本又把从 1885 年就密谋的在钓鱼岛设置冲绳县辖标桩一案形成秘密内阁决议，这种暗中自许在中国把台湾也割让给日本的情况下当然不会引发主权争执。1945 年日本战败被美国占领，战胜国协议在理论上规定了台湾归还中国和中国参与战后处置日本的权利，但随着美苏冷战体制的形成和新中国“一边倒”向苏联，美国不仅把中国排斥在对日议和的国际政治进程之外，并且以武力阻止台湾与大陆的统一。相应地，美国得以在 1951 年旧金山议和时向日本承诺冲绳的“潜在主权”而继续占领冲绳，又在 1971 年与日本签订“归还冲绳协定”时把台湾和中国大陆提出主权要求的钓鱼岛以日本“尖阁诸岛”之名包括在归还“施政权”的范围之内。而 1972 年中日邦交正常化谈判又回避这一问题，确认“以后再说”。“钓鱼岛问题”遂成为只要一方试图打破“无人岛”现状就导致中日关系恶化的周期性溃疡点。③

作为战后东亚国际政治和地区秩序的基本结构原理，美国温存、复活部分军国主义

---

① 孫崎享:『アメリカに潰された政治家たち』，小学館 2012 年版，17-18 と 196-208 页。

② 村田忠禧:《日中领土争端的起源——从历史档案看钓鱼岛问题》，韦平和等译，社会科学文献出版社 2013 年版，第 86-87 页。井上清:『「尖閣」列島——釣魚諸島の史的解明』，第三書館 1996 年版，第 24-28 页。郑海麟:《论钓鱼台列屿主权归属》，海峡学术出版社（台北）2011 年版，第 110 页。

③ 刘建平:《“钓鱼岛事变”的历史意味与中日关系再认识》，《领导者》2012 年 10 月号，第 16 页。江培柱:《钓鱼岛问题“以后再说”》，《参考消息》2013 年 8 月 14 日，第 11 版。张香山:《中日复交谈判回顾》，《日本学刊》1998 年第 1 期，第 47 页。

势力重建日本国家，以阻隔侵略战争受害国对日本的战争责任追究换取日本对美国的安全防卫依赖、冷战政治合作。而在中苏同盟破裂之后，美国为了利用中国在全球战略意义上遏制苏联，又推动对华关系“正常化”。但中日邦交正常化可能导致两国和解，日美安保、美军驻留东亚的正当性将受到质疑。于是，美国在“正常化”交涉之前把钓鱼岛纳入“琉球”范围并处理“归还冲绳”问题，中日关系就必然由于“钓鱼岛问题”的存在而即使实现了“邦交正常化”也不能达成真正和解——日本在中日交涉之前从美国得到“施政权”，未经战争责任追究的日本保守政治主流本来就敌视、蔑视中国，当然不会轻易放弃可能的领土利益。美国在日本和台湾之间挑拨“钓鱼岛问题”在先，日本对中国作情报战诱导于后，到中日邦交正常化谈判时形成了搁置“钓鱼岛问题”的默契。这样，包括“钓鱼岛问题”在内的中日战后处理事实上被搁置下来，所谓“邦交正常化”由于没有缔结规定战后处理条款的和平条约而成为一种“假性和解”的政治仪式。而既然美国在“归还冲绳”之后仍然保持着大规模的军事基地，日本的防卫特别是冲绳的防卫在事实上仍由美国代管，这意味着：除非美国愿意撤出冲绳，否则只要日本发生反基地运动或者日美关系摩擦，美国就可以利用中日“领土民族主义”对抗操纵东亚冷战政治形势，使日本在安全压力或“钓鱼岛利益”诱惑下继续依赖美国驻军。

在美、日实现对华关系“正常化”之初的1980年代，美苏冷战持续，中国是日本的出口市场饥渴欲望目标，日本是中国对外开放求取“现代化”的幻想对象，维持“假性和解”之“友好”修辞的愿望占据主流，美国操纵“钓鱼岛问题”既无迫切需要也无充分条件。但进入1990年代，随着社会主义国家集团的解体转型，所谓冷战结束、苏联威胁消失，日美关系的安保合作前提开始受到质疑，经济摩擦突出起来，美国压迫日本进一步开放市场的企图一再受挫，所形成的严重紧张状态已经危及日美同盟机能的有效性——当时的日本驻美大使栗山尚一从1994年开始使用“漂流”来形容日美关系。[①] 而尤其是1995年9月美军士兵强暴冲绳少女事件引发的持续大规模要求“废弃日美安保”的反基地运动更使日美同盟面临危机，冲绳县知事和日本首相为“不能保护少女”而谢罪，冲绳地方向日本政府提出了压缩美军基地、2015年全面返还的具体要求，县知事拒绝签名同意使用土地，以至于美国总统克林顿中止访日计划。[②] 甚至，对于可能发生民众闯入土地使用期限未延长的基地示威之事，美国驻日大使蒙代尔向日本外务次官林贞行要求警察阻止时，竟遭到揶揄说：“在法律上不妥，美军要干的话倒另当别论。”[③] 然而无论如何，美国认为必须在经济利益最大、增长最为迅速、可能出现超级大国的亚洲保持军事力量而不能撤出，必须以日美同盟来稳定以中日美三角关系为核心的“亚洲均势”。[④] 因此，美国利用台湾民主化、独立化倾向导致中国发动军事演习的“台海危

---

① 竹内俊隆编著：『日米同盟論』，ミネルヴァ書房2011年版，第111-112页。

② 『村山富市回顧録』，岩波書店2012年版，第244-246页。新崎盛晖：《冲绳现代史》，胡冬竹译，生活·读书·新知三联书店2010年版，第348-349页。

③ 船橋洋一：『同盟漂流』，岩波書店1997年版，第486页。

④ 〔美〕迈克尔·H.阿马科斯特：《朋友还是对手——前美驻日大使说日本》，于铁军等译，新华出版社1998年版，第250-253页。

机”，推动日本与美国在 1996 年 4 月发表“重新定义”日美安保的联合宣言，确认日美同盟为“亚太地区的稳定装置”，1997 年 9 月达成“日美防卫合作新指针”协议——扩大日美防卫范围，明确日本军事分担的行动角色。在“日美安保再定义”的过程中，日本既得到了美国对其地区政治军事地位的推举，也得到了美国关于日美安保适用钓鱼岛的明确承诺——美国在“归还冲绳”时曾暗中以“钓鱼岛问题”诱导、压迫日本满足其纺织品谈判的条件，而到 1990 年代日美同盟危机时，就公然操纵“钓鱼岛问题”的中日对抗以稳定其在东亚的政治军事地位了。

尼克松总统时代的美国在与日本交涉“归还冲绳”协议时，以“主权争议中立”顾虑中国台湾的面子，以“施政权返还”的实利笼络日本，而又避免断定性地谈及适用安保条约，这样就使得美国可以居中控制“钓鱼岛问题”——既调动日本的实际占有欲望而使之视中国为“威胁”，又阻止日本实际占有以给中国政治安抚，结果是美军继续保留冲绳军事基地具有了“日本安全防卫”和“防止日本扩张”的两面正当性。到美军冲绳基地发生地位危机的 1990 年代中期，“GDP 崛起”佐证的“中国威胁论”已三人成虎，而日本对中国市场的占有也呈“相互依赖”之势，“中日友好”的政治空气便逐渐稀薄，“民间”主权争夺活动活跃起来。而就在日本“右翼分子”上岛修建灯塔和香港“保钓组织”发起登岛示威的 1996 年 9 月，美国驻日大使蒙代尔对《纽约时报》表示美军不会根据安保条约强行介入中日领土争端。这种暗示日本必须压制冲绳反基地运动的主张使日本受到震动，著名右翼政治活动家石原慎太郎发表文章谴责蒙代尔，声称：如果这是美国政府的意见，就证明日美安保完全没有意义，日本应该废弃条约而重建自己的防卫体制。日本的激烈反应得到美国在野党共和党的支持，蒙代尔大使退任。后来石原慎太郎作为东京都知事访问美国，还向国防部官员要求返还东京横田基地，以此教训美国人要根据安保条约支持日本的领土立场。[①] 经过基地问题联动中日领土争端并引发石原对抗蒙代尔的风波，“日美安保再定义”进入轨道，美国政府发言人之类的官员则确认安保条约适用于“钓鱼岛问题”。而正是在 1996 年 9 月，日本外务省次官林贞行向抗议日本政治团体登岛设置灯塔的中国驻日本大使明确否认了“搁置争议”共识的存在，主张“日本固有领土”、“日中之间从来没有将领土问题搁置的合意”。[②] 如此一场“安保再定义”博弈，美国操纵“钓鱼岛问题”化解日美同盟危机的机制形成了。

然而，为了日美同盟的正当化而赤裸裸地操纵“钓鱼岛问题”，在知识化、信息化的时代并且以学术高度发达的日本为对象，是美国意识形态生产能力丧失、战略思维停留在冷战秘密外交水平的时代错误。首先，冷战后日美同盟危机是冲绳为摆脱军事基地化之屈辱、牺牲的殖民地状态而发起的反抗运动，以缓释利益的“领土民族主义鸦片”满足日本保守政治对中国蔑视的“帝国精神”复活欲望，尽管诱导日本建构了维护日本

---

① 石原慎太郎：「海図に載らない灯台」、『産経新聞』2003 年 2 月 3 日。佐々淳行：「『尖閣一坪運動』で石原氏に続け」、『産経新聞』2012 年 4 月 23 日。

② 「尖閣諸島問題が再燃」,『日本経済新聞』1996 年 9 月 12 日。

和地区安全名义的法律象征体系，事实上却是强化日美军事合作和固定化冲绳军事基地，这种逻辑结果不可能长期欺骗日本国民。作为冲绳民众拒绝日美当局欺骗的象征，以返还危险机场“普天间基地”为支柱的美军基地整理、统合、缩小方案，由于不能确定转移地点和提供替代设施而难以落实，反复损害了日美当局的威信。其次，战后大量公开的日美秘密外交资料已经证明了美国对日本的利益压迫和政治操控，即使在保守政治主流内部也一般不相信美国能为日本实现占有钓鱼岛的目标而战。他们宁愿减少日本的基地负担，因此尽可能与美国顽强交涉，使得美国愿望中的基地整理目标迟迟不能实现。最后是日本政界的东亚地区主义派崛起，以民主党领袖鸠山由纪夫为代表，公然批评“日本对美国的不健康依存”，主张事实上要求美军撤退的“有事驻留”和无条件返还普天间基地的“冲绳县外转移”，倡导“对等的日美关系”和“东亚共同体”外交，在 2009 年取得政权后更表明与中国谈判解决包括领土纠纷的战后遗留问题，建构历史和解基础上的东亚共同体，因此在美国被怀疑是“反美政治家”。① 这意味着，美国面临的日本政策和东亚战略选择是：要么默认东亚地区主义派当政而逐步解消日美同盟，要么利用中日关系矛盾做实“中国威胁论”，诱导矛盾在日本利益方向上解决，来换取日本保守政治主流的信任以维持冲绳作为美军基地的地位。

日本民主党执政以来的局势演变表明，美国选择了后者。正如美国著名国际政治学者、有着高级外交防卫官僚职历的政策专家约瑟夫·奈所警告的：如果美国感到被疏外了，恐怕要出手报复。② 结果，鸠山由纪夫内阁的防卫、外务大臣在美国的强大压力下抵制普天间基地“县外转移”主张，使民主党对国民的承诺不能落实。鸠山首相最后不得不承认“必须维持日美同盟威慑力”而放弃“县外转移”，在国民支持率急剧低落的尴尬之下于 2010 年 6 月辞职。继任的菅直人首相作出向对美追随路线转轨的姿态，美国则立即在“钓鱼岛问题”上给予回报。9 月 7 日，日本海上保安厅违反《中日渔业协定》的各自管理本国渔船原则，抓捕了在钓鱼岛海域作业的中国渔船，并宣称按照日本法律程序处理。虽然日本政府经中国抗议并启动制裁而妥协了，但实际上是在外相前原诚司 9 月 23 日与美国国务卿希拉里会谈而得到“日美安保条约适用于钓鱼岛”的确认后才释放中国船长的。③ 此后，前原在众议院安全保障委员会答辩时否认中日之间存在“搁置主权争议”的共识，内阁于 10 月 26 日更正式作出相应的决议，10 月 27 日前原在夏威夷与希拉里会谈时又得到确认：“尖阁诸岛是日美安保条约第 5 条的适用对象”。④ 而在这些穿梭外交过程中，前原总要称颂“日美同盟是应对当前东亚形势的公共资产”，强调“同盟深化”和“通过战略对话加强日美合作关系”的积极立场。如此，美国以“钓鱼岛问题”的偏向利益释放强化日本对美依赖的战略机制再次发挥功能，扭

---

① 『平成 22 年度外務省国際問題調査研究・提言事業　報告書』，財団法人日本国際問題研究所 2011 年版，第 47 页。
② 『日米同盟ＶＳ．中国・北朝鮮　アーミテージ・ナイ緊急提言』，株式会社文芸春秋 2010 年版，第 79 页。
③ 日米外相会談（概要）（2010 年 9 月 23 日）、外務省ホームページ（http://www.mofa.go.jp/mofaj/area/usa/visit/1009_gk.html），2013 年 11 月 25 日。
④ 「日中首脳会談　中国拒否」，『毎日新聞』2010 年 10 月 30 日。「尖閣棚上げ約束 『存在せず』政府答弁書決定」、『読売新聞』2010 年 10 月 27 日。

转了民主党的“对美自主路线”即使之“自民党化”。而对日本来说，因为在日美同盟与中国对峙的条件下得以形成正式否认中日搁置“钓鱼岛问题”政治共识的政府文件，并通过打破中日渔业协定尝试造成“固有领土”的既成事实，争取到美国政府领导人层次的“安保条约适用对象”承诺。这是美国为稳定日美同盟而在“钓鱼岛问题”上牺牲中国利益迈出的决定性一步，也是日本政府1996年试探性地否认中日共识以来终于正式打破之的决定性一步。其后，2011年3月的福岛核事故虽然激发了更深刻、广泛的表现为反核电、反TPP、反部署美国“鱼鹰”飞机等形式的反美、反政府社会运动，但菅直人政府以及2011年9月上台的野田佳彦政府仍然在顺应美国要求参加TPP谈判、继续发展核电站、普天间基地县内转移、部署美国“鱼鹰”飞机等重大决策方面都顶住社会抗议压力而有所突破。有了这种对美回报的前提，日本政府继续采取进攻性的对华外交，敢于在2012年放手推进“国有化购岛”的法律程序，为实际占有钓鱼岛作合法性和国民动员准备。尽管民主党在年底的选举中失去了政权，但卷土重来的自民党安倍晋三首相继续推进把“钓鱼岛危机”军事对抗化的策略，也继续得到了美国的支持——美国国会议案和国务卿在2013年对“钓鱼岛问题”作出更准确的权威表述：“反对任何单方面损害日本的施政权。”[①]相应地，作为“中国威胁”日本“固有领土”安全的直观逻辑，“驻日美军必要论”和“嫌恶中国”的国民感情也持续高扬起来，日美同盟危机趋于平息了。

美国采取的日本利益偏向战略操纵鼓励日本急剧压缩甚至取消了中日在“钓鱼岛问题”上相互妥协的利益空间，日本的反美民族主义危机演变成反华民族主义高潮。由于得到美国赤裸裸的军事支持，日本改变搁置“钓鱼岛问题”的政治妥协立场而作“固有领土”前提下“没有谈判余地”的武力威慑，中日关系被严重军事对抗化了。在这种对抗氛围中，日本内阁官房长官会见台湾“对日窗口机关”的代表，首相取消“全国战殁者追悼式”致辞中的战争责任反省和“不战誓言”，暗示着破坏利益妥协原则的“钓鱼岛危机”所激发的“领土民族主义”对抗正在瓦解反省历史原则的道义责任和“一个中国”原则的政治尊重，意识形态化的反华民族主义正在生成。破坏中日邦交正常化的原则意味着邦交的政治基础崩溃，意味着中日关系向理论上恢复战争状态的冷战政治堕落，发展下去可能复活种族主义仇恨。而一旦中日陷入战争状态的对抗心理，美国与中国的“正常”外交关系也将受到牵制，中国政府在美国后援的日本制空权威慑压力下于11月23日宣布划设东海防空识别区后遭到美国政府的指责和无视就是证明。尽管美国副总统拜登通过12月初的东亚穿梭外交给中日两国设置了谈判“危机管理机制”的议题，但美国不承认中国防空识别区的立场已经鼓励日本作出要求中国撤销的高调，因此美国的调停者姿态不会得到日本领导人的诚实尊重。日本不可能不理解，美国在当前条件下推动中日谈判足以阻止日本独占钓鱼岛，这对在TPP谈判、普天间机场搬迁等问

① 「日米外相会談　米、尖閣で中国けん制　来月後半に首脳会談」,『東京新聞』2013年1月19日（夕刊）。

题上迟迟不作出让美国满意的实质性妥协的日本构成了压力。因此，“钓鱼岛问题”作为美国操纵中日关系危机而获取外交利益的机制仍将发挥功能，一旦日本摸清底线而在日美谈判中作出让步，美国就可能允许日本打破“钓鱼岛问题”物理现状即落实“施政权”，形成日本占有或日美共管的事实，这种让中国既无尊严也无利益的传统型冷战政治压迫是“GDP 崛起”已经内化为“大国意识”的中国所不能接受的。总之，东亚“正常化”秩序崩溃的危机正在形成。战后东亚秩序是从“正常化”的形式主义“假性和解”向相互尊重的实质性和解、共同体政治进化，还是向准战争状态的冷战政治倒退，甚至发生国家间战争和无政府恐怖暴力循环的“中东化”？鉴于“和平原子能恐怖”和“钓鱼岛危机”与美国的直接关系，曾经创造了东亚和平、作为东亚秩序主导者的“美帝国”已蜕变为东亚秩序的“新威胁”，这一“真问题”浮出了历史的地平线，成为东亚选择向“欧洲化”或“中东化”之某一种地区政治模式发展的最后路标。

五、结语：中国的国际传播主体性与东亚秩序重建

一般而言，“帝国”之说在中国，除了能联想到“改革开放”以后成为死语的“帝国主义”，再就是历史研究学者使用的“清帝国”、“罗马帝国”之类专业术语，总之，作为社会科学分析的“帝国”概念是不存在或意义不明的。而与此对照，在欧美的“全球化”研究与后殖民研究，以及日本的“帝国学知”新论与“无意识殖民主义”批判中，无论主张抑或批评美国的“世界领导”权、日本的“普通国家”化，“帝国”话语建构与解构的斗争都一直进行着。中国在自贬传统社会主义时期为“闭关锁国”而实行“对外开放”之后，“和平与发展”取代“战争与革命”的意识形态想象成为新战略教条，外交思想被“合作双赢”的相互依赖发展主义所控制。结果，对真正的“大国”讲合作仍受制裁、敌视，向本来的“战败国”求友好竟遭蔑视、欺侮，连周边小国也越来越精于利用“中国威胁论”来威胁中国。事实很清楚，中国外交所碰的“钉子”几乎都在美国战略的墙上，美国是具有超国家政治主导权的“帝国”，而日本则依靠“美帝国”展开进攻型的历史修正主义对华外交，从拒绝谢罪、赔偿到否认战争罪行，再到摸索实际占有钓鱼岛的可能性，谨慎但越来越露骨地复活着蔑视中国意义的近代“帝国精神”。

对于东亚“正常化”秩序的崩溃趋势和公然向“疑似帝国主义”倒退的事实，中国舆论呈现两种反应：一是具有军事对抗色彩的批判话语，二是对新冷战压迫和超市场经济政治采购作“相互依赖”、“合作双赢”之类的抽象概念描述。但传统冷战的历史已经证明了“帝国主义论”对抗的失败，“复活”不会带来转败为胜的奇迹，只是知识思想能力丧失的再证明，而后殖民话语文饰的“美帝国”主义依附则已经被“钓鱼岛事变”导致的“准战争状态”阻挡了可持续发展的前路。这给中国造成一种无所适从的“失战略”困境。因此，必须实证研究战后“帝国秩序”的传播原理，在知识体系建构和思想伦理辩证的基础上，明确中国的立场定位和战略方向，担当不可回避的地区责任，通过

解决遗留的“历史问题”实现平等的民族国家间政治，以作为“全球化”和地区主义的入口。

基于这种问题意识和方法论思考，从东亚地区政治的过程研究和结构分析可以得出一些新的结论。

第一，战后东亚虽然终结了“帝国主义”的军事殖民体制，但并没有实现所谓主权平等，而形成了美苏两个阵营冷战模式的“新帝国秩序”。美国和苏联之所以能取得“帝国”权力，主要并不因为其军事大国地位，而在于其具有“普世”意识形态的生产能力。处于意识形态迷思和知识生产依附地位的国家被纳入了“新殖民主义”结构。美国对日本的占领统治依靠非军事化、民主化改革重建具有现代合法性的日本宪政。但当对日议和被作为冷战国际政治工具而发生重新武装、军国主义分子政治复归等“逆流”时，知识分子的批判思潮和反美民族主义市民运动就成长起来，而美国从日本“反安保斗争”得到教训，与日本社会展开“现代化”主题的知识思想对话，反美民族主义意识形态随着日本经济高速增长和苏联阵营的政治混乱、经济失败而被消解，日本主流社会的“美国信仰”确立，日美关系在美国的主导下发展为成熟的制度化同盟。相比较而言，“一边倒”的中苏同盟之成立，本来具有比日美关系更坚定的价值信仰，但后斯大林时期苏联新领导人不具备把政治经济失败的历史真相转化为知识思想的改革意识形态生产能力，受到苏联真相“信息爆炸”冲击的中国以更忠实于斯大林主义的姿态维持政治权威的合法性又遭到苏联的蔑视。而随着“苏联信仰”的消退，中国也越来越不能忍受被毛泽东比喻为“父子关系”、“猫鼠党”的“社会帝国主义”压迫，苏联失去了在东亚的“帝国”地位。但既然战后东亚新帝国秩序是一种意识形态生产和传播能力原理的统治，中国即使反抗了苏联也不过是外交失败的证明而已，只有克服了制度性的信息闭塞、知识绝产、谎言泛滥危机，以独立自主的知识思想生产摆脱了意识形态依附地位，才能获得精神独立和战略自主——这是追求平等的国家间政治的主体性条件。

第二，美国利用中苏同盟破裂的机遇并适应日本的大国化成长，通过保障中国免于现实苏联威胁和传统日本威胁的战略对话，把中国纳入了美国主导的东亚“正常化”秩序。东亚“正常化”秩序从日美、中苏“阵营对抗”秩序转型而来。因为中国是在经济失败、政治混乱的“文革”时期，尤其是在国家安全最为脆弱而期待美国战略保护的形势下被美日阵营把外交关系“正常化”的，所以日美敌视、蔑视中国的旧金山和约体制之旧秩序下对日本侵华战争责任的无责任处理、台湾事实上的与大陆分裂化、“钓鱼岛主权争议”等现状都被维持下来，“正常化”交涉中关于“历史反省”、“一个中国”、“搁置争议”都只有原则共识而没有作出责任明确的国际法结论。如果中国不继续在“正常化”秩序基础上进一步推动遗留问题的解决而形成国际法意义的具体处理，一旦东亚政治发生结构性变动，美日对中国曾经作出的原则性妥协就可能倒退甚至被取消。2012 年日本发动“购岛事变”造成“钓鱼岛危机”继而引发美日同盟与“中国威胁”的冷战对峙，就是这种国际政治逻辑的现实化。由此可以理解，所谓的“正常化”是用“原则”

表达象征性共识而遮蔽传统冷战结构存留的“假性和解”，中国从对“美帝国主义”、“日本军国主义复活”的批判反抗到接受这种“假性和解”的无抵抗，意味着“美帝国”权力扩张、日本“帝国精神”复活的“后殖民主义”时代到来。遗留“历史问题”的存在反映着美国、日本、中国序位的东亚后殖民政治食物链结构，是美国通过操纵中日关系危机来稳定日美同盟的“帝国”权力生产机制。而由于“历史问题”越来越明显地在日本利益方向上“解决”的既成事实，其“帝国精神”之张扬不断可视化为参拜靖国神社、修改教科书、“钓鱼岛危机”，等于反复给作为世界大战战胜国的中国贴上冷战战败的标签，成为羞辱中国的象征暴力压迫。这就是东亚“正常化”秩序40年来反复发生周期性危机的基本原理。

第三，1990年代初“苏联阵营”的解体、全球冷战终结给东亚的“美帝国”秩序带来正当性危机，尤其是福岛核灾难在日本激发的知识思想反省对战后日美关系和日本“成功”叙事的颠覆加速了日本社会“美国信仰”的幻灭，国民国家的文化、政治主体性觉醒所支撑的“参与型民主主义”推动着新民族主义以反基地、反核电的社会运动形式崛起。而美国对于经过民主化、现代化后主体性、思想能力发达起来的日本不再具有意识形态生产能力，于是进行以“中国威胁论”制造日本继续依赖美国、保持驻日美军基地合理性的“钓鱼岛问题”战略操纵，所激起的中日“领土民族主义”对抗使东亚政治急剧冷战化，“正常化”秩序面临着崩溃的危险。在这种事实逻辑的意义上，美国从反法西斯战争的盟国领袖，成为战后主导东亚秩序的“美帝国”，到全球冷战结束后为了保持在东亚的“美帝国”地位则蜕变为伤害东亚地区安全的“新威胁”。美国作为东亚的“新威胁”有两种性质：一是与传统军事威胁不同的和平核设施泄漏，美国阻止日本“脱核电”，并诱导中国等技术乐观主义迷信国家继续发展核电，东亚事实上处于隐性核恐怖之下；二是作为传统军事威胁，操纵“钓鱼岛问题”的军事对抗化，诱导中日战争边缘政策。对于前者，饱受其害的日本已有觉悟，但保守政治主流采取明哲保身主义——尽力以各种借口停止本国核电站的运转，但极力向发展中国家出口。而对于后者，日本的机会主义“固有领土论”已形成主流，希望借助美国的军事威慑实际占有钓鱼岛，中国则期待美国以“立场中立”构成对日本军事冒险的抑制，东亚呈现出“美帝国”秩序危机与“美帝国”主义期待两个悖论性的高潮。“美帝国”主义迷信证明了“美帝国主义论”和战争决定论的非现实性，但作为化解东亚危机的策略则是缺乏逻辑的妄想——美国既然是中日关系危机的操纵者，就不可能被中日两国利用来化解危机，除非有一方付出让其满意的代价，如“冲绳返还”时日本承诺美国继续驻军、分担军事责任、提供被要求的资金、在其他日美交涉案件中让步等等，而美国还要评估另一方作出的对抗反应是否能够控制。因此，既然“钓鱼岛危机”可能导致中日战争，既然美国主张和平对话解决争端，中日两国就应该以自主和解觉悟取代依附美国“战略平衡”的妄想，从而重建中日关系乃至实现地区政治“脱帝国化”。从这种东亚秩序原理可以明白，从日本遭受“和平利用原子能”传播的福岛核灾难、中国被斯大林主义迷信带入“十年浩劫”的历史教训中更应反省，战后东亚国家在取得形式上的民族独立之后，还需要知识生产能力的成长和意识形态的独立自主，这是必由的民族国家重建之路。而从战后欧洲的和解、共同体政治过程的比较研究中也可以得到同样的启发，即美国在与欧洲主体性的平衡关系中不可能取得“帝国”地位。总之，没有基于对国家失败的历史研究的知识生产、思想批判和民主主义、地区主义价值重建，东亚就没有终结“帝国秩序”的未来。

在上述思想整理的基础上，最后要指出的是中国的国际传播主体性建构对于东亚秩序进化的决定性作用。

新中国建国前夕本来启动了对美外交接触，但由于苏联政治对话的介入和阻隔，也由于毛泽东受到苏联意识形态传播而形成了“历史是按照斯大林所指出的方向发展的”、“联共就是我们的最好的先生”、“帝国主义是要消灭我们的”、“必须一边倒”等执着信念，导致中苏结盟反美。但“苏联信仰”前提下的国际认知毕竟不符合外部世界的实际，经过一场由苏联、朝鲜商定而使中国卷入的战争造成中美关系的结构性对抗，美国以旧金山和约、日台和约、美台防御条约、美日琉球协定把中国排斥在战后处理过程之外，建构了羞辱中国尊严、损害利益的“阵营对抗”东亚秩序。作为历史教训可以认识到，革命虽然胜利了，但建国需要基于实证研究的自我认知和外部世界知识，需要根据只有民主才能自主的知识生产和信息战略积极设置外交议程。欠缺这种国际传播主体性作为民族国家的精神条件，以“一边倒”为初衷的中苏关系把中国带入了美苏阵营对抗的冷战政治陷阱。

中国的知识思想生产在“阶级斗争”这种违反民族国家原理的反共同体政治控制下处于谎言充斥的荒废状态。即便是在中苏关系失败之后，毛泽东仍然没有在符合中国外交实际的问题意识前提下设置外交议程，以与美国、日本达成解决战后遗留问题共识的国际传播主体性自觉，而是自满于“中苏发生交战了，给美国人出了个题目，好作文章了”、“两霸我们总要争取一霸”的“新一边倒”战略机会主义。[①] 结果，在有中国能够参与的“正常化”东亚秩序转型中仍然搁置了决定美日对华关系敌对结构的“台湾问题”、日本战争责任问题、“钓鱼岛问题”。一直到现在，中国的“钓鱼岛问题”外交话语仍然充斥着呼吁美国“不要选边站队”、不要向日本“发出错误信号”的期待和关于美国会不会为日本“火中取栗”之类的“研判”，全然不顾这些对“美帝国”的期待及其战略讨论在“钓鱼岛危机”触发东亚秩序危机现实对照之下的虚构性。无论是向苏“一边倒”的反美决策，还是1970年代与美日“一条线”的反苏构想，都证明着中国对外部世界知识和对话能力的欠缺，而现在中国遭遇的外交挫折也依然属于国际传播主体性缺损的传统症候群。

建构国际传播主体性需要彻底反省斯大林主义迷信时代的教条主义遗产，破除政治

---

① 吴旭君：《毛主席的心事》，中共中央文献研究室《缅怀毛泽东》编辑组编《缅怀毛泽东》（下），中央文献出版社1993年版，第644页。王永钦：《1966—1976中美苏关系纪事》（连载三），《当代中国史研究》1997年第6期，第151页。

合法性论证的信息生产封闭性，在自主开放的信息战略前提下致力于实证学术研究的培育，以具有民族国家立场和国际主义意识的知识思想话语体系参与国际对话而达成信息对称、利益平衡的国际共识，通过主动的知识思想传播和外交议程化解敌视、蔑视的国际政治语境。新中国外交经过求“以苏联为首”而不得、“对美国开放”则被欺的教训，邓小平因此提出以“我们不能坐到别人的车子上去”来比喻“同美苏两个超级大国都改善关系”的“独立自主”哲学。[①] 所谓“自己的车子”就是作为国际政治主体的资格能力，但能力不产生于唯意志论想象，也不会由于反复宣示国家主权而自动具备，其前提在于建构在有根据的知识、有逻辑的思想前提下论证公共价值并推动达成国际共识的国际传播主体性。邦交正常化以来，中国对日外交以“友好”表象自我麻痹而搁置“钓鱼岛问题”的解决，秘档制度和行政干预又事实上把中日关系的学术研究也“搁置”下来。结果，日本虽然删改了“搁置钓鱼岛争议”内容的外交记录，但仍然因为主动公布历史资料而掌握主动权；日本学者虽然根据删改的外交记录得出片面的“不存在搁置争议”结论，但仍然掌握了国际学术话语的主导权。关于“钓鱼岛问题”在这种长期只有“日本车子”的知识体系条件下，中国的学术话语、媒体议程都受到日本外交的诱导。及至日本政府采取否认“搁置钓鱼岛争议共识”的“固有领土”化步骤，欠缺公布外交记录和日常学术研究准备的中国反击乏力，宣示“捍卫主权的决心不可动摇”又被国际社会解读为“中国威胁论”逻辑的战争立场，中日关系就陷入了重复失语、对话无能的国际传播不在、外交职能不全状态。

中国外交受困于战后遗留问题，美国通过统治因遗留“历史问题”而敌对的中日关系来控制东亚。经过 2013 年底安倍晋三首相参拜靖国神社的决定性刺激，政治对话的可能性尽失，如果日本再进一步改变钓鱼岛“无人”的物理现状，丧失对话能力的“领土民族主义”意识形态对抗将激发战争危险，而中日关系的冷战加剧或战争状态恢复必将导致东亚的“美帝国”秩序固定化。在战后东亚政治史上，中国受到“苏联帝国”意识形态带来的“文化大革命”浩劫和“美帝国”战略诱导的“台湾问题”长期化、固定化折磨，而福岛核灾难和军事基地化痛苦则是日本被“美帝国”统治的代价。以自主的知识生产破除“帝国”主义迷信，以具有民族国家主体性的国际传播实现中日和解与对美关系平等意义的“正常化”，这是东亚建立有尊严和平秩序的前提。尤其应该反省的是中国在地区秩序的国际协议过程中利益表达的缺位——“阵营对抗”时期表现为被强权排斥的体制障碍性缺位，“正常化”时期则表现为被战略诱导的话语能力障碍性缺位。根据这种结构主义的理解，只有中国利益表达的补全和由此带来的地区政治信息对称及利益平衡，才能造成更合理、更文明的东亚秩序——战后日美之间不断建构着国际法体系，而日美与中国的基本协议都不具有法律效力。东亚“正常化”秩序是潜在国际政治冲突乃至战争危机的“美帝国秩序”，日本的历史修正主义外交要打破“正常化”秩序的妥协原则而复活“日本帝国精神”。现在，“钓鱼岛危机”使东亚处于或深陷“美帝国”

① 《拿事实来说话》(1986 年 3 月 28 日)，《邓小平文选》第 3 卷，人民出版社 1993 年版，第 156 页。

主义冷战政治泥沼或向共同体主义和解政治进化之历史转折点，无原则让步和军事对抗化都是外交不在或外交失败的证明，能推动和解进程的国际传播主体性建构才是超越危机和历史进步的必要条件。

东亚地区政治进化的核心命题是在与美国达成价值共识的前提下，以战后和解的国际法过程“重建中日关系”，这是一个从知识思想生产到政治外交行动的主动思考、参与、推动地区秩序转型的过程。中国学术必须有基于实证研究的知识生产、思想传播和利益表达，中国外交必须有主动设置国际关系和地区政治议程的能力来维护自己的尊严和利益，而不能依赖对方的道德自觉或救世帝国的干预——这是依然作为“第三世界”的国家改变自己地位、命运的应有觉悟。历史已经反复证明，无对话能力而自满于原则性表态甚至实行政治谩骂之类的“论战”这种“空话外交”只会有害于和解进程，而并不能负责任地解决任何实际问题，事实上是无外交的证明。国际传播主体性和民族国家能力的建构需要国民全体规模而非政治特权局限和教条迷信束缚的知识理性努力，即知识生产、国际交流从国家主义、实用主义的“象征战略论”向国民主义、理性主义的“责任能力论”转型。经过改革转型而成为有能力、受尊敬的国际政治主体，才能推动东亚秩序在反映中国尊严、利益的战后和解方向上进化。

专题：网络时代的传播格局

设想一个没有版权的世界

何雪莲[①]

摘　要：版权的本质是垄断，而知识天生要求分享，自由文化理念深得人心。因特网免费共享的特性与自由文化精神一致，免费共享造成“美分裂口”、“温暖效应”以及“宽容使用”，与之背道而驰则徒劳无益，废除版权是迟早的事。免费分享并非无偿剥削，而是使得作品广为人知从而利于销售，这是有别于版权主义的全新逻辑。没有版权，人们的文化选择更自由更多元，巨头文化公司不再左右市场，充分竞争带来活跃创新，混合文化大行其道，非正式规范将代替正式法律发挥作用，同时，不同类型作品可以被区别对待。在废除版权之前，可以缩短版权年限加以过渡。从全球角度看，今天阻挠人类打造巴别塔的正是版权。知识垄断加大南北知识鸿沟，对此权宜之策是使用弱者的武器。

关键词：废除版权　免费共享　自由文化　弱者的武器

一、免费共享

免费能赚大钱，这在前数码时代是不可想象的。前数码时代当然也有免费的商业模式，经典的是吉列剃刀，后来流行的如打印机公司低价出售打印机高价出售墨盒。但这基本上属于传统商业模式范畴，对市场冲击不大，充其量只是某种改良。数码时代的免费则截然不同。首先，规模大。如果吸引不到数以百万计的大规模用户，所谓的免费根本就一无是处。就免费增值模式（Freemium）来说，只有 1% 的用户会为更好的服务付费，一个典型的网站遵循 1% 法则：1% 的用户支撑起其他 99% 的用户（Needleman & Loten, 2012）。如果是广告模式的话，那么基本上 100% 的用户都免费享受服务，最后由广告商买单。

从 Gmail 到 Picasa，再到 Google-411（Google 免费语音本地搜索服务），Google 所有产品都对用户免费。2012 年，Google 用户达到 1 亿，当年收入达 460 亿美元，其中广告收入 436 亿美元，也就是说，95% 的收入都来自广告（“Financial Statements”, 2013）。拥有大量用户自然就能赢利，至少通过广告就可以。正因此，所有成功的虚拟市场如 Kazaa、Skype、BitTorrent 等，全部都是基于免费。

对于传统商业模式来说，威胁来自“美分裂口”（Penny Gap）。风险投资家乔希·科佩尔曼（Josh Kopelman）认为，零价格是一种市场，其他价格是另一种市场。零价格与一分钱价格之间存在巨大心理差距，微小的收费也会招致失败。只要是免费，消费者

---

① 何雪莲（1975 ~），女，汉族，江西分宜人，高等教育学博士，美国华盛顿特区美利坚大学（American University）传播学院访问学者，中国传媒大学高等教育研究所副研究员，从事因特网法律和政策研究。

需求就会直线上升，相反，哪怕只收一分钱，需求也会大幅下降。正如科佩尔曼所说：“许多人误以为使用户从免费过渡到每月支付一美元的难度等同于从每月一美元上涨到两美元。我认为要让用户支付哪怕一分钱都是一项艰巨的任务，企业家倾向于低估其艰巨性。”（Kopelman, 2007）

“美分裂口”很能解释以报纸业、唱片业、影视业为代表的传统内容产业的绝对劣势。人们逐渐习惯免费在网上浏览新闻、阅读书籍、听音乐、看电影、搜索网页、收发邮件、打电话。习惯了免费之后，自然会在每次付钱之际盘算值不值得。

另一个与免费相关的现象是“温暖效应”（Warming Effect）（Lee, 2008）。温暖效应与寒蝉效应（Chilling Effect）正好相反，意指随着挪用、戏仿、抄袭、混合、拼贴、山寨等现象越来越普遍，人们越来越肆无忌惮地进行这类侵权行为。倒不是今天人们的版权意识突然变淡薄，而是数字技术使得下载和分享成为一种生活方式。所谓法不责众，如果要对此起诉，那费用将会是天文数字，因此只能是睁只眼闭只眼。这有别于合理使用（Fair Use），可以称之为“宽容使用”（Tolerate Use）。（Wu, 2008）

“美分裂口”、“温暖效应”以及“宽容使用”，都是因特网时代特有的现象。在因特网时代，无论是一个人还是100万个人同时阅读一本电子书，都并不影响制作此书的成本，该书对额外增加的读者的边际成本为零，因此按照传统市场经济的理论原则，该书的合理价格也应该为零。

对于传统内容产业来说，零价格的因特网的到来不折不扣是一场灾难。美国动画协会（MPAA）前会长杰克·瓦南替（Jack Valenti）就将因特网描述为一场“恐怖战争”（Harmon, 2002）。商业媒体应对“恐怖战争”的直接反应就是逐渐加大对版权法的执行力度，同时发展数字版权管理技术。不过，这场战争基本没有获胜的希望。尽管1998年《千禧数字版权法案》（Digital Millennium Copyright Act，DMCA）建立了“反拷贝”机制，试图从技术上堵住盗版，但收效甚微。国际唱片业协会（IFPI）曾经要求网上销售的所有数字音乐都加入数字版权管理系统（Digital Rights Management），防止非法复制，但破解方法层出不穷，最终不得不作罢（Hanlon & Jobs, 2007）。

因特网的天性在于免费共享，与之背道而驰则徒然无益。2010年默多克将Google斥为“网络寄生虫”，其链接行为是偷窃，并禁止Google链接其旗下相关网站的内容。但是此举使得《泰晤士报》等网站的流量明显下滑，以至于2012年默多克不得不重新向Google开放报纸网站（Rushton &Murdoch, 2012）。2011年底，版权方如电影公司、电视台、音乐公司、出版社、有线网络等发起《停止在线盗版法案》（Stop Online Piracy Act, SOPA）和《保护知识产权法案》（PIPA，Protect IP Act），试图通过约束在线公司（包括搜索引擎、支付平台、广告平台等）来打击非法下载等版权侵权，但遭到在线公司以及民众几乎一边倒的反对而流产（Ngak, 2013）。

二、自由文化

技术一日千里，制度却步履蹒跚。版权制度与免费共享的因特网时代严重脱节，自由文化运动（Free Culture Movement）由此应运而生。自由文化运动的前身是美国软件工程师理查德·斯多尔曼（Richard Stallman）于1983年发起的自由软件运动（Free Software）。自由文化运动用在翻译时“文化”一词替换“软件”一词，其威力成指数级提高。“软件”一词过于技术化，令人生疏，就大多数平民百姓来说，自由设计软件根本做不到，这使得自由软件运动基本像是软件业界的小范围叛逆。但是自由文化就不同了，它特别具有人情味，不具有排他性，人们不论富有或贫穷，不论是否受过教育，不论好看或猥琐，尽可以囊括其中。不仅如此，自由文化运动在翻译时用“自由”一词替换“免费”一词，更是绝妙之处，这使得所有那些计较自身利益的公司立刻显得蝇营狗苟，等而下之。自由获取知识犹如人们自由获取食物、睡眠、光线和空气这类必需品，每个孤独的个体无论贫富贵贱都能获得自我发展的力量。如此自我自由发展是人类的最高理想，与自由文化为敌，不啻与人类为敌。

版权的本质是垄断，是人为制造稀缺性。荷兰政治科学家约斯特·斯密尔斯（Joost Smiers）在2009年出版的《想象没有版权也没有企业巨头……对艺术家、多元性以及经济都更好》一书中描述：巨头公司不仅决定了我们看到什么，而且也决定了我们如何看。我们的视野中只有几个巨片、几本畅销书以及几张唱片，对于音乐、设计、电影、戏剧以及其他艺术中不那么商业化的产品则没有任何意识。这是社会的巨大损失，因为一个民主社会只有在多元化自由表达讨论的前提下才兴旺发达（Smiers，2013）。早在2002年，包括诺贝尔经济学奖得主在内的17位经济学家（包括阿克洛夫、阿罗、布坎南、科斯、弗里德曼等）就针对旨在延长版权保护期限的米老鼠法案联合提出意见书，认为延长版权期限无非是寻租的结果，无助于创新（Lessig, 2004）。

垄断与知识的天性背道而驰。知识的天性就是分享，当自由文化运动的创始人劳伦斯·莱斯格（Lawrence Lessig）说自由文化中的自由不是免费啤酒，而是类于自由言论的时候（Lessig, 2004），他就把版权与物权区分开来。私有财产具有稀缺性、排他性，多用一分就减一分，但是对于智慧产品，越多人用越好，在被最多人分享时，其价值实现最大化。托马斯·杰斐逊当初仅仅勉强地同意版权法，他非常讨厌这一法案，认为这是政府制造出来的一种对知识征税的垄断手段。更准确地说，版权法的幕后推手与其说是作者倒不如说是出版商，因为这些出版商的商业前景取决于得到多少政府所授予的垄断特许权（Carpenter & Jefferson, 2006）。在此意义上，瑞典诗人阿罗（Paulr Sez）在2009年6月举行的欧洲议席瑞典选举中，投票给了海盗党。他解释道：“被阅读的需要，影响他人的需要，以及表达所处时代的需要，尽管不必要但可能与卖出诗集的愿望相冲突。如果两者相冲突，工业利益必须位居其次，艺术智慧领地必须得到捍卫。对于在智力和伦理方面严肃地对待其所从事工作的艺术家和作者，其基本利益无疑是被阅读，是使自己的声音被同时代人听到。如何达成此目标，即如何抵达读者，这是次要的。”（Doctorow, 2009）另一方面，他也指出，几乎所有作品都是一种演绎行为，都大量借鉴了他人的成果，所谓原创不过是个相对的概念。既然一个作品来自于公共领域，为何它不属于公共领域？

自由软件运动和自由文化运动推动了旨在使作品自由共享的尝试，如通用公共许可（General Public License）和创作共用（Creative Common），前者用于软件作品，后者用于媒体作品。不过，无论是通用公共许可还是创作共用，都存在版权，都是在版权制度框架之内的改良。事实上，无论是自由软件运动，还是自由文化运动，或者说海盗党，其反对的都不是版权，而是版权法，不是废除版权，而是改良版权。劳伦斯·莱斯格就一再解释，说自己主张的并非没有产权的文化，不是艺术家得不到报酬的文化：“没有产权的文化或创作者得不到报酬的文化不是自由，而是无政府主义。”（Lessig, 2004）

但是，自由文化是人类的梦想，知识的天性在于分享，这与免费共享的因特网精神惊人一致，与免费商业模式惊人一致。既然我们已经有了免费技术和免费商业模式实现自由文化，为何不废除版权？2003 年美国明尼阿波利斯联邦储备银行发表《完全竞争力创新》（Perfectly Competitive Innovation）研究报告，指出现行版权制度造成垄断，妨碍创新，而充分竞争的市场能够奖励创新，因此版权完全多余（Boldrin & Levine, 2008）。

三、没有版权的后果

从文化角度设想一个没有版权的世界令人愉悦：没有版权，精神文化财富向每个人敞开，人们自由获取知识；失去了垄断权力，巨头文化公司再也没有动力去打造畅销书、巨片以及超级明星了，再也没有动力去左右人们听到什么，看到什么，读到什么；平面化多元化的市场形成，籍籍无名的艺术家获得应有的关注；人们拥有自己的品味，在文化选择方面有更大自由度（Smiers, 2013）。

设想不可谓不美，但人们对此的第一反应是：废除版权之后，如何使作者养活自己？如何过上体面的生活？在庞大的创作队伍中一定不乏优秀杰出之士，这些优秀杰出之士完全有理由凭创造性劳动过上好日子。这一问题不可谓尖锐，但有本末倒置之嫌。版权的最终目的是为了促进创新，保护作者只是手段，而手段肯定不止一个。所以上述问题应该正确地被表述为：废除版权之后，活跃的创新是否可能？

学界之所以提出废除版权，原因在于西方版权制度已经严重阻碍了创新。如哈佛大学法学教授尤查（Yochai Benkler）所概括：数十年来版权产业既得利益者一直大力展开金钱攻势：游说政府收紧版权条例，把侵权行为刑事化，并使之从商业非法集团扩展至个人网上分享（Benkler & Lessons, 2012）。结果是，尽管存在合理使用的赦免，但在动辄问罪的情况下，甚至连专业律师都拿捏不准何为合理使用（Lessig, 2004）。

如果一个制度已经严重阻碍了创新，那么废除它之后应该收益大于损失。明尼苏达大学经济学教授米歇尔·博俊（Michele Boldrin）指出，没有版权，市场存在活跃的创新行为；相反，有了版权等知识垄断，反而对创新不利。美国直到19世纪下半叶都没有版权，却有活跃的创新，而当代的例子就更多了（Boldrin & Levine, 2008）。像时装行业、烹饪行业、形象艺术和喜剧行业都缺乏正式的法律保护，但是这些行业的创新势头都不错。

与之相关的问题是：金钱对于创新的激励到底有多大？比如相对于名誉，以及对创造本身的热爱，金钱的激励到底多大？显然无法一概而论。对于音乐行业，美国西北大学法律学院副教授彼得·迪克拉（Peter DiCola）在调查了美国5000名音乐人之后得出结论：版权并非对所有音乐人具有激励效果，其直接影响的主要对象是那些高收入音乐人。这个结论并未出乎意料，因为在娱乐界赢家通吃是常事（Di Cola, 2013）。美国一个超级巨星的年唱片销售额动辄几千万甚至上亿，这未必是好事，其副作用是举国流行明星梦，每个人都梦想通过选秀节目一夜走红。这也是为什么，约斯特·斯密尔斯认为废除版权将提升全世界众多艺术家（而不是屈指可数的几个）的地位（Smiers, 2013）。

回到作者如何创收的问题。没有版权后，少数几个明星的收入可能大大缩水，但大部分创作者同样能赚到钱甚至更加富裕，当然许多人需要时间调整自己（Smiers, 2013）。约斯特·斯密尔斯认为，废除版权之后，艺术家自己可以成为文化企业家，也可以委托制片人、出版商、发行商等代理（Smiers, 2013）。这里的关键在于反垄断，鼓励竞争，防止巨无霸文化企业一手遮天（Smiers, 2013）。

因特网使无数小文化企业家的崛起成为可能。音乐人可以利用免费传播积攒人气，然后通过演唱会、音乐会等现场表演赚钱。图书作者与此类似，像韩寒、郭敬明、安妮宝贝，其名声鹊起，都拜赐于互联网的免费共享。2008年科幻小说家尼尔·盖曼（Neil Gaiman）做了为期一个月的实验，允许任何人完全免费全文下载其代表作《美国众神》（*American Gods*）。按照版权主义思维，免费下载自然损害纸质书销售，但结果却正好相反。在俄罗斯，也就是其作品被盗版最多的国家，在免费实验的随后一个月内，《美国众神》一书的销售增长了300%。尼尔·盖曼解释，盗版其实是一种广告形式，如果人们得知你的作品并喜欢它，即使他们有盗版可用，他们最终还是会买你的书（Salvo, 2012）。巴西作家保罗·科埃略（Paulo Coelho）建立"盗版科埃略"（Pirate Coelho）网站（http://paulocoelhoblog.com/pirate-coelho/），号召读者盗版自己的作品。他说，"自从建立'盗版科埃略'网站后，作品销售有了巨大提升"，"我不明白为什么出版商不理解这个新媒介不会谋杀利润"（Coelho, 2008）。

这是有别于版权主义的全新逻辑：免费共享并非无偿剥削，而是使得作品广为人知，因此利于销售。当然，纸质书可能终有一天消亡，但要点不是纸质书，而是区别性。每个人都可以在自家厨房泡咖啡，但星巴克从来不缺顾客。同理，废除版权之后，电影院依然会有顾客，因为电影院提供的是视听享受以及交际、休闲场所。总之，提供区别于数码复制的产品都可能赚到钱。

需要特别指出的是，废除版权并非推土机式的一刀切方案。对于那些成本高昂的作品以及市场度不高的文化产品如电影、电视、翻译作品，以及观众稀落的芭蕾、管弦乐队等，约斯特·斯密尔斯承认需要政府资助以及一定期限的保护，比如说一年，一年之后，作品自动进入公共领域（Smiers, 2013）。政府资助影视似乎存在游说和贿赂的风险，但是法国给出了一个成功的经验。唯一的疑虑是，法国采取的是以影视养电影的方式（Brody, 2013），一旦影视版权收益缩水，资助力度自然缩水，动辄上亿的电影巨片将会消失，但这并不是损失，人们迎来的是更多元更自由的表达，因此只是从一种文化形态转向另一种（而且是更好的一种）文化形态（Smiers & Schijnde, 2009）。

针对废除版权的另一个常见问题是：如何保护作品不被抄袭？这里需要警惕的是其版权主义误导性。首先，抄袭不见得是坏事。比如时装界没有版权保护，但时装界猖獗的抄袭是对创造力的激励，它迫使设计师不得不回到绘版图上以保持领先地位，因此是一种使设计进步的动力，最终能惠及消费者和这个产业；而没有抄袭，时装行业将萧条停滞（Raustiala & Sprigman, 2013）。抄袭利于创新的另一个例子是日本动漫界的“同人志”（Doujinshi）现象。同人志主要是在原作基础上演绎作品。按照日本版权法，这种拿来和修改的二次创作属于非法，但它的确繁荣了日本动漫，这是同人志没有遭禁的原因，因为禁止的结果将是人人受损（Mehra, 2002）。

在混合文化（Remix Culture）时代，模仿、抄袭、挪用、拼贴等创造数不胜数。开源软件模式就有赖于抄袭，有赖于程序员在复制彼此代码基础上的改进。“混合文化的两大好处是，利于创作群体，利于教育。”（Lessig & Remix, 2008）退一步来说，如果抄袭的确是坏事，那么自然会形成非正式规范以阻止抄袭。以喜剧行业为例，正是非正式规范阻止喜剧演员窃取彼此的原创笑话；而且，尽管存在暴民正义与简单化的危险，非正式规范依然比正式法律更有效地保护了原创性（Oliar & Sprigman, 2008）。在因特网时代，非正式规范更有威慑力，原因在于因特网赋予作者“先动优势”（First-Mover Advantage）：作品一经发表，就已经打上了作者的名字标记，其后若有抄袭很容易被一眼识破（Boldrin & Levine, 2005）。

技术的发展对社会制度产生巨大影响，版权制就是其中之一。所有智慧产品最终都将以数码形式出现，因此可以无限复制。免费是大势所趋，废除版权是迟早的事。为了避免理性的自负，需要细化操作方案，探索尽可能多的免费赢利模式，区别对待不同类型的作品。为此，可以缩短版权年限加以过渡，使得创作者以及传统内容公司有时间重新定位。自由软件之父理查德·斯托曼提议将版权期限缩减为 10 年，理由在于成功的作品往往只能在头几年赢利。而且，即使是成功的作品，在 10 年内也停止了出版或发行。当然，小说，字典，歌曲，摄影，计算机程序，交响乐还有电影需要区分对待，比如电影因为成本高昂可以获得 20 年的有效期，而计算机程序，3 年就足够了（Stallman, 2002）。缩短年限简洁易行，随之而来一个显而易见的好处是，孤儿作品将成为历史名词。

四、巴别塔与弱者的武器

今天阻挠人类打造通天巴别塔的不是语言，而是版权制度。2004年谷歌开始实施图书馆计划，试图创建人类最大的在线知识库，让世界各地的人们可以自由使用。这一数字巴别塔计划立即被美国作者行会（the Authors Guild）和美国出版商协会（the Association of American Publishers）起诉侵权（Brin, 2009）。塔尔萨大学法学院教授罗伯特·斯布（Robert Spoo）在《没有版权：盗版，出版以及公共领域》（*Without Copyrights: Piracy, Publishing, and the Public Domain*）一书中指出：全球公共领域产生之际始于版权结束之日；目前并不存在一个公共领域，而是存在多个公共领域。比如乔伊斯《芬尼根的觉醒》一书最早出版于1939年，1992年该书在加拿大、澳大利亚和瑞士等国家进入公共领域，但在欧盟国家，该书进入公共领域要等到2012年，在美国，则要等到2035年（Spoo, 2013）。可见，版权在很久以前就已经背离保护作者利益的初衷，而成为公司或国家谋利的工具。

放眼望去，主张严厉的知识产权保护的无一例外都是知识大国如欧盟、日本、美国等。版权被视为国民经济的重要增长点。比如美国之所以延长著作权保护期限，加强知识产权保护力度，人为制造稀缺性，一个重要原因就是保持美国国际收支平衡（兰德斯·波斯纳，2005）。可见，自由文化的理念尽管美好，公司和国家的着眼点依然是利益二字。即使版权已经严重阻碍创新，但为了垄断地位，版权制度还是会被严格执行。

如果对美国文化原始积累的历史略知一二，就会觉得该现象不无启示。美国直到1891年才开始对版权进行保护。开国初期的美国被当时欧洲国家称为“海盗国”，当时的版权氛围极其宽松，版权期限不过30年左右，因此，大部分19世纪的知识财富都可以拿来用于原始积累。美国本土迪斯尼公司的发迹就始于“盗版”。1928年11月18日发行的第一部米老鼠影片直接模仿当年的无声影片《小汽船比尔》，而且两者都以同一首歌为灵感源泉。这种拿来主义在当时根本就算不了什么（Sprigman, 2002）。

但是70年后，靠盗版起家的迪斯尼公司成功游说政府出台了《松尼波诺版权保护期限延长法》（Sonny Bono Copyright Term Extension Act），使得版权保护期限在1976年版权法的基础上再延长20年，即变为作者有生之年加死后70年，如系雇佣作品，则变为作品发表之后95年或者创作完成后120年，以先行届满者为准。该法案生效之时，正逢米老鼠作品版权即将到期之际，故又被称为《米老鼠保护法》（Mickey Mouse Protection Act）（Smallwood, 2012）。

一旦完成原始积累，成为强者之后，既得利益者就倾向于修改游戏规则走向垄断。公司如此，国家也如此。在美国本土不能通过的法例，却有机会在签订国际贸易时以更严厉方式出现，如《反假冒贸易协议》（Anti Counterfeiting Trade Agreement, ACTA），该协议比起《停止在线盗版法案》有过之而无不及（Benkler, 2012）。

垄断加大南北知识鸿沟。在严格的版权公约下，很难想象弱国会有出头之日。人穷志短是必然现象，山寨是必由之路。对此强者游戏，权宜之策自然是使用弱者的武器（Weapons of the Weak）：变通，假装顺从，怠工，敷衍（James, 1985）。总之，避免公开抵抗，非暴力不合作，不太当回事，又当回事。对此，劳伦斯·莱斯格评论道，中国在全球范围的版权保护讨论一直处于守势，努力证明自己合乎规范，这大可不必，因为目前的因特网版权体制毫无道理，中国应该站起来，领导和推动一个更为合理的体制（金煜，2010）。

很难想象中国真的会应声而起，以天下为己任。中国尚处于文化积累阶段，版权保护向来不严厉。比如莫言《丰乳肥臀》一书被禁印之后，盗版便铺天盖地，最保守估计也有 50 万本。据说如果要查，用不了三天就可以揪出不法书商（莫言，2009）。国际的例子有海盗湾的用户分布。海盗湾尽管长期以来被中国大陆屏蔽，但 2009 年数据显示，仍有三分之一的用户来自中国，而中国因特网用户仅占全球因特网用户的六分之一（“Over 1/3”, 2009）。

正因为中国的版权制度太过松弛，所以无法形成必要的张力去发动一场运动或建立一个政治团体。所谓的自由文化运动、海盗党之类，基本上是哪里有压迫哪里就有反抗。2009 年瑞典海盗党已获得两个欧洲议会席位，2012 年捷克海盗党候选人已经被选入参议院，2013 年冰岛盗版党获得三个冰岛议会席位，而德国的盗版党在 2013 年 9 月的选举中也极有可能获得国家席位（Reykjavik, 2013）。海盗党甚至在网上发起募捐，计划购买西兰公国（Prinapality of Sealand），创建一个没有版权制度的理想国（“Piratebay's sovereign”, 2007）。国人看到如此种种，真有隔岸观火好戏连连的感觉。在某种意义上，我们一直在实践自由文化运动的精神。要说自由文化，在中国真正需要考量的是政治因素而不是版权垄断。

五、习俗与法：SOPA/PIPA 的案例

在建国后的头一百年中，美国一直就是一个盗版国家，而现在美国却不允许其他国家拥有类似的发展阶段。劳伦斯·莱斯格建议，发展中国家应该灵活利用国际版权法，自我创造机会发展自身（Lessig, 2004）。美国福特汉姆大学（Fordham University）历史学教授本阿塔（Doron Ben-Atar）评论道：“当我说，美国是第一个技术盗版国时……他们说，那时还没有国际协议，因此是可以的。这么说对律师有用，不过我觉得这个说法不真诚。就好像是一个刚走出船舱的移民说，‘在我之后的那些人真的很坏，让我们不要让他们入境。’”（Grassmuck, 2013）

分析至此，可以看出在版权法的背后，再明白不过的是垄断利益：公司利益与国家利益。版权只是有条件的垄断权，而不是无条件的道德准则。在互联网时代，没有任何理由继续这种垄断。如前所述，“美分裂口”、“温暖效应”以及“宽容使用”，都是互联网时代特有的现象，套用哈耶克的话来说，就是“自生自发秩序”（哈耶克，2003），套

用韦伯的话来说就是“习俗”（韦伯，1997）。美国学者 H.W. 埃尔曼认为，习俗是一种不仅最古老而且也最普遍的法律渊源，它规定了习惯性的遵守行为，并宣布对背离行为的制裁（H.W. 埃尔曼，2002）。继续延续互联网以前的版权思维逻辑只会遭遇滑铁卢。这里再次回顾一下 SOPA/PIPA 案例中习俗与法的较量也许并非多余。

2011 年年底，以好莱坞和大型唱片公司为代表的版权方（包括图书出版业、唱片公司、电影公司、医药行业、信用卡公司等）试图通过《停止网络盗版法案》（SOPA，Stop Online Piracy Act）和《保护知识产权法案》（PIPA，Protect IP Act），以强化版权保护力度。当版权方发现某网站侵犯其版权内容时，可以要求网站（包括搜索引擎、支付平台、广告平台等）屏蔽所有内容，甚至可以要求互联网接入服务商（ISP）停止向网站提供服务，随后再进行司法程序。并且法案规定如果没有“事先采取防盗版的措施”，也就是事先自我审查，就不能免责（Ngak，2013）。据此，比如华纳兄弟电影公司发现了在意大利某网站上有《黑暗骑士》的种子下载，他们就可以要求谷歌迅速在其搜索引擎中移除这个网站的所有内容，PayPal 也会立即停止接受对该网站的一切支付行为，如此一来，该网站就离关站不远了。

1998 年《千禧年数字版权法》（DMCA，Digital Millennium Copyright Act）提出“避风港原则”：当版权方发现网站上有侵犯版权的内容，只要网站管理者接到通知后及时删除侵权内容以及网站上所有相似内容，就可免除责任。而 SOPA/PIPA 法案推翻了“避风港原则”，并加大了版权保护力度。这一逆流而动之举遭到网络公司、游戏制造商和诸多倡导网络自由的民间团体声势浩大的反抗。

2011 年 12 月 26 日，美国国会发布了支持 SOPA 法案的企业名录，全球最大域名托管服务商 GoDaddy 就在其中，包括维基百科在内的数千网站两天之内迅速从 GoDaddy 撤出了 72 354 个域名，导致其年损失了 50 万美元。GoDaddy 迅速作出反应，表示转投反对阵营（“GoDaddy lost”, 2011）。

支持 SOPA 法案的索尼也成为众矢之的。消失已久的黑客组织 Anonymous 对索尼的游戏社区 PSN 进行了大规模攻击。于是，索尼在 12 月月底与任天堂（Nintendo）、电子艺术（Electronic Arts）一同迅速表态放弃支持 SOPA/PIPA 法案（“EA, Nintendo”，2011）。

2012 年 1 月 18 日，维基百科关闭英文版网站 24 小时以示对 SOPA/PIPA 法案进行抗议，其他语言的维基百科网站也在首页挂出条幅进行声援。同日，谷歌在首页放置了向美国国会请愿的链接，抗议 SOPA/PIPA 法案，此外，谷歌美国站首页 LOGO 也改成了用黑胶布打码的样式。最终的结果是版权方失败，SOPA/PIPA 法案没有通过。

复旦大学经济学教授韦森指出，无论是在人类历史上的任何一个文明社会中，还是在当代任何一个社会中的即时即地，均实际上进行着从个人的习惯到群体的习俗、从习俗到惯例、从惯例到法律规则这样一种动态的内在发展行程。这是人类诸文明社会的历史演化轨迹，又是当代任何一个社会即时即地的现实实存（韦森，2005）。法律和制度固然重要，但不如习俗重要；法律和制度相比于习俗，不过是后来的产物。到了我们该重新审视版权法的时候了。

参考文献

马克思・韦伯（1997）:《经济与社会（上卷）》（林荣远译），北京：商务印书馆。

兰德斯・波斯纳（2005）:《知识产权法的经济结构》（金海军译），北京：北京大学出版社。

金煜（2010）:《劳伦斯・莱斯格试图推动新版权系统》，引自 http://www.bjnews.com.cn/ent/2010/11/20/84844.html，检索日期：2010-11-20。

莫言（2009）:《莫言对话新录》，北京：文化艺术出版社。

弗里德里希・冯・哈耶克（2003）:《哈耶克论文演讲集》（冯克利译），江苏：江苏人民出版社。

H.W. 埃尔曼（2002）:《比较法律文化》（贺卫方，高鸿钧译），北京：清华大学出版社。

韦森（2005）:《经济学与哲学》，上海：上海人民出版社。

Yochai Benkler & Lessons, S.（2012）. from SOPA/PIPA/Megaupload and Four Proposals on Where We Go From Here. Retrieved on January 25, 2012, from http://techpresident.com/news/21680/seven-lessons-sopapipamegauplaod-and-four-proposals-where-we-go-here

Boldrin, M. & Levine, D. K.（2005）. The economics of ideas and intellectual property. *Proceedings of the National Academy of Sciences*, 102: 1252.

Boldrin, M. & Levine, D. K.（2008）. Perfectly Competitive Innovation. Retrieved on April on 23, 2008, from http://www.sciencedirect.com/science/article/pii/S0304393208000123

Brody, R.（2013）. The Future of French Cinema. Retrieved on January 13, 2013, from http://www.newyorker.com/online/blogs/movies/2013/01/france-and-politics-of-movies.html

Brin, S.（2009）. A Library to Last Forever. Retrieved on October 8, 2009, from http://www.nytimes.com/2009/10/09/opinion/09brin.html?pagewanted=all&_r=0

Carpenter, S. & Jefferson, S.（2006）.On Patents and Freedom of Ideas. Retrieved on October 6, 2006, from http://movingtofreedom.org/2006/10/06/thomas-jefferson-on-patents-and-freedom-of-ideas/.

Coelho, P. P.（2008）. Retrieved on February 3, 2008, from http://paulocoelhoblog.com/2008/02/03/pirate-coelho/

Peter DiCola（2013）. Money from Music: Survey Evidence on Musicians' Revenue and Lessons about Copyright Incentives. Retrieved on January 9, 2013, from http://papers.ssrn.com/sol3/papers.cfm?abstract_id=2199058

Doctorow, C.（2009）. Famous Swedish poet explains why he's voting for the Pirate Party. Retrieved on May 28, 2009, from http://boingboing.net/2009/05/28/famous-swedish-poet.html

Financial Statements for Google Inc - Google Finance. Retrieved on May 22, 2013, from http://www.google.com/finance?fstype=ii&q=NASDAQ:GOOG

Grassmuck, V. R.（2013）. A Proposal for Legalizing Small-Scale Physical Copyright Piracy: Book Publishing, Video Films and Music in Developing Countries. Retrieved on April 5, 2013, from http://papers.ssrn.com/sol3/papers.cfm?abstract_id=2245342

GoDaddy lost 72,354 domains after supporting SOPA legislation. Retrieved on December 25, 2011, from http://www.infowars.com/godaddy-lost-72354-domains-after-supporting-sopa-legislation/

Hanlon, T. & Jobs, S.（2007）. On DRM（Digital Rights Management）. Retrieve on February 6, 2007, from http://www.gizmag.com/go/6790/

Harmon, A. & Download, B.H.（2002）. Moving Beyond Music, Pirates Use New Tools to Turn the Net into an Illicit Video Club. Retrieved on January, 17, 2002, from http://www.nytimes.com/2002/01/17/technology/black-hawk-download-moving-beyond-music-pirates-use-new-tools-turn-net-into.html?pagewanted=all&src=pm

Kopelman, J.（2007）. The Penny Gap. Retrieved on March 10, 2007, from http://redeye.firstround.com/2007/03/the_first_penny.html

Lee, E.（2008）. Warming up to User-Generated Content. Retrieved on May 1, 2008, from http://papers.ssrn.com/sol3/papers.cfm?abstract_id=1116671

Lessig, L.（2004）. *Free culture: how big media uses technology and the law to lock down culture and control creativity*. New York: Penguin Press.

Lessig, L. & Remix.（2008）. *Making Art and Commerce Thrive in the Hybrid Economy*. New York: Penguin Press.

Mehra, S.K.（2002）. "Copyright and Comics in Japan: Does Law Explain Why All the Cartoons My Kid Watches are Japanese Imports?" . *Rutgers Law Review*, 55: 155, 182.

Ngak, C.（2013）. One Year Later, SOPA activists reignite copyright conversation. Retrieved on January 18, 2013, from http://www.cbsnews.com/8301-205_162-57564766/one-year-later-sopa-activists- reignite-copyright-conversation/

Oliar, D. and Sprigman, C.（2008）. There's No Free Laugh（Anymore）: The Emergence of Intellectual Property Norms and the Transformation of Stand-Up Comedy. Retrieved on May 28, 2008, from http://papers.ssrn.com/sol3/papers.cfm?abstract_id=1138376

Yoskowitz, A.（2009）. Over 1/3 of Pirate Bay users come from China. Retrieved on

February 11, 2009, from http://www.afterdawn.com/news/article.cfm/2009/02/11/over_1_3_of_pirate_bay_users_come_from_china

Parfitt, B.（2012）. EA, Nintendo and Sony withdraw SOPA support. Retrieved on January 3, 2012, from http://www.mcvuk.com/news/read/ea-nintendo-and-sony-withdraw-sopa-support/

Out-Law.com.（2007）. Piratebay's sovereign ambitions blasted. Retrieved on January 17, 2007, from http://www.out-law.com/page-7661

Raustiala, K & Sprigman, C.（2013）. The Piracy Paradox: Innovation and Intellectual Property in Fashion. Retrieved on June 3, 2013, from http://papers.ssrn.com/sol3/papers.cfm?abstract_id=878401

Reykjavik.（2013）. Pirate Party gains three seats in Iceland's parliament. Retrieved on April 30, 2013, from http://www.cbsnews.com/8301-202_162-57582088/pirate-party-gains-three-seats-in-icelands-parliament/

Rushton, K & Murdoch, R.（2012）.Backs down in war with 'parasite' Google. Retrieved on September, 26, 2012, from http://www.telegraph.co.uk/finance/newsbysector/mediatechnologyandtelecoms/ 9566353/Rupert-Murdoch-backs-down-in-war-with-parasite-Google.html

Salvo, D. D.（2012）. Is Piracy the New Advertising? Retrieved on March 15, 2012, from http://www.forbes.com/sites/daviddisalvo/2012/03/15/is-pirating-the-new-advertising/

Smallwood, K.（2012）. Why Isn't Mickey Mouse in the Public Domain? Retrieved on June 17, 2012, from http://mentalfloss.com/article/30946/why-isnt-mickey-mouse-public-domain#ixzz2UAwOqLbb

Smiers, J.（2013）. Abandoning Copyright: A Blessing for Artists, Art and Society. Retrieved on May 20, 2013, from http://artcopyright.interartive.org/abandoning-copyright/

Smiers, J.（2009）. *Marieke van Schijnde. Imagine there is no copyright and no cultural conglomerates too...Better for artists, diversity and the economy*. Amsterdam: Institute of Network Cultures.

Smiers, J.（2013）. No More Bestsellers. Retrieved on May 7, 2013, from http://opendesignnow.org/index.php/article/no-more-bestsellers-joost-smiers/

Smallwood, K.（2012）. Why Isn't Mickey Mouse in the Public Domain?. Retrieved on June 17, 2012, from http://mentalfloss.com/article/30946/why-isnt-mickey-mouse-public-domain#ixzz2UAwOqLbb

Spoo, R.（2013）. Can We End the Copyright Tower of Babel? Retrieved on May 2, 2013, from http://www.exacteditions.com/read/publishers-weekly/london-show-daily-17-april-2013-35335/10/3/

Sprigman, C.（2002）. The Mouse that Ate the Public Domain. Retrieved on March 5, 2002, from http://writ.news.findlaw.com/commentary/20020305_sprigman.html

Stallman, R.M.（2002）. *Free Software, Free Society: Selected Essays of Richard M. Stallman*. Boston: GNU Press.

THE DIGITAL MILLENNIUM COPYRIGHT ACT OF 1998. Retrieved on October 28, 1998, from http://www.copyright.gov/legislation/dmca

Wu, T.（2008）. Tolerate Use. Retrieved on May 13, 2008, from http://papers.ssrn.com/sol3/papers.cfm?abstract_id=1132247

新媒体环境下广播传播特性的再认识

孟伟[①]

摘　要： 当前广播面临着一场内部的革命。这次革命不仅体现在广播的内容、技术、接收方式上的改变，也体现在广播的经营方式和广播整体地位的变化上，广播内容成为媒体革命最直接的承载。媒体“党的喉舌”作用曾经一直指导着我们对广播特性的基本认识。然而在今天，我国媒体与世界接轨越来越密切，广播呈现出新的特性。本文拟在全球化背景和新的媒体环境下对广播传播特性进行重新审视，通过解读广播的非视觉性、伴随性、共在感、亲密感、个性化和理性化等六大特性来分析新媒体如何渗透和影响广播传播特性的内在要素，以此为我国广播音频内容传播改革提供基础理论的参照。

关键词： 新媒体　广播特性　非视觉化　伴随性　个性化　理性化

广播作为以音频传播为核心的大众媒介，是与麦克卢汉谈到的“音响空间时代”（McLuhan, 2005）联系最紧密的现代媒介，其存在的价值与意义毋庸置疑。在新媒体环境下，数字广播蓬勃发展，智能手机引领全球范围的移动传播方向，互联网为网络广播提供了前所未有的发展空间。2012 年，39% 的美国受访者表示每月都会收听网络音频节目，美国的潘多拉网络电台成为年轻人最热衷的音乐媒体。实际上早在 2007 年该电台就推出了首款移动终端应用“Pandora Radio”。APP 软件的开发是音视频技术的新宠，美国国家公共广播电台（NPR）为其经济类播客、博客平台“Planet Money”单独开发了 APP，用户不仅可以通过该款应用收听和阅读个人博客节目，还可以通过社交媒体渠道分享 NPR 的音频节目（宋清，2013）。在这个意义上，视频和文本因传输渠道和接收终端的革新得以成为广播传播的一种常态辅助手段；同时社会化媒体直接参与并深刻影响着传统广播节目的内容和传受互动体系。上述这些新的变化使广播与十年前相比发生了一些质的改变。重新探究广播传播的基本特性，对于我国广播学界和业界而言，不仅仅意味着能够更好发挥当代传统大众媒介在重建个体与社会关系中的作用，更在于从过去“党的喉舌”压倒一切和当前广播经营为第一要义的热潮中略作停顿，对广播媒体基本特性进行重新审视，从而重视内容改革的稳定性和长远性，最终促进我国广播事业的发展（孟伟，2004）。本文将从非视觉性、伴随性、共在感、亲密感、个性化、理性化等几个方面重新认识广播的传播特性。

① 孟伟，新闻传播学博士，中国传媒大学传播研究院副教授，主要研究领域为广播和新媒体。电邮：mengwei@cuc.edu.cn。

一、非视觉性（Chignell, 2009）

布鲁斯·伦索尔（Bruce Lenthall）的《广播中的美国：大萧条与美国现代主义化的升起》，以20世纪20年代末的经济危机为背景，剖析了广播与美国现代化的关系，深刻地分析了广播在文化规范、民主制度、身份认定等领域的影响，由此追问了那个特殊时期里广播对现代化产生的推动作用。对广播的"非视觉"特性在那一时期的集中解读凸显了声音传播门槛限制低、人人都可以成为其受众的优势。当代越来越多的媒介形态以超乎想象的热忱激烈争夺着用户，满足或创造用户的刚性需求成为媒体竞争中制胜的核心要件。欧洲学者针对广播的"非视觉性"，提出了声音传播因缺少视觉的干预，反而能够促进人类理性的思考，成为对商业化挟裹媒体的一种另类反思（孟伟，2011）。2013年，广播的"数字流"（Digital Streaming）成为吸引美国听众的一类常态广播内容。

新的媒体环境下，"非视觉性"的特点因缺少视觉的影响而带有时刻伴随用户的最大优势，其在不同的时代里，有不同的解读方式。当代广播节目可以选择附加视频等多媒体文本作为辅助传播手段，但是音频本身仍是广播传播的根本。声音的发生虽然是在人体的外部，并为人体的外部器官所捕捉，但声音引起的感觉却作用于人的内心，"声音是一个使外部因素变为人的内部感觉的中介……声音引发的感觉超越我们常规分析的能力"（Broadhouse, 2012）。

（一）广播声音的选择

2014年1月6日检索MUSE英文社科数据库，以"radio"为检索词进行全文检索，总计有17 410篇论文，内容主要涉及广播与选举、人权、城市文化、个人身份定位、社会集体记忆、性别研究的关联；也涉及广播与文学、电影、电视、报纸和音乐之间的关联；广播谈话或者纪实类节目内容分析、新媒体与个体声音文化的表达等也占有相当的分量。当西方学者谈到对声音元素的选择性应用时，广播在纪实类或者纪录性节目中创造了一个独特的记录和营造故事中间状态的声音语境，这是反映人类精神最深处的一种表达方式（Zahavi, 2012）。

"广播声音是经过人为选择的，广播声音不仅仅代表发出该声音的人或物所引发的意义，还有象征的意义。"（Shingler &Wieringa, 1998）广播要选择那些最容易唤起听众想象的、生动活跃的、具有指示性作用的声音（McLeish, 2005）。广播对声音的运用，不是简单的对现实的模拟，更多的是充满情节性的，重视对听众情感的作用。通过媒体的放大，个体听觉很容易被这些远远比现实生活简单的声音所"欺骗"，因为我们能够根据这些简单的声音想象出比单调的日常生活更为精彩的图画来。

（二）广播声音环境

广播声音效果具有营造传播环境的功能，使广播声音符号具有类似电视、电影和舞台上视觉道具的置景功能。[①] 广播声音环境的营造不仅仅体现于具体的节目制作中，也表现于作为声音文化的一部分，广播对社会交往语境的营造。正如斯坎内尔（Scannell）所说，“和其他社会机构一样，广播的力量在于，它通过预置社会角色和社会地位，通过控制事件的内容、风格和持续时间等方式，在自己的领域内对‘社会交往’这个术语做出定义。”（Scannell, 1991）

在某种程度上声音文化是一个更宏观的概念，它需要我们认真思考并对声音情景的起源和性质提出疑问：为什么声音能产生这种效果？我们每日所听到的声音会产生什么样的社会和文化影响？现代化的声音情景呈现为：城市变得前所未有的喧闹，高速铁路的刺耳咆哮、汽车的发动机声和喇叭声、街道上市场的喧嚣声、警车和救护车的鸣叫，甚至楼下对讲机的呼叫声等等，这些无法与100年前单调、宁静的声音社会图景相比。现代世界的声音提示我们，我们无法逃避包围在身边的声音情景，这些情景带有暗示性和不可选择性，介入到生活的各个角落。

当代大部分声音文化来自电子媒介的声音，包括个人化的媒介（手机、iPod 等）。从文化角度看，这些声音情景可以被视为高度商业化的结果。有学者认为，这种声音环境忽视了本地实际环境（Douglas, 1999）。音频本身和我们通过音频所了解的世界，都是广播传播的基础（Murray Shafer, 2003; Gray, 2004）。2013 年一篇题为《倾听城市》（Tebeau, 2013）的论文虽未直接提及广播媒体，但从数字化时代城市口语历史的角度，讨论了当代大众正在通过智能手机和移动终端合作谱写当代城市的口语文化历史记录。媒体的声音与大众日常生活的口语交流在一定程度上的模糊，带来的是媒体更大程度上地契合和服务于当代听众。社会个体有一种刚性的需要，通过自主的选择屏蔽掉自己不愿意听到的声音。广播是自身声音情景的制造者，也是我们家庭或者个体移动声音环境的重要组成部分。

（三）非视觉调动起的听众主动性

外部知识的倾倒，取代主体的深度思考，带来的是思想深度的丧失（尼古拉斯·卡尔，2010）。广播是与阅读离得最近的一种媒体，例如，通过广播来讲故事，长久以来都是听众最受欢迎的节目之一（Keith, Michael, 2000）。阅读需要长时间地保持精力的高度集中，这是人类长期智力训练的结果，因为大脑天生的状态是不专心的。微博等社会化媒体目前正扩张着人类本能的需要，“互联网没有违背我们的意愿，改变我们的思维习惯，而是在顺应我们意愿的情况下，改变了我们的思维习惯”（尼古拉斯·卡尔，2010）。

广播中声音是无形的，对于听众而言，充满了想象的可能，具有二度创作的机会，从而调动了听众的主动性，听广播变成一种积极的媒介参与行为。没有画面的干扰，广播听众可以将注意力更多集中在媒介所传递的新闻观点和政治观点上。而多媒体所要求的精力分散进一步加剧了人脑的疲劳，从而削弱了我们的学习能力，降低了我们的理解

① 同样的论述参见 Robert McLeish (2005). Radio Production, Oxford: Focal Press, 2005: 234.

程度，当我们给大脑供应思考原料的时候，并非越多越好（尼古拉斯·卡尔，2010）。

二、伴随性

“伴随性”不等于媒介内容可有可无，而是满足听众一种潜在的必不可少的需要，或者说隐性的刚性需求。1906 年 12 月 24 日，加拿大发明家费森登（Reginald Fessenden）创制了世界上第一个由言语和音乐构成的广播节目（Starkey, 2013）。此后 50 年间，西方广播逐渐发展成为家庭最流行也最重要的媒介娱乐方式，直到 20 世纪五六十年代，西方发达国家的收音机被电视机取代，并从客厅显眼的位置将其挪开，在此之前其媒介作用一直是给单调重复的工作提供背景音乐；从文化意义上讲，当时人们对广播的兴趣也呼应了西方资本主义国家传统家庭单元分裂的潮流，折射出叛逆青少年收听摇滚乐和海盗电台来诠释反抗的时代意义。此后，广播也被定位为“第二类媒介”，或者说，伴随性媒介。不过，核心地位的退出并不代表其社会文化作用和意义的衰减，特别是针对某一类型的社会需要而言。

（一）高度兼容性彰显广播伴随特性

新的媒体环境下，移动人群成为当代媒体追逐的主要受众群之一。大部分听众在收听广播的同时，通常都会伴随其他活动，而收听设备的便携性以及与其他常用电子终端的整合，甚至随着未来媒体技术的高度智慧化和可穿戴功能的开发①，广播媒体可能呈现出比视听媒介更大的兼容性；当前广播听众的媒介接触时间和接触习惯渐趋碎片化，这意味着广播对听众时间资源的开发是一个新的课题。

（二）即时刚性信息的伴随性呈现

今天人们通过微信、微博等社会化媒体随时掌握全球范围内刚刚发生或正在发生的新闻事件。为此，不得不重新解读大众媒体中新闻的时效性，这是传统媒体面临的最大挑战之一，而过去“时效性”又恰好是广播媒体的传播优势之一。今天广播时效性优势更多体现在对其内容传播形态、传播方式的深层开发上，例如，即时碎片化内容的设计。2010 年“中国之声”开办的《此时此刻》节目，实行全天滚动播出，设置了 44 个播出档次，以“说新闻”的方式，为听众集纳此时此刻的最新消息、来自其他媒体和网络的热议、生活服务提示三大类即时内容。广播时效性的开发不仅在于单条新闻的传播速度，更在于精心打包一般听众无法在休息时间获取的新闻，以及无法通过个人力量整合、解读的新闻信息等。

（三）广播表述渐趋日常化

媒介内容中呈现出的“展示”和“精选”的色彩渐渐被日常化的选材和表述风格取代。例如，1997 年 9 月邢台市政府文明办和邢台广播电台联合开办《行风热线》，成

---

① 根据天极网一篇报道的说法，“2013 年可穿戴设备成为媒体关注的最热点，经过百度云创新实验室，有高达 75% 的用户有意向购买可穿戴设备。”取自 http://wearable.yesky.com/134/35400634.shtml，2014 年 1 月 6 日。

为国内首家广播热线理政类节目，随后引发全国广电行业的“阳光热线”现象（曹璐，2007）。2011 年 5 月 27 日上海人民广播电台的《直通 990》节目的全新改版，则意味着广播民生类节目的日常化趋势。节目中老百姓的困扰由原来需要政府部门一把手来解答的“大”问题，转向了常态化的与政府各个部门的办事人员进行沟通，具体到办事环节中碰到的疑问，他们能够实际解决老百姓日常遇到的具体问题。节目理念从实处发挥听众的主动性，借力微博互动，汇聚听众反映的问题，利用广播的大众媒体优势，营造出高效、便捷、助人、自助的非紧急类公共服务热线（中国广播电视年鉴社编辑部，2012）。

三、共在感①

现代社会空间和距离的改变，使人们越来越需要依赖外来的参照物确认自身的存在。当人们随意打开广播，也许没有注意力集中地收听广播的内容，但实际上广播媒体此刻提供的不是一种媒介内容，而是一种“节奏”。这种“节奏”的存在使独立的个人通过媒介的参照体会到时间的流动，也体会到有众多听众默默地与他一起在分享。这种参与感是潜在和隐性的，因为收听本身就意味着参与了一种社会公共活动，社会确认感得到了实现。广播媒介对受众的干预程度也就相应地减弱。

音乐类节目是广播最重要的内容之一。广播与音乐 CD 有什么不同？为什么仍然有那么多的听众，愿意收听广播而非独自欣赏音乐？欧洲广播研究的先驱之一、具有重大贡献的斯坎内尔（Scannell）试图将海德格尔（Heidegger）的“共在”思想运用于当代广播媒介及其对日常生活影响的研究上。这项研究侧重在，同一时间段内不在场的听众共同收听体验研究，以及他人与自己关联的这项媒介活动的感受研究（Hendy, 2005）。

广播的“共在感”很大程度上与广播激发听众情感回忆的能力有关。当 FM 广播被看作是落伍的标志的同时，西方艺术家萨拉·卡诺斯（Sarah Kanouse）却利用这种看似过时的方式做了三个项目的实验，证明这种媒介表述方式比最新的数字音频技术更有助于社会记忆的建构（Kanouse, 2011）。在道格拉斯（Douglas）看来，广播既具有公共性又具有私人性。他在对广播引发怀旧情感体验的讨论中谈到，广播具有刺激过去记忆的能力，它能把强烈的内在个人情绪和已经平复的往日记忆激发出来，而这种激发建立在分享的基础上。我们“成为了自我的旁观者”，但同时又“进入自身更深层的思想内”（Douglas, 1999）。

广播“共在感”的形成与广播的直播方式有密切关联。在直播节目中，听众清楚地感知到此刻来自收音机的声音就是刚刚说出的。当早高峰驾驶中我们打开收音机，听到北京交通台《一路畅通》的时候，就会产生这样的感觉：主持人在此时此地是与我们在一起的，伴随我们度过北京早晨最拥堵的时段。主持人表现出日常感，设置生活话题，分享此刻心情和路况信息等，我们和其他成千上万的听众共同分享了广播带给我们的内

① 原文为（co-presence），也可翻译为“共同在场”。

容，一起体会到了“人生在世”（“生存在世界上”）的集体“共在感”（Chignell, 2009）。比较其他媒介形态，广播在这一点独具优势。

音乐CD收听方便自由，无人打扰，但其缺少前文所提到的共在感和现场感的特点。数字技术提供的延时点击收听，一定程度上可能会损害这种集体收听广播直播节目的形式，即想象中的一个群体共在的愉悦。社交媒体可能带给年轻听众建立在分享基础上的新型“共在”关系，这将是广播下一步发展需要严肃考虑的问题。

四、亲密感

在某种意义上，广播的重要性不在于收听时间的长短，而在于广播内容可以直接融入到人们的日常生活中。例如，英国是世界上最喜欢收听广播的国家之一，其广播的很多谈话内容是与人们的日常生活密切相关的，即便是国家大事，也是以闲谈的方式呈现，更接近人们日常谈话的氛围和交往方式。广播作为大众媒介，也具有话题引导的特点，广播内容比其他媒介内容更容易成为普通受众的话题选择对象，进入社交语境。

广播听众在接收广播节目时，往往体会到“点对点”的传播气氛，例如，音乐节目主持人往往使用第一或者第二人称，虽然听众庞大，却可以营造一个非正式的、私密的空间，在感觉上造成好像是在为某一个人单独播讲。

当代广播节目的“时段”概念，帮助听众建立起广播节目时间与日常生活时间的一种对照，这种以时间为基础的社交经验也具有亲密性的特点，即广播及其听众之间存在相当亲密的关系：“时间……和熟悉度不断增加，这是广播亲密感不断形成的基础之一，不仅仅是亲密感，社交性也是如此”（Hendy, 2000）。

当代广播热线电话类节目往往塑造一种乐于助人的社会大气氛，借助广播的平台，陌生人之间可以建立亲密联系。2013年10月28日郑州电台一档普通的深夜广播热线节目中，听众金女士说她的87岁的老妈妈走失了，求助听众帮忙寻找。不多久，一位姓李的听众打进电话，告知下午她见到了这位老人，已经打了110把老太太接走了，现在老人在金水区文化路派出所。走失老人的焦虑和找到老人的惊喜是听众、主持人和当事人一起经历的体会。节目讲述了一个普通日子里普通的电台节目中常让人深感温暖的例子。共同经验的真实感觉是不同于作为旁观者观看一场惊险的好莱坞大片的。

五、个性化

大众媒体的个性化呈现是未来媒体竞争的焦点之一。提供个性化的节目内容，远远不是广播的终点。新的媒体技术为声音传播提供了多样化的传输和接收平台，又加之广播技术门槛低，在用户自制内容层面，广播呈现出极具个性化的亲民特征。

对于传统媒体而言，其主旨是把受众售卖给广告主。目前传统广电业硬广告市场份额在逐年下降，企业开始直接面对消费者。作为应对措施，电台的线下活动使媒体与用户或者受众个体之间的对话更为直接，实实在在地照顾到每一个受众的个性化需求。

2008 年 2 月，香港商业电台与圣雅各福群会成立天比高创作伙伴，它成为涵盖电台、剧场、音乐、电影、动画等不同平台的多媒体创作型社会企业。它希望通过让年轻人参加不同类型的活动及课程，参与如电台、剧场、电影及动画等创作，培训出具有创意的年轻创作人。①

（一）基于用户自制的细分市场

新媒体用户“自制内容”成为 21 世纪大众传播系统中的新型信源，打破了传统媒体对信息、舆论和娱乐等传播资源的垄断，提高了内容的多元化和异质化。2005 年，上海东方广播电台《波哥播客秀》开播，是国内播客首次在传统广播平台上播出。中央人民广播电台在 2006 年 3 月改版时新增“播客”专题，营造出集图片、文字、声音、影像于一体的多媒体播客平台（Mblog）。平台的特点是个性化机制满足各方面的需求，从用户自制实现用户的细分。绝对细分的市场机制才能达到供需的配对。如维基百科作为信息的汇整体，是细分系统最极端的状态：每个词汇都可以看作是一个细分市场，用户可以自行搜寻想了解的任何词汇，并在一个词汇的相关页面中，搜索出所有由公众汇聚的信息。用户还可以自行添加和改写。

2011 年 8 月北京人民广播电台推出“菠萝网络电台”（bolo.rbc.cn），支持多路广播节目混排、自定义各节目播放时间，节目内容实时更新，鼓励网友上传自制节目，这种原创资源上的支持使菠萝台更具个性化风格。菠萝台建立起庞大的音频资料库自由定制节目，网友可根据个性化需求进行个性化定制，形成用户专属电台，并且每个专属电台都具备与广播节目同步更新的功能。菠萝台倡导信息分享与收藏，点击按钮即可发表评论，也可将喜欢的菠萝台分享到人人网、开心网、新浪微博和腾讯微博等社交媒体上，同时还可以收藏、转发、评论任意菠萝台，并形成以此为主题的“圈子”。用户还可以自由收听喜爱主持人的节目，为喜爱的主持人“种菠萝”，这种边听、边玩、边互动的趣味模式吸引了更多“菠萝蜜”积极参与。建立起用户黏性的关键是唤起用户的归属感。

（二）交互式个性化节目内容

电台在节目内容上也积极进行个性化改革。英国 BBC 广播电台推出的“交互式多情景广播剧”就是一个例子。2001 年 9 月 19 至 20 日 BBC 播出名为《财富轮盘》（The Wheel of Fortune）的交互式广播剧，它是基于数字广播基础的一种新兴广播形态。广播播出了《财富轮盘》的两种版本，BBC 网站上又播出了第 3 种版本。听众可根据广播剧剧情发展过程的若干关键点在 3 种版本之间进行切换，实现多平台的情节交互，自由地创作出自己的故事情节。

① 《文汇报》推介“天比高创作伙伴”，商台鼓励青少年参加。取自 http://paper.wenweipo.com/2008/02/01/EN0802010012.htm，2014 年 1 月 6 日。

（三）社交网络介入广播

广播与社交媒体融合的过程，也可以看作是传统广播“新媒体化”的过程，广播由单一的“大众传播”形式扩展到多种传播形式，人内传播、人际传播、群体传播、组织传播等。新浪微电台已经覆盖 34 个地区，拥有 474 家电台，已有 3 711 位 DJ 入驻。新浪微电台中，正在热播节目、本地区节目、微电台排行榜等模块的设置充分满足了不同受众的个性需求。

2009 年 12 月，豆瓣网推出豆瓣电台，目前已经形成了一套自己的产品体系和用户分析系统（后台机器人）。后台机器人首先对电台成千上万首歌曲进行分类并设置歌曲属性，然后通过记录用户在听歌过程中点击“红心”、“跳过”或“垃圾桶”以及调换兆赫等操作来熟悉用户的喜好，再附加音频分析技术、用户行为分析、编辑与运营、后台架构等大量的要素，模仿和学习用户的口味，向用户推荐符合其喜好的音乐。豆瓣电台没有传统意义上的主持人，积极参与的用户就成为“主持人”。依赖于豆瓣社区中的用户间的分享、交流、自己创建兆赫等方式，促使豆瓣朝着“用户自生媒体”的方向发展。豆瓣电台这种体验式的用户深度参与，为用户带来了更优质的音乐享受和更个性化的使用体验。

六、理性化

话语要比图像更有理性意义，在这个意义上，广播更接近“反思性或者是智力”的媒体。广播与文字或者其他视觉媒介不同的是，它完全不依赖于任何有形符号的启发和刺激——文字、数字或者是图像等等，这使得听众可以不受限制和约束地在头脑中构筑起相应的图像，进行没有图像干扰的理智思考。在这一点上广播是一种刺激智力思考的媒介（Crisell, 2004）。

彼得·卢恩菲尔德称数字媒体中弥漫着一种“未竟的文化（culture of unfinish）”气息。从这样的角度看网络文本，它几乎总像是“不断进行中的工作”（works in progress）（Lunenfeld, 1999）。网站、博客、微博、论坛等内容被允许不断重建和修正，我们无法在文本中寻找固定唯一的意义。新媒体时代，社会信息瞬间变化，其文本意义在于帮助我们形成同暂时的、部分的、分权的世界和谐相处的感觉，我们对世界的看法不得不进行多样化的表述，但多样化也导致了主体的失控。信息社会大大扩展了虚拟空间，电子媒介在物理环境中无所不在。通过信息消费而获取的关于外部世界的知识取代了个体体验的叙述，信息创造了事件丰盛而个体体验匮乏的世界，信息不“创造”体验，它只是记录事件（胡泳，2010）。

广播作为一种时间的媒介，是日常生活式的现实媒介，很少给受众超越现实的感觉，广播媒介更擅长于关注人们的日常生活。一些欧洲学者认为，严肃的理性思索是与情绪和情感的渲染无关的，文化教育程度越高的人群，越不容易接受情感型非严肃媒介和媒介产品的影响，不易为大众媒体所牵制，从而失去主体的判断。媒介为了追求商业利益，不断满足甚至发掘潜意识的需要（Crisell, 2004），这就不得不促使我们重视媒介的理性传播的必要性。

2013 年 9 月 11 至 13 日，在伦敦召开的欧洲广播年会的议题核心是“多平台模式背景下的当代广播生存”，特别是随着网络在线平台、智能手机和数字电视终端、APP 应用等为广播传播提供了前所未有的多渠道平台模式，因此会议议题集中在广播的内容、技术、听众、规制、社会管理等层面呈现的新趋势、新变化和新的生命力。

我国广播发展与欧美广播发展既有相似性，又有自己的独特规律和发展轨迹。新的媒体环境下，我国广播业无法回避变革之路。资本运营是企业博弈的必然，舆情监督和喉舌功能的发挥是社会和政府机构的诉求，而在新媒体环境下，对广播媒介特性的重新审视和拷问将是任何一种没有忽视广播作用之社会力量的要务之一。

参考文献

宋清（2013）：《规范中稳步发展的北美广播》，《中国广播》，第 10 期。

孟伟（2004）：《广播听觉传播本质解读》，《现代传播》，第 3 期。

孟伟（2011）：《新媒体时代社会理性精神的重建——以广播声音传播为例》，《现代传播》，第 8 期。

尼古拉斯·卡尔（2010）：《浅薄——互联网如何毒化了我们的大脑》（刘纯毅译），北京：中信出版社。

Guy Starke（2013）：《媒体多平台化发展趋势下广播的弹性生存思考》，《中国广播》，第 8 期。

曹璐（2007）：《广播新闻理念与实务创新研究》，北京：中国广播电视出版社。

中国广播电视年鉴社编辑部（2012）：《中国广播电视年鉴》，北京：中国广播电视年鉴社。

胡泳（2010）：《新媒体中的公共领域是否存在》，载彭兰（编）《中国新媒体传播学研究前沿》，北京：中国人民大学出版社。

Broadhouse, J.（2012）. *Music Acoustics:or the Phenomena of Sound As Connected With Music*, Charleston: Forgotten Books.

Chignell, H.（2009）. *Key Concepts in Radio Studies*, London: SAGE.

Crisell, A.（2004）. *More than a music box: radio cultures and communities in a multi—media world*. New York: Oxford Berghahn.

Douglas, S.（1999）. *Listening In:Radio and the American Imagination, from Amos 'n' Andy and Edward R. Murrow to Wolfman Jack and Howard Stern.* New York: Random House.

Gray, F.（2004）. 'Fireside isses: audience，listener，soundscape'，in A. Crisell

(ed.) , *More than a Music Box: Radio Cultures and Communities in a Multi-media World*. New York: Berghahn Books, pp. 247-262.

Hendy, D.（2005）. *Radio in the Global Age*. London: Polity Press.

Kanouse, S.（2011）. Transmissions between Memory and Amnesia: The Radio Memorial in a New Media Age. *Leonardo*, 44（3）, pp.200-206.

Keith & Michael C.（2000）. *Talking radio: an oral history of American radio in the television age*. M.E. Sharpe.

Lunenfeld, P.（1999）. *The Digital Dialectic: New Essays on New Media*. Cambridge: MA, The MIT Press.

McLeish, R.（2005）. *Radio Production*. Oxford: Focal Press.

McLuhan, M.（2005）. *Understanding Media*. London: Routledge.

Murray Shafer, R.（2003）. "Open Ears" in M. Bull and L. Black（eds）, *The Auditory Culture Reader*. Oxford: James Currey, pp. 25-39.

Shingler, M. & Wieringa, C.（1998）. *On air: methods and meanings of radio*. New York: Bloomsbury Publishing.

Scannell, P.（1999）. *Broadcast Talk*. LondonL: Sage.

Tebeau, M.（2013）. Listening to the City: Oral History and Place in the Digita Era. *Oral History Review*, 40（1）, pp.25-35.

Zahavi, G.（2012）. Reality Radio: Telling True Stories in Sound. *Oral History Review*, Volume 39（1）, pp.182-185.

自媒体中的新闻格局：微博客平台内容运营策略分析

——基于国内五大微博客平台《热门话题》栏目的比较[①]

陈静茜[②]

摘　要： 由于我国新闻管制、微博客平台利益竞争激烈、新闻业态可视化等原因，微博客强化了对自身热门话题的自我审查，使得《热门话题》栏目呈现出明显的“新闻化”的运营特点，其话题编辑呈现出一定的“新闻格局”。本文通过对国内五大微博客平台首页的《热门话题》栏目（也称《热议话题》）进行横向比较和历时分析，并对微博客从业者进行访谈后发现，“新闻型社交媒体”是我国微博客平台最重要的本土化特征，《热门话题》栏目在编辑时存在将话题进行煽情化、娱乐化处理的倾向。

关键词： 微博客　《热门话题》栏目　内容运营　新闻格局

据中国互联网络信息中心第33次调查统计，截至2013年12月，我国微博客用户规模为2.81亿。微博客的兴起不仅在数量规模上引人瞩目，还带来了信息传播方式上的变革。“微博（客）传播交流结构上的开放性特点，使得使用者可以持续地保持成为信息传播和中转中心，并保持继续使用的兴奋点”（彭兰，2010a）。朱爱菊（2011）认为，微博客不仅会带来新的社交方式，还将引发新的信息传播模式，因为在微博客平台中，使用者的关注、交谈及人际关系的建立，是基于“信息内容”的关注之上的，而不是原有的社会关系。本文将聚焦微博客作为一种新的信息传播平台，其内容运营策略与国外微博客平台Twitter[③]相比较，呈现出其异化特征。

社交媒体一直被认为是理想的动态的社会数据库，可供社会科学研究者展开研究（彭兰，2010b）。然而，对新闻传播学研究者而言，围绕着微博客平台一直悬而未决的问题是：微博客使用者发布的内容，是“信息”还是“新闻”？微博客平台是否能称为网络新闻媒体？国内新闻学研究者对网络新闻从不同角度下过定义，但都强调了两个共同要点：一是强调从传播媒介的角度来区分网络媒体与传统媒体的差异；二是强调网络新闻的传播主体的多样性（秦州，王月苏，2007）。还有学者提出“信息”与“新闻”在边界上存在模糊及其相互转化的问题（董天策，2003）。笔者认为，若要更有针对性地回答这个问题，研究者首先应对微博客平台使用者的发布内容、平台运营管理的过程有足够的实证调查，且对这一过程的考察应该考虑到媒介形态在本土化的过程中发生的具体变化，如此才能对中国本土的微博客展开进一步的研究，继而回答其属性为何的问题。

---

① 本文获“中央高校基本科研业务费专项资金资助”（2014JBM132）。

② 陈静茜，博士，北京交通大学语言与传播学院讲师，电邮：chenjingxifd@gmail.com。

③ Twitter是2006年在美国推出的社交网络和微型博客服务，允许用户将自己的最新动态以短信形式发送给手机和个性化网站群。一般被认为是中国国内微博客创建初期参考的原型。

目前学界对微博客平台使用者发布的内容以及类型化事件和新闻在这一平台的传播过程、特点所进行的研究已经有较多积累，但对微博客平台本身的运营方针、策略的研究成果所见有限。因此，笔者对微博客平台的运营策略进行了为期一年的调研。在观察中发现，各微博客平台高度重视整合新闻资源，通过新闻编辑手段引导受众参与讨论并发布信息，并将使用者活跃度作为考核微博客平台的商业价值和产品活跃度的主要指标。本研究选取了最能反映微博客平台内容运营策略的首页话题导览型栏目——《热门话题》[①]作为研究对象，试图通过分析《热门话题》栏目来透析本土微博客平台的内容运营策略。微博客在中国互联网行业内被认为是社交类应用中的一种垂直应用[②]，但国内四大主流微博客平台均由拥有网络新闻频道的综合门户网站开办。研究发现，国内微博客平台的《热门话题》栏目与 Twitter 相比呈现巨大差异，并体现出“新闻化”的动态过程。

本研究采用质化与量化相结合的混合研究路径，具体选择了国内五个微博客平台作为研究对象。在以微博客为代表的自媒体出现之前，网络媒体运营形式主要分为传统媒体开办，网络信息服务商、信息服务公司、网络技术公司等开办以及个人开办三种类型（柳泽花，2002）。目前国内的主流微博客平台主要有“新浪微博”、“腾讯微博”、“网易微博”、“搜狐微博”，皆由网络媒体开办运营，属于第二种类型；本文另将历史较长的小众微博客平台“饭否”[③]也纳入考察范围。从2012年起，笔者通过对国内这五大微博客平台的《热门话题》栏目进行历时观察和横向比较，对微博客使用者和微博客平台工作人员进行参与式观察和深度访谈，对国内微博客平台的《热门话题》栏目标题进行内容分析，试图回答以下问题：国内微博客平台在何种层面上可以定义为“自媒体”？国内微博客平台与新闻网站的内容编辑策略有何异同？国内微博客平台对用户提供内容的编辑和引导策略为何？何种动因驱使微博客平台选用了这一内容运营策略？

一、“新闻型社交媒体”：新闻业边界在微博客平台的扩展

国外既有研究发现，中国微博客的使用者发布内容与 Twitter 使用者所发布内容存在较大差异（Zhang, Pentina，2012）。由于功能设置、文本丰富程度、文化语境的差异，中国微博客平台增加了更多功能，被认为是微博客（microblogging）Twitter 和社交媒体（social network）Facebook 的结合。另一方面，国内研究者也发现，由于政府对新闻行业的监管，我国新闻行业的业态边界向微博客等自媒体进行了扩展，继而使得新闻业在微博客中变得“可视化”。周葆华（2013）认为，“片段式的‘液态新闻’，以及所有受

---

① 位于各大微博客平台首页，内容为微博客平台中正在热议的话题。某些平台还提供了有关该话题的具体讨论数量。国内与国外微博的网页端口均设置在首页一侧，是微博客平台栏目设置的一种形式：国内微博以“热门话题”示之，Twitter 以“Trend Topic”标示。

② 据中国互联网络信息中心第 33 次《中国互联网络发展状况统计报告》，第 58 页。

③ 2007 年上线的“做啥网”被认为是中国内地最早的微博客网站。2009 年，“饭否”、“嘀咕”、“同学网”、“9911 微博客”、“叽歪”、“Follow5”等微博网站相继在上半年出现；当年 7 月，“做啥网”、“饭否”、“嘀咕”、“叽歪”等网站被关停。2010 年 11 月，“饭否”重新开放，被认为是最接近 Twitter 的中国微博鼻祖。

众与之的互动，都呈现‘可视化’的特征，变成有关该事件的新闻报道整体场景中的一部分”，以微博客等为代表的自媒体公开了新闻业的新闻生产过程，从业者、机构等的日常表现。他还强调，中国对“主流媒体”的严格管制促使微博客等网络媒体“承担了更多新闻功能”（周葆华，2013）。笔者认为，种种原因使得微博客成为主流媒体难以发布的“另类新闻”的出口，使“新闻型社交媒体”成为本土语境下国内微博客平台的最重要特征之一。在此基础上，由于国内微博客平台竞争激烈，2010—2011 年，各大微博客平台纷纷开展了抢夺受众注意力和用户使用黏性的争夺战[①]，使得运用话题引导策略成为各大微博客平台共同的策略选择，采用的做法包括将用户话题内容发布数量在显著位置标明，诱导用户点击热门讨论话题等等。

再者，受中国社会阶层固化影响，国内微博客使用者的独特动机也促使了微博客平台对用户结构不断进行调整。通过调查、实地走访“新浪微博”、“腾讯微博”运营者，笔者发现：国内微博客平台广泛运用了“平移线下科层策略”，大量引入线下（offline）真实名人，将中国线下社会的“科层”移植到线上（online）虚拟世界。中国微博客呈现出微博客使用者更倾向于与陌生人——特别是行业领袖、社会名人、明星等发生联系的面貌（Zhang, Pentina, 2012）。

暂不论“新浪微博”等依靠其所属公司的门户网站的既有资源，将“新浪博客”的名人资源转移到微博客平台进行二次开发；“名人效应”能够得到中国微博客使用者的追捧本身就说明微博客作为“另类新闻”的出口这一特点，其对使用者获知“另类权威信息”确实存在吸引力。国内主流媒体中被过滤掉的信息，以微博客为突破口，大量进入了公众的视野。笔者在调查中发现，国内微博客使用者从以作家、律师、记者等为代表的公共知识分子群体，到公务员、大学生，从事服务行业、经营业务的普通用户，都将获取“与主流媒体不一样的新闻信息”、“另一阵营的讯息”作为使用微博客的主要目的：

> 我在体制内有很多朋友，他们很多是高级干部。我知道他们都在用微博（客），他们想知道大家对于社会、体制的各种看法。但是囿于他们自己的职务与身份，他们不能以公开的身份参与与大众的互动，他们常常是潜水状态，主要是“看”，不敢发。（@XS，作家，认证加 V 用户，男，上海）

二、新闻格局在国内微博客平台运营中的移植

国内微博客平台的《热门话题》栏目是用户发布的“热门话题”汇总还是微博客平台编辑生产的新闻产品？

在对国内主要微博客平台事业部的工作人员的访谈中发现，“新浪微博”的内容运

① 来源：info.yidaba.com/201101/281037091002100100021265253.shtml。

营策略被同行认为是成功的标杆；而 Twitter 作为最早出现并至今保持高活跃度的国际微博客平台，也受到我国业内人士的高度肯定。为了比较国内微博客平台话题导览栏目的运营策略与国外微博客平台的异同，笔者选取了我国的“新浪微博”和美国 Twitter 两个平台的话题标题进行了比较。

笔者首先选取 2012 年成 5 月 1 日至 31 号“新浪微博”平台网页版首页的《热门话题》为样本，于每日 22:00—24:00 抽取当日《热门话题》榜进行内容分析[①]。与“新浪微博”相比，Twitter 的热议话题趋势只显示话题关键字（见下表）。而国内微博客平台较 Twitter 相对应的栏目 Trending Topics 呈现出“单一式新闻标题”的特点，具体表现在以下三个方面：

表 1　Twitter 与国内微博客平台话题导览栏目比较

栏目名称	Trending Topics	《热门话题》
平台名称	Twitter	“新浪微博”、“腾讯微博”、“网易微博”、“搜狐微博”
开办公司	Obvious	新浪网
门户网站	否	是
栏目中标题举例	Swimming Pools / Today is National French Fry Day/ Jason’s Lyric/Sage Stallone（2012.7.14 网页版）	罗志祥怒斥黄秋生、中渔民被韩海警射杀、中国式过马路引热议（2012.10.16 “新浪微博”网页版）
形式	关键词、简单句	单一式新闻标题
成分	宾语、状语	主语、谓语、宾语
导受功能	部分	有
导向功能	无	有
标题虚实	虚题	实题

数据来源：笔者调研数据整理绘制

表 2　微博客《热门话题》栏目标题新闻化

新闻标题特征	传统新闻标题	网络新闻标题	微博客《热门话题》栏目标题
结构功能	单一式 / 复合式	单一式	单一式
标题虚实	虚实结合	实题	实题
题文相连	是	是（超链接）	是（超链接）
导受功能	是	是	是

① “新浪微博”每日《热门话题》呈现不规则更新，变化频率高于腾讯、网易、搜狐等微博客平台。抽取 22:00—24:00 时段《热门话题》栏目数据缘于该时段几大微博客平台话题更新频率较其他时段低，较为稳定，便于横向进行比较（其中 5 月 21 日数据缺损）。

续表

新闻标题特征	传统新闻标题	网络新闻标题	微博客《热门话题》栏目标题
导向功能	是	是	是
同一新闻标题下的文、图、声、影传播	否	是	是
特殊符号和其他编辑手段使用（闪烁、移动）	否	是	是

图表来源：本图表由笔者绘制

第一，经过微博客平台编辑生产的《热门话题》栏目，呈现了新闻报道常规的“格局”(news schemata)。在 Trending Topics 中，导览的标题形式多为关键字或简单的单句，语句成分多为副词和名词性短语充当的状语、宾语。与其形成鲜明对照的是，国内的微博客平台的导览栏目标题形式多为语法结构清晰完整的单句，话题事件的主语、谓语、宾语成分齐全，呈现“单一式新闻标题”的特点。另外，《热门话题》栏目中的标题多采用新闻标题的“实题”。“一般认为，新闻标题以实为主。一则新闻可以没有虚题，但一定要有实题，否则就不能有效提示新闻内容，体现新闻的客观性”（柳泽花，2002）。换句话说，《热门话题》的话题标题多编辑为“实题”形式的标题，这有助于该平台有效地提示新闻事件的内容，引导受众对话题事件的关注和进行进一步的意见表达及讨论。

“新浪微博”在《热门话题》栏目中充分发挥了网络新闻标题的“结构特点”。一是将重大和最新的新闻话题以“热门话题”的形式，放在“新浪微博”首页的显著位置。使用者在浏览时，通过点击具体话题的标题，可以进入相关的新闻从页，阅读事件的具体细节。栏目通过整合不同的微博客账号发布的事件相关信息，将话题事件的信息来源、当事人、事件背景、主流媒体报道、网友态度、网友评论进行多角度呈现。这种标题的结构布局，以及新闻话题及其从页所整合的事件的有关信息，都具备了网络新闻的结构特点，整体呈现出新闻的格局特点。戴伊克（Van Dijk, 1993）提出，“新闻报道是由约定俗成的新闻格局或者说新闻图式构造组织的”。他强调，“在新闻报道中，一般文章开头有标题（headline）、导语（lead）等格局范畴”（Van Dijk, 1993）。格局由一些分层排列的范畴组成，包括一般的新闻总结、主要事件、历史和环境背景、后果、言语反应和评论。这些上层结构范畴将功能赋予整体语义宏观结构，是新闻工作人员可获得、可知晓并可以加以运用的。经整合和编辑过后的《热门话题》从页，从其结构上来看，已经具备了戴伊克所提出的新闻格局的特性。

第二，《热门话题》栏目的标题用语通俗且具有亲和力。这一点在一定程度上呼应了吴飞等（2006）所提出的中国报业在第二次改革中新闻标题发生的重大变化——注重调动读者的注意力来阅读标题和新闻，达到刺激读者的感官和心理，在读者心里留下深刻印象的目的。国内各大微博客平台在发展和竞争过程中，其《热门话题》栏目的标题运营也体现出了阶段性特点。在“新浪微博”一家独大的初期，《热门话题》栏目标题以关键词和简单句为主，类似现在 Twitter 的 Trending Topics 所呈现的面貌；在各微博客平台竞争期，标题特点变为侧重概括、反映话题事件情况；在各微博客平台竞争白热期，标题往往侧重揭示新闻事件事实的本质及严重程度，标题内容也带有更多的倾向性和感性色彩，使读者看起来更觉通俗易懂，且更容易产生共鸣，因而微博客平台对使用者来说，就更具有亲和力。

第三，微博客《热门话题》栏目的话题标题本身，体现了新闻标题的导受和导向功能。张子让（1999）认为，“导受功能和导向功能是新闻标题的两大功能”。在网络新闻出现之后，这两大功能也被认为是网络媒体新闻标题的主要功能（吴飞，2006；柳泽花，2002）。导受功能指的是，新闻标题可以用最精炼的文字将新闻中最重要、最新鲜的内容提示给读者，从而使得受众可以通过标题来获取新闻事件的梗概，在浏览时得以进一步点击某一感兴趣的标题来获取详情；导向功能指的是，标题可以作为新闻与评论的结合点，通过标题，网络媒体或直接或间接地表现其本身对新闻事实的看法和倾向性。以 2012 年 4 月 5 日“新浪微博”网页版热议话题为例，“坐飞机今天起更贵了”、“中国教师工资垫底”、“樱桃价格超猪肉”、“警惕新型地沟油”中的“更”、“超”、“垫底”、“警惕”等体现出新闻要素的提炼手法及标题背后的倾向。而“硕士出家七寺庙拒收”也体现出编辑对于新闻事件的价值判断。

《热门话题》栏目对于新闻事件的立场和态度是通过对话题标题进行编辑而实现的。特别是在政治事件和娱乐事件中，通过展露微博客平台自身的倾向性，可以更好地引发受众的共鸣，增强受众的阅读兴趣，继而刺激受众进一步使用微博客的其他功能。

通过对“新浪微博”微博客事业部和销售团队的访谈，研究者得知，微博客的各项功能会根据用户活跃度进行不断的调整和试错。其根本目的在于维护用户活跃度这一微博客平台运营的根本：

> 热门话题的编辑还要引导用户对事件进行评论、转发，这些都是内容运营团队的 KPI（关键绩效指标）。也就是说，内容团队的任务就是不断地刺激用户，使得用户发帖、转发等，一些大 V、媒体账号的活动又会引发下一轮用户的活动。所以我们还有专门的销售团队负责维护大 V、媒体的账号，希望他们可以多发帖。另外还有开发团队，开发其他周边 APP，使得用户在微博（客）上的黏性可以提高。但是我们无法预知用户会中意哪些应用，所以这些开发过程，其实也是试错的过程，资金成本是很大的。（ZXH，“新浪微博”销售团队，男，上海）

“新浪微博”将首页改造成为“导读页”，将原本由用户发布的高频词编辑整合为“单一式新闻标题”，也是为了更快、更有效地吸引使用者更活跃、更频繁地使用其微博客产品的不同功能及其他附属应用。[1] 除了通过新闻编辑手段来吸引使用者外，“新浪微博”、“腾讯微博”、“网易微博” 三家微博客平台还通过设置提示话题发布数量来提示使用者对话题的价值进行个人判断。从下图的发帖数量可以看出，三家微博客平台的《热门话题》除了体现出新闻编辑加工后的规整面貌之外，还在话题一侧公布了话题的发布数量。其中，“新浪微博” 和 “腾讯微博” 公布的发帖数据远远高于 “网易微博” 等其他微博客平台[2]。

微博客平台运营团队的工作人员也表示，微博客平台的内容运营策略，是各微博客展开竞争的核心部门之一，而其各自的编辑策略，更是各平台的核心商业机密。

表 3　2012 年 10 月 16 日新浪、腾讯、网易微博《热门话题》栏目对比（网页端口）

序号	新浪网页版热门话题	数量	腾讯网页版热门话题	数量	网易网页版热门话题	数量
1	中渔民被韩海警射杀	523,073	美国大选二辩直播	3,888,219	中渔民遭韩海警射杀	4
2	2012 年的第一场雪	1,753,458	韩警射杀中国渔民	20,525,400	世预赛德国被瑞典扳平	28,758
3	中国式过马路引热议	458,295	冠军遗孀卖房救女	4,214,210	显微镜：作家供养制	430
4	罗志祥怒斥黄秋生	64,175	天安门广场降半旗	583,213	180 度：零和游戏谬论	90
5	萝莉持枪照萌翻网友	107,976	赴日机票惊现 0 元	140,390	你最想做的职业是什么	34

数据来源：笔者根据 “新浪微博”、“腾讯微博”、“网易微博” 网页版数据整理，篇幅所限，仅摘录前五条

三、《热门话题》栏目的内容运营策略

1. 微博客平台的新闻、广告资源整合

初期，“新浪微博”《热议话题》栏目话题的新闻大多以草根用户发布的微博客内容作为标题，之后更多地采用 “新浪微博” 自身运营账户来 “发布新闻”，这样可以更为便利地整合新浪公司旗下的各类资源，如推荐旗下 “新浪网” 的各类资讯频道以及新浪集团的广告客户资源等。“腾讯微博”、“搜狐微博”、“网易微博” 也都毫不例外地在《热门话题》栏目进行商业广告话题的推广。

如 “暴利女性用品” 话题[3]，话题从页链接的是新浪公司旗下 “新浪网” 的 “新浪女性频道”。这类进行集团内营销的话题，常常以 “新浪微博新鲜事” 的账户来发布。其

① 根据 2012 年 6 月 18 日，对新浪微博工作人员 YBY 访谈整理。
② 在国内大型微博平台中，微博、腾讯、网易在《热门话题》栏目中公布了微博发布数量，搜狐、“饭否” 等未在首页公布《热门话题》栏目数量。
③ 2012 年 4 月 7 日位列 “新浪微博” 网页版第一位的热门话题。

他体育赛事类话题（NBA、足球赛事、汽车赛等）、各地车展、汽车新品等商业广告话题也常常出现在“新浪微博”的《热门话题》中。通过调研走访，研究者发现，微博客平台通过内容运营与其他利益主体进行资源互换或售卖相关广告，这是微博客平台的“销售团队”的主要任务，也是微博客平台主要的创收部门：

这个（2012年NBA成为“新浪微博”《热门话题》上榜栏目）就是“新浪微博”与“新浪（网）频道”的合作。包括体育新闻，是跟体育频道合作的，像欧洲杯、NBA，“新浪”一直是NBA大陆视频唯一合作伙伴，欧洲杯嘛，这个你也知道，像这种东西其实一直是全民关注的东西，他一定是跟央视、各类型媒体有合作……没办法跟你说，看看表面数据就可以了……”（YBY，“新浪微博”工作人员，北京）

2.《热门话题》栏目的低俗化、娱乐化运营方针

国内研究者认为，真实准确、具有新闻价值、符合本网站需要是大多数网络媒体的新闻选用标准，而真实、新鲜、接近、趣味、显著等是影响网络媒体选稿的价值构成要素（柳泽花，2002）。对于微博客导览型栏目而言，对于话题事件的信息来源的真实性的要求与新闻网站的要求还存在一定差距，但“新鲜”、“接近”、“趣味”、“显著”等方面则是《热门话题》选题的重要因素，借以迎合大多数微博客使用者选择在休闲时段浏览微博客进行娱乐放松的心理需求。正如杜骏飞（2001）所提到的，全球受众对新闻的需求越来越集中在“软新闻”上，如名人的风流韵事、生活中的趣事、无聊的琐事等。微博客的《热门话题》的编辑策略呈现出低俗化、娱乐化的鲜明特点，这主要表现在以下两个方面：

第一，“娱乐明星”有关话题长期、持续上榜且名列前茅。笔者对2012年5月“新浪微博”网页版的240条热议话题进行了编码①，再对每一类微博客话题进行统计。结果见下图：

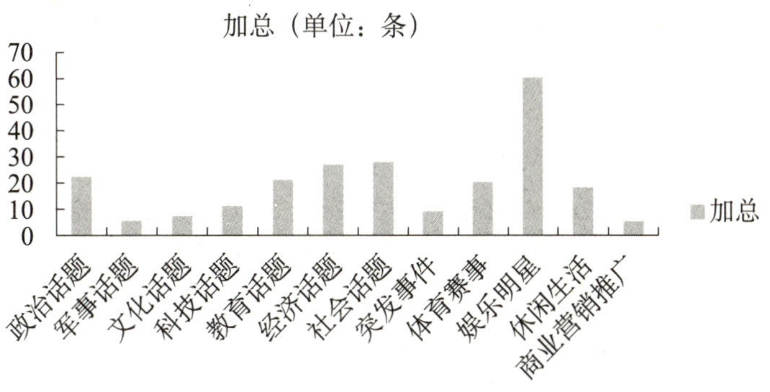

图1：2012年5月“新浪微博”热议话题趋势

数据来源：由笔者采集数据整理而成

① 具体分类编码为：政治、军事、文化、科技、教育、经济（工商）、社会、突发事件、体育赛事、娱乐明星、休闲生活、商业营销推广（指新浪微博平台自身及与外部机构的合作推广及营销行为）共12个类别。

在图 1 中，娱乐明星有关话题最高，达 60 条，每日皆有娱乐明星有关话题上榜。居于第二和第三位的社会话题 28 条，经济话题 27 条。其后依次为政治话题 22 条、教育话题 21 条、体育赛事 20 条、休闲生活 18 条、突发事件 9 条、文化 7 条、军事和商业推广各 5 条。再分别观察 5 月上半月和下半月各类话题的发展走向（图 2），可以看到，“新浪微博”的各类话题分布呈现比较一致的分布情况。各类话题在上半月、下半月的趋势接近，娱乐话题数量仍为最高峰。

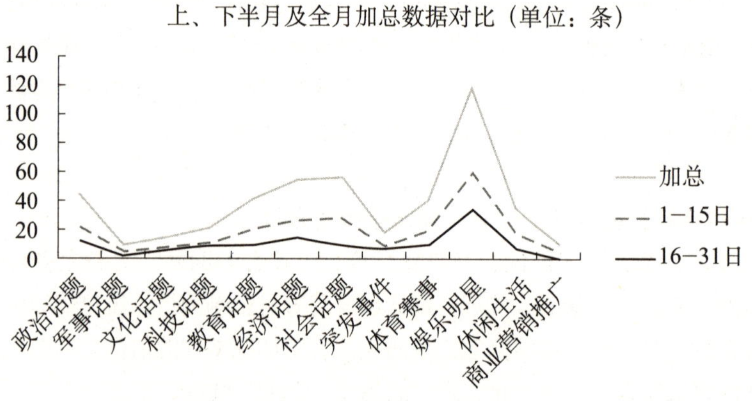

图 2：2012 年 5 月“新浪微博”热议话题发展走向

从话题在榜持续时间来看，2012 年 5 月，单个话题在榜最长时间为 10 天（中菲摩擦），其次为 5 天。持续 5 天在榜的话题有鲁若晴事件、冯绍峰事件和锋芝恋事件，均为明星娱乐话题，且具有连续集中出现的特点。由此可见，利用娱乐话题来引发用户的关注与讨论，是维持高用户活跃度的重要手段之一：

无论是什么媒体形式，娱乐、体育这些轻松的话题，永远都是最容易吸引眼球的。我们要吸引用户，自然有人负责专门的内容运营。突发事件、社会话题这些也是吸引受众的热点。（YBY，“新浪微博”工作人员，北京）

第二，对社会话题、经济话题、政治话题进行娱乐化加工。从图 1 可见，在“新浪微博”《热门话题》5 月话题分布趋势中，社会话题、经济话题、政治话题出现频次较高。其他的微博客平台也着力开发政治话题和社会话题。如“网易微博”推出了多档微博客话题专栏《时光机》（如“时光机：当我老了”），还围绕美国大选推出政治话题“围观奥巴马投票”等。此外，运用网络语言对此类话题进行包装，还可以吸引用户对该话题的关注，如 2012 年 10 月 27 日“搜狐微博”《热门微博》话题将一位物理老师为给学生讲述力的原理而表演劈砖的事件编辑为“物理老师逆天了”。

3. 煽动网络民族主义

在激发用户活跃度这一目标的驱使下，国内各微博客平台强化了《热门话题》的民族色彩和爱国色彩，扣合热点政治新闻，运用煽动性词语，成功激起了微博客使用者对涉及国家安全及民族尊严的有关话题的热议，其中包括在2012年持续的中日、中菲两国争端及2013年清理在华外国人等事件。

以2012年9月上旬“新浪微博”、“腾讯微博”、“网易微博”三家微博客平台针对钓鱼岛事件推出的话题为例，事件发生后次日（9月11日），“新浪微博”、“腾讯微博”网页版公布的数据显示，微博客用户围绕钓鱼岛归属问题所发布的微博客条数均为当日最高。具体来看，三个微博客平台在有关钓鱼岛的话题编辑上都存在一定的煽动性。

“新浪微博”当日首位话题为“钓鱼岛是中国的”（发帖量：15,401,498条）；“腾讯微博”首位话题：“一句话宣示主权”（128,476,532条），第二的话题为“主权领土绝不让步”（45,810,003条）。[①]“一句话宣示主权”具有明显的激发网民发泄愤怒的意图，而“主权领土决不让步”也较“新浪微博”的话题设置更具有情感倾向和煽动性；“腾讯微博”手机端口热议话题“大学新生名叫操日本”则为广大用户发泄愤怒找到了绝佳的出口。该条话题，在“腾讯微博”的网页版和手机版热议话题榜中均停留了多天；即便是活跃度一直低迷的“网易微博”也凭借9月11日话题“中国宣布钓鱼岛领海基线”获得了远远高于以往的用户发帖量（362,024条）。[②]

四、微博客平台内容运营新闻化之动因分析

“传播是一个复杂的，有适应性的系统”，罗杰·菲德勒强调媒介与其他因素共同处在一个互动、相互依赖的系统中。微博客从出现之时就处于这种动态的社会环境中，“与来自社会各层面的压力，各种力量进行角力”；与此同时，还受到“系统内部自然发生的‘自组织过程’的影响”。媒介受众、产业界、政府是推动媒介形态变革的三大聚焦力量，因而媒介的形态变化，受到“可感知的传播需要”、“竞争和政治压力”、“技术和社会革新的复杂作用”的形塑（菲德勒，2006）。

1. 微博客平台间的商业竞争

在国内微博客平台中，趋同化战略和差异化战略是各微博客平台采取的两种竞争策略。在“新浪微博”开始对微博客话题采用新闻编辑策略进行运营后，“腾讯微博”、“网易微博”、“搜狐微博”纷纷效仿，展开了趋同化竞争。在这一过程中，“网易微博”将新闻编辑策略运用得最为充分。“网易微博”的宗旨是做“有态度的微博”，其开设了《显微镜》、《瞎唱团》、《时光机》等“微博话题专栏”，邀请名人学者对谈，将其固定置于网易《热门话题》栏目中，并将草根网友发布的微博客按内容进行分栏编辑。但即便如此，“网易微博”的活跃度仍远低于“新浪微博”与“腾讯微博”。

---

① 根据对“新浪微博”、“腾讯微博”工作人员的访谈，两家国内最大的微博客平台统计微博客发布数量的方式存在一定差异，无法直接做横向比较。

② “网易微博”发布数量历来远远低于“新浪微博”与“腾讯微博”，但仅就单个话题而言，十万级的微博客数量，在“网易微博”中属于非常高的数字。

而在“新浪微博”、“腾讯微博”两大微博客平台垄断国内市场后重新开放的“饭否”，则选择了差异化竞争策略。在国内五大微博客平台中，只有“饭否”至今仍保持着微博客媒介形态的扁平性、平等性和垂直性特征，并仍沿用未采用新闻标题编辑的话题关键字推送，其主页每日只显示5-6个高频关键词。“饭否”虽然独具特色，但在国内相较于“新浪微博”与“腾讯微博”，仍属小众微博客。

同样作为商业媒体，国内微博客的用户发展速度和功能设置增加的速度远远比Twitter更快，呈现急功近利、高速发展的态势。以“新浪微博”为例，作为国内影响力最大的微博客平台之一，“新浪微博”尚未实现盈利。“新浪微博”在各地设立销售运营团队，根据微博客企业用户数量、企业微博客活跃度来衡量各销售团队的绩效。① 2012年一季度以前，由于对“新浪微博”投入巨大，新浪连续巨额亏损，“新浪微博”不得不试水微博客广告业务，这才在2013年第二季度实现盈利。② 在创收的压力下，新浪将提高用户的活跃度和微博客发布数量作为其运营的首要目标：

整个公司（指“新浪微博”）都在为如何实现盈利而忙碌。在微博（客）平台的功能设置上，想尽办法地掏空用户的能动性，刺激他们不断地去关注微博（客），发布微博（客）。所以增加了越来越多的功能：相册、视频、私信、位置分享、“微博游戏”、“微博同城活动”……还有其他林林总总的应用开发。只要开发一百个，有一个能受用户欢迎，能活下来，那么目的就达到了。我们不知道微博（客）的形式还能够持续多久，也许像开心网，再过一段时间，就没有人再使用微博（客）。我们有这样的危机感，所以赶在用户还在用微博（客）的时候，我们要尽可能地开发用户的消费需求。（MYL，“新浪微博”工作人员，北京）

2. 政治监管：微博客平台自我审查的动因

有学者指出，政府管制和对应政府管制所分化出来的对立面是中国互联网的特点之一。这种对立，使得中国的互联网呈现出某种狂欢的特质（Liu，2012）。如前文所述，由于我国新闻体制本身的特殊性，新闻审查制度使得主流媒体不能刊登、报道、播出的内容在自媒体平台中流出，使得我国新闻行业边界发生向微博客等自媒体转移的新现象。这种新闻资源的转移，为微博客平台进行新闻化的内容运营提供了一定的基础。而由媒体监管所分化出来的“另类区域”，事实上也没有逃脱监管力量。“新浪微博”和“腾讯微博”的受访工作人员表示，来自政府有关部门的监管是他们共同面临的困境，为了应对行政监管，他们不得不对微博客的热门话题进行管理和制约，以达到提前自我审查的目的：

---

① 根据2012年7月5日，对新浪平台工作人员ZXH访谈整理。
② 《新浪发布2012年第二季度财报营收增长11%》，http://www.sootoo.com/content/327983.shtml，2012年8月16日。

我们想建立一个完美的环境是不太可能的。因为只要它涉及到利益的话，线下的东西和线上是会互相影响的。政府干预一个线下的投票，跟干预一个线上的投票是没有区别的。（YBY，“新浪微博”工作人员，男，北京）

“新浪微博”每天都会接到有关方面的各种通知，某些话题必须删掉等等。比如（李开复的某条微博客）它不是被删掉，它那个是被叫做‘该微博（客）不宜对外开放’，然后，如果你‘详情请咨询小秘书’什么的，它给你看……相当于就不让在外看啰。有一些传播的很快嘛，一下几千条几万条就转出去了，然后好多人就知道了……谷歌做了一些能够去除敏感词的东西，然后国家知道后就给你（封掉）……最近都是名人的这种（敏感）东西……都是有人专门去盯着看的。另外我们还成立了微博（客）管理委员会，这些其实也是为了方便我们进行自我审查用的。（M，“新浪微博”工作人员，男，北京）

国家有关部门对微博客平台持续进行高压监管，典型个案是2012年清明节“新浪微博”被下达通知，“关闭用户‘评论功能’三天”的事件，有关工作人员说：

有关部门没有给“新浪微博”方面任何解释，让你关门你就得马上关门。“禁止评论”只是小意思。这类事情其实非常多，可以说是天天都有。一会有人打电话来说，那个×××，你们把他的账号封一下。一会是下通知，×××事情不能报。这些都没有原因，我们（“新浪微博”）也无法进行预判。所以可以说压力是非常大的，你说在这种情况下我们可能去冒险谈政治吗？（MYL，“新浪微博”工作人员，男，北京）

在新闻审查制度下，微博客平台的内容运营团队需要雇用大量工作人员进行内容审查工作，甚至成立专门的删帖团队，负责屏蔽或删除与敏感词有关的微博客内容。可见，所谓的“自媒体”，在我国的新闻体制下，仍然不可能完全实现用户生产并决定媒体的内容。微博客这一自媒体形态在进入我国之时，其发展就注定将面临一定的挫折。

五、小结与后续研究

综上所述，国内微博客平台出于自身盈利需要，运营的首要目的是激发用户的活跃度与发帖量。不断利用《热门话题》设置和各种多样化功能设置，来刺激微博客用户对热门话题的关注与使用，是微博客平台运营的题中之意。由于国内微博客平台将内容运营作为核心竞争手段，对内容运营部有强化保密的倾向，因而研究者未能获得更多资料以进行横向和纵向的分析，这为进一步的深入研究带来了限制。

在对以用户生产内容为主要特点的自媒体进行新闻化的运营管理时，《热门话题》

等导览型栏目发挥的作用是具有显著导向性的，但不是一定有效的。受众在使用微博客时，是有可能跨越平台在首页、话题、广场等微博客应用中进行推荐内容、尽量减少平台运营对其施加的阅读引导的。以"网易微博"为例，其《热门话题》所编辑的大多数话题并未吸引太多的使用者参与讨论①，可谓"热门话题"不"热"。事实上，从2013年起，微博客的活跃度、用户数量已经呈现显著下降趋势。

另外，随着智能手机和移动互联技术在我国的快速普及及更新换代，以手机为中介的微博客使用者行为将出现何种特点，这也有待后续研究进行进一步挖掘。手机媒体有移动性、自媒体化、伴随性和个性化、互动性等特点（黄河，2011），加上"新浪微博"网页端口和手机端口的两块业务分别由微博客事业部和无线事业部分管，两个团队独自运营，因而新浪手机端口的《热门话题》呈现出不同的特点。在调查中发现，"新浪微博"手机端口的热门话题与网页版呈现较大差异，娱乐话题所占比例高达80%-90%②，且多为青春韩流歌手、娱乐资讯等内容。另外，与高新手机（小米、苹果等）相关的新闻也长期上榜。移动端和PC端口数据显现的差异，反映出庞大的90后青少年使用者对"主流社会议题"的颠覆力量。手机微博客是如何成为青年亚文化的聚集地的？这类问题的提出也将有益于我们对未来的新媒体使用者进行群体肖像的描绘。另外，新媒体使用者在何种层面上出现了年龄的分层及分层的原因，也将会成为未来后续研究的一个有趣方向。

本文后续可能继续深化的议题还有：其一，国内微博客平台的内容运营的其他特点及编辑室的具体生产过程；其二，在自媒体环境中使用新闻编辑化的运营方式，会对微博客使用者的行为产生何种影响；其三，国内微博客平台的用户生产内容与平台运营管理之间的博弈。

参考文献

中国互联网络信息中心（CNNIC）（2014）：第33次《中国互联网络发展状况统计报告》，北京：中国互联网络信息中心。

冯·戴伊克（1993）：《话语心理社会》（施旭、冯冰译），北京：中华书局。

朱爱菊（2011）：《从对人的关注和浏览中获取信息——新浪微博中的信息组织与信息获取机制分析》，《情报杂志》2011年第5期，第161-164页。

吴飞，顾杨丽，王淑华（2006）：《新闻编辑》，长沙：中南大学出版社。

罗杰斯·菲德勒（2000）：《媒介形态变化：认识新媒介》，北京：华夏出版社。

张子让（1999）：《当代新闻编辑》，上海：复旦大学出版社。

① 以2012年10月16日话题"那些最荒唐的爱国"（该话题将热议的反日打砸抢行为与热门影片"那些年我们一起追过的女孩"进行整合，将政治话题进行娱乐化编辑）为例，其在10:00的信息量是1条，13:00增加到2条，16:00增加到4条，19:00又变成了1条。

② 2012年5月至10月间统计的数据。

周葆华（2013）:《从“后台”到“前台”：新媒体技术环境下新闻业的“可视化”》，《传播与社会学刊》，第 25 期，第 35-71 页。

柳泽花（2002）:《网络新闻传播实务》，武汉：华中科技大学出版社。

秦州、王月苏（2007）:《网络新闻编辑学》，上海：复旦大学出版社。

黄河（2011）:《手机媒体商业模式研究》，北京：中国传媒大学出版社。

董天策（2003）:《网络新闻传播学》，厦门：福建人民出版社。

彭兰（2010a）:《微博客对网络新闻传播格局与模式的冲击》，《新闻学论集》，第 24 辑，第 141-150 页。

彭兰（2010b）:《从社区到社会网络——一种互联网研究视野与方法的拓展》，彭兰（编）《中国新媒体传播学研究前沿》，北京：中国人民大学出版社。

Fengshu Liu.（2010）.*Urban Youth in China: Modernity, the Internet and the Self*, New York: Routledge, 2010. Cited form Yang, G.（2012）. Lightness, wildness, and ambivalence: China and new media studies. *New Media Society*, 14, 170.

Zhang, L. & Pentina, I.（2012）. Motivations and Usage Patterns of Weibo. *Cyberpsychology, Behavior, and Social Networking*. 2012（15）: 312, August.

Yang, G.（2012）. Lightness, wildness, and ambivalence: China and new media studies. *New Media Society* 14（1）: 170-179.

《新浪发布 2012 年第二季度财报营收增长 11%》，引自速途网，http://www.sootoo.com/content/327983.shtml，检索日期：2012 年 8 月 16 日。

引用访谈来源：

2012 年 9 月 15 日，对新浪微博用户作家 @XS 访谈整理

2012 年 6 月 18 日，对新浪微博工作人员 YBY 访谈整理

2012 年 6 月 19 日，对新浪微博工作人员 MYL 访谈整理

2012 年 7 月 5 日，对新浪平台工作人员 ZXH 访谈整理

2012 年 6 月 20 日，对腾讯微博工作人员 M 访谈整理

网络江湖：中国另类公共领域的浮现

林仲轩[①]

摘　要：在中国，网络回避了庙堂式的民主公共领域，而更倾向于江湖式的另类公共领域。中国风的“江湖”概念，正适合中国网络的情境阐释：不进行起义式的正面全面冲突，而是江湖草莽式的迂回零散抗争。本文从文化研究的视角，运用文本分析的方法，通过典型网络事件的案例分析，特别是对网民表达途径、情感动员和传播机制的分析，揭示网民如何通过网络江湖这一另类公共领域介入社会事件，进而影响社会转型乃至社会制度的变迁。

关键词：文化研究　民主化　网络事件　网络江湖　公共领域

人们总是对新的媒体寄予无限的想象和期望。互联网作为人类20世纪伟大的发明之一，在赋予计算机生命与灵魂的同时，也在过去四十几年的发展中，不断建构着人们对挑战统治权力、争取民主的想象。尤其是在中国，这种想象似乎被赋予了特殊的期望。本文试图在中国网络的具体情境之下，从文化研究的视角，通过实际案例的文本分析，揭示中国网络江湖另类公共领域的浮现，希望能对中国网络政治和网络文化的讨论提供一些不同的想象。

一、网络：公共领域的新想象

相对于古典希腊民主与现代代议制民主，学者将互联网带来的民主想象为数字民主（digital democracy）（Grossman, 1995; Hacker & Dijk, 2000）、虚拟民主（virtual democracy）（Norris,1999）、电子民主（electronic democracy）（Gibson, Roèmmele & Ward, 2004）、网络民主（cyber democracy）（Slouka, 1995; Poster, 1998; Tsagarousianou, Tambini & Bryan,1998），将网络视作全球民主化的新开端与新浪潮（Banerjee, 2003; Peter, 2000）。在这一思想主线之下，许多学术研究已经建立了网络与民主化的内在联系（Kedzie, 1997; Hill & Hughes, 1999; Norris, 2001），认为网络提供了无限空间让网民实现自己的民主期望。有学者甚至认为，网络民主相对于传统民主更显“互动形式与自我管治”的优越性（Vandenberg, 2000）。

这种想象根源于网络去中心、去阶层的民主结构（Robbles, 2001）以及其数字化、聚合化、互动性、虚拟性、超文本的网络特点（Chen & Dai, 2012; Chen & Zhang,

---

① 林仲轩，澳门大学传播学系博士资格候选人，电邮：lzhongx55@gmail.com。

2010; Flew, 2005; Lister, Dovery, Giddings, Grant & Kelly 2009)。这种天然的民主结构和网络特点赋予民众全新的、前所未有的机会参与公共与政治议题（Kalathil & Boas, 2001），从某种意义上赋予民众充分的“自治权”（Napoli, 2003）和“自我传播”（Castells, 2007）的能力，以及打破权力封锁或政治控制、创造或扩大民主的能力（Mosco, 1989）。依循这个思想路径，网络首先是一个政治参与、公民教育的工具或渠道，因为在前互联网时代，民众要么缺乏有效的政治参与渠道，要么缺乏政治参与所需要的而又被精英所垄断的理性知识与责任意识，甚至因此主动放弃了政治参与的权利。而网络能够提供低代价的高教育（Bromell, 2002），并提供更灵活的政治选择（Kaye & Johnson, 2002）。但是，在渠道与工具之外，更重要的是，网络提供了人们对公共领域的新想象。

传统的网络公共领域研究，多围绕着哈贝马斯（Habermas,1989）“自发结社—自由讨论 —形成共识”的理论框架展开，关注网络是否能为公众提供自由表达、促进对话沟通、影响政府决策的“民主公共领域”（Dahlberg, 2001; Gimmler, 2001; Norris, 2001; Tanner, 2001; Tumber, 2001; Papacharissi, 2002; 刘世鼎、劳丽珠，2010），研究视野也多局限于欧美地区的政治自由主义传统。比如，代尔 - 维泽福特（Dyer-Witheford, 1999）关于北美地区的研究指出，民间团体能够利用网络设定公共议题、生产批判论述、组织自我结盟甚至动员集体行动。但有学者指出这种传统研究将知识和娱乐、理性和感受对立起来，在网络时代的多元空间下排除了多元文化的另类表达形式及其隐含的批判公共性（Dahlgren, 2006; Downing, 2001），也排除了另类的、底层的、反抗的、代表多元认同的公共传播形式（Fraser, 1992; Stevenson, 2003; Gardiner, 2004; 刘世鼎，2009）。因此有学者从文化研究视角，结合权力关系的分析，将网络视作一个由分歧、矛盾和冲突构成的争论而非共识的论述空间，也就是处于被支配地位的民众表演“抵抗的身份认同”（Castells, 1997）、凝聚新形式文化抗争（Khan & Kellner, 2005）、争夺话语权、反抗霸权的“另类公共领域”（Castells, 1997; Poster, 2001； Dean, 2003; Downey & Fenton, 2003; Liu, 2008; 刘世鼎，2009），并将研究焦点放在表达不同诉求的多元文化实践和不服从抵抗行动（Dahlgren, 2006; McGuigan, 2005; Hermes, 2005; Downing, 2001; Butsch, 2007）以及青年次文化群体、国际非政府机构和社会运动组织的自主传播活动上（Atton, 2002; Downing, 2001）。

正如哈贝马斯（Habermas, 1992）承认“非正式公共领域”的存在，网络公共领域研究也应该要对不同的幻想、愿望和感情保持开放（Stevenson, 2003）。网络另类公共领域的研究视角，正是给传统公共领域研究提供了新的想象，在官方公共领域（Jakubowicz, 1991）、虚拟的公共领域（Papacharissi, 2002）与弱的公共领域（Fraser, 1992）之外，发现不被重视的网络另类公共领域，及场域内争取承认的公民文化实践（Stevenson, 2003; Dahlgren, 2006）和具有实验创新精神的文化行动主义（Downing, 2001; Khan & Kellner, 2005）。

本研究依循这一文化研究的视角，试图在中国网络的具体情境之下，通过对华南虎事件、邓玉娇事件等网络事件的案例分析，特别是对网民表达途径、情感动员和传播机制的分析，揭示中国网络江湖另类公共领域的浮现，希望能对中国网络政治和网络文化的讨论提供一些不同的想象。

二、中国：网络即江湖

经过三十多年的改革开放发展和以市场为导向的经济改革，中国已正式超越日本成为世界第二大经济体，并以 3.84 亿的网民总数在 2009 年底超越美国，成为网民人数最多的国家，到 2012 年这一数字更是达到了 5.64 亿（CNNIC, 2013）。经济与网络的双发展，使不少学者期望网络成为中国民主化发展的重要力量，认为中国对于互联网所引领的政治变化的控制终究将徒劳（Kluver & Qiu, 2003）。持这种乐观观点的学者大致认为，网络给中国网民提供了前所未有的信息资源、表达空间和行动能力，使它成为统治权力的一大挑战（Hachigian, 2001）。有学者甚至乐观地认为"基于互联网的公民社会——网络公民社会，在中国已现雏形"（Yang，2003），因为互联网的三个功能促进了中国网络公民社会的形成：首先，互联网激发了公众对社会问题的讨论，较之传统媒体反馈机制的弱势，网络为公众提供了一个即时表达意见的平台；其次，通过网民的大量关注能够产生对社会问题的严肃思考；最后，迅速发展的新媒体技术丰富了公民的网络参与行为（Yang，2007）。

然而，也有学者对网络前景持悲观态度，首先是互联网固有的消极面，比如互联网的过度商业化（McChesney, 1999）、网络政治的平庸化（Castells, 1997），更有甚者指出网络可能削弱民主（Bogart, 1998），甚至是内在"反民主"的（Barney, 2000）。其次是互联网的"工具化"，即互联网可能沦为当权者的"民主工具"。比如，卡拉希尔和博尔思（Kalathil & Boas, 2001）基于古巴和中国的研究就指出，古巴和中国通过主动式、反应式的策略，已经基本成功地控制了网络。相似的忧虑还包括政府利用互联网增强了监督与控制民众的能力（Gandy, 1993），比如，有学者指出中国拥有世界上最复杂的互联网监督审查系统（Hu, 2008）。

从中国网络发展的现状与现实来看，中国网络并没有像乐观派所预期的那样，成为民众与强权直面交锋的战场，并推动中国成为世界最大最新的民主体；但也没有像悲观派所担心的那样，网络完全沦为政治权力的监控工具。中国网络似乎在这两者之间博弈，虽然目前来看，天平似乎更倾向于悲观派：中国网络暂时还没有对中国的民主进程产生实质性影响（Kluver & Qiu, 2003）。从这个意义来看，中国网络不仅回避了担当民众与政府交锋的正面战场的角色，甚至也回避了充当民众与政府之间桥梁的角色，而只是绕开了权力集团和政府机器所掌控的传播体系和论述权威（刘世鼎、劳丽珠，2010），在一定程度和限度下，形成多元的、另类的公共传播形式（Dahlgren, 2006; Butsch,

2007)，这更倾向于前述的“另类公共领域”。

对于这样一个多元的、多重的、非正式的、非共识的、底层的、反抗的另类公共领域，中国风的“江湖”概念正好契合这种丰富的情境意象。这种江湖式的“另类公共领域”，区别于庙堂式的“官方公共领域”，也异于代表自由表达、促进对话沟通、影响政府决策的“民主公共领域”。网络江湖不进行激烈的正面全面冲突，而是江湖即兴式的迂回零散抗争，它反映中国社会结构转型时期的社会矛盾，并成为抗拒社会“大转型双向运动”的有机组成部分（王绍光，2008），但又不会直接触及党国机器治理的核心问题（吴国光，2003），甚至还有意与之保持一定的安全距离和暧昧关系（刘世鼎，2009）。

网络江湖内的网民，不像政治广场上的民主斗士，而更类似中国武侠的“江湖草莽”，固然有类似于“江湖门派”的论坛等组织异议的意见阵地，但主要是网络事件等“集体行动的瞬间收放”（李永刚，2009），“从即刻满足到即刻遗忘”（许知远，2008），借助的也主要是热帖、跟帖、回帖、话题、词语、恶搞、山寨、人肉搜索等“江湖手段”，形成了网络江湖的表达途径、情感动员和传播机制，并慢慢浮现出中国网络江湖这一另类公共领域。

三、案例：另类公共领域的浮现

有学者将网民的抗议活动细分为两类，一类是线下的社会运动组织使用互联网进行动员和抗议，另一类则是直接发生在网络上的抗议行为（Vegh, 2003)。目前西方学界研究较多的是前一种，基本出发点是把互联网当作新型的动员资源，研究社会运动组织如何利用网络进行动员，如甘瑞特（Garrett, 2006）对互联网等新信息技术在社会运动中的作用的研究进行了综述，认为从动员结构上看，新信息技术降低了参与成本，有助于集体认同的建构，因而能够促进动员，同时加速运动的扩散，并提供新的行动方式（杨国斌，2009）。

而在中国网络江湖的具体情境之下，网络江湖作为网络运动的主要载体，既不单纯属于前者，作为所谓的“手段”或者“工具”，也不纯粹属于后者，成为所谓的“网络直接抗议”，而更多倾向于中国特色的“网络事件”概念，即一种新型的集体行动事件，既具有传统抗议事件的特点，也有跟互联网密切相关的新特点，相对于普通的网络维权、网上反腐、网上签名、网络民间救助等，其社会影响也更大。而关于网络事件的发生，经典的社会运动理论难以作出充分解释，经典理论的三个核心概念，即政治机会、组织资源和框架建构，也不能完全适用于网络事件的分析（杨国斌，2009）。

因此，本研究尝试从文化研究的层面切入，运用文本分析方法，关注文本背后的“形塑力量”和“权力运作”（Lee, 2003），分析网络事件相对传统社会运动在文化层面而非政治结构或者社会组织结构上的差异，特别是其如何通过“江湖手段”，形成网络江湖的表达途径、情感动员和传播机制，并慢慢浮现出中国网络江湖这一另类公共领域。

华南虎事件

2007 年 10 月 3 日，陕西省村民周正龙宣称其拍摄到濒危动物华南虎的照片，该照片很快被陕西省林业厅官方确认，但照片一经公布便遭受网民的强烈质疑。事件在网络上持续发酵，直至 2008 年 6 月 29 日，陕西省政府新闻发布会通报周正龙所拍摄照片中“老虎”实为老虎年画而渐平息。华南虎事件大致持续一年之久，社会影响深远，以至于《南方周末》把“打虎网民”列入“年度十大人物”的候选名单，网易则将之定位为 2007 年“十大新闻事件”之一。整个事件始末，网络深度介入，广大网民成了推动事件的主要力量。

而对于华南虎事件的学术关注，大多侧重于网络时代公民新闻的发展（朱泓霏、李大为，2010）、新媒体事件中网络社群的自我赋权（陈浩、吴世文，2008）和媒体的社会责任（李暄，2010）等，缺乏对网民活动本身进行深入的文本分析，特别是网民经过热帖、跟帖、回帖、话题、词语、恶搞等“江湖手段”制造出来的网络文本。华南虎事件伊始，以虎照拍摄者周正龙的“脑袋担保照片为真”与中国科学院植物研究所研究员傅德志的“脑袋保证照片为假”拉开“挺虎派”与“打虎派”之辩。这种江湖色彩的“脑袋对赌”，也极具娱乐性地刺激了网民的网络文本创作热情：

天涯热帖系列：《如果华南虎是真的，丫头甘愿和它交配一次》、《史记・烈女传・二月丫头》、《郑重声明——从未说过与“虎”交配》、《正告二月丫头——“李鬼论”实属荒谬》、《陕西华南虎状告二月丫头强奸》；

网络歌曲《一二三四五，上山拍老虎》：“一二三四五，上山打老虎，山中没老虎，搞只假老虎。他说这是华南虎，用脑袋担保这是华南虎……”

网络儿歌《伸出你的手》：“伸出你的左手，伸出你的右手，拍拍你的脑袋，山上的叶子就这么大啊，它能盖住老虎的头！伸出你的左手，伸出你的右手，拍拍你的屁股，山上的叶子就这么大啊，它能盖住老虎的屁股！”

梨花派新作《老虎》：“标变 / 完胜 / 长炮 / 镇坪 / 唬了 / 地球人。”

还有：赵本山春晚演《我家的老虎》；电影《满陕尽是华南虎》等。

网易还开展华南虎 PS 大赛，网友作品展出现了“宇航员在月球发现华南虎”、“陕西网友发现恐龙”、“云南网友拍到野生萨达姆”等恶搞作品：

宇航员在月球发现华南虎

陕西网友发现恐龙

云南网友拍到野生萨达姆

（图片来源：http://news.163.com/special/00012FD0/tiger071113.html）

这些网络文本，涵盖了文字、图片、音频、视频等多种文本形式，以话题、词语、故事作为推波助澜的表达机制，以热帖、跟帖、转帖作为汇聚偏好的草根投票机制，以恶搞、山寨作为大众狂欢的权力消解机制（李永刚，2009）。在内容上，这些文本多采用恶搞的美学实践方法，对日常生活中熟悉的影视文化符码、元素、时事题材、传闻等进行改造加工，把原本不协调甚至毫不相关的符号元素拼凑在一起，移花接木、颠倒语境，创造出颠覆性的论述、影像，产生意想不到的诙谐或戏剧效果（刘世鼎、劳丽珠，2010）。这种恶搞文化近似于欧美地区行动主义者的“文化干扰”（Harold, 2007; Jordan, 2002; Khan & Kellner, 2005），是文化的一种政治抵抗运动：“阻断、破坏、愚弄、窃取、封锁一切管治媒体和文化的宏大权力（Harold, 2007）”。基于福柯（Foucault）的“规训”（discipline）和德勒兹（Deleuze）的“控制”（control）的理论概念，哈罗德（Harold, 2007）提出了文化干扰应对这种“规训”和“控制”的三种模式：破坏（sabotage），挪用（appropriation）和强化或者夸大（intensification or augmentation）。这是文化干扰的三套战略，也是中国网络恶搞常用的手法，即把主流媒体所生产的影像、角色和意义当作将事件戏剧化、生产反抗活动的文化资源（Hebdige, 1979; Downing, 2001），在既有的意义、符码以及论述基础上加以延伸、挪用、改造、颠覆，显现了网络空间所提供的一种“巧妙、狡猾的争夺”（Yang, 2009）。这些恶搞的内容与方式，在主流学术研究中被当成“低俗”文本，未获重视。但实际上，恶搞作为一种创意的美学实践，能够促使民众在文化抵抗过程中从消费者转变成文化生产者和传播者，因此在青少年次文化中一直都很常见（Hebdige, 1979; Willis, 1990）。但是，在中国网络江湖里，这种抵抗的主体已经不仅局限于青少年次文化团体，而逐渐延伸形成多元网络社群，涵盖多个社会阶层，凝聚了结合创意文化、游戏、政治、娱乐和社会抗争等多样形式的另类的表达、实践和抵抗（Duncombe, 2002），某种意义上，正映射着中国网络江湖另类公共领域的浮现。

邓玉娇事件

邓玉娇事件发生于湖北省恩施州巴东县。2009 年 5 月 12 日，当地 3 名官员酒后到宾馆“休闲”，并要求宾馆女服务员邓玉娇提供特殊服务。在他们的要求被拒绝后，三名官员和邓玉娇发生冲突，其中一名官员被邓玉娇用刀刺死。事件一经媒体报道就成为网民热议的焦点，成了全国瞩目的带有强烈法律争议、道德审视和行政问责的大事件，争议甚广，邓玉娇也被许多网民称赞为“当代烈女”，成为民众心目中反抗官员暴政的偶像。与华南虎事件“脑袋对赌”的娱乐化开始不同，邓玉娇事件因为“民女杀官”的强烈冲突而一开始就带上了悲情的色彩。从弗莱（Frye, 1957）的文学类型学来看，华南虎事件当属“喜剧”或“讽刺”的类型，以“戏谑”为主，邓玉娇事件则应属“悲剧”或“传奇”类型，以“悲情”为主（杨国斌，2009）。因此，相对于华南虎事件的戏谑和“视觉恶搞”，邓玉娇事件多见悲情的“文学悲情”，网民对邓玉娇冠以“贞女”、“烈女”、“侠女”、“巾帼英雄”等名号，创作出一篇篇荡气回肠的诗文赞其“贞烈”：借《史记》创作“史记·烈女邓玉娇列传系列”；借《出师表》创作“新出师表——掀起人民讨伐贪官的战争高潮”；借《与妻书》创作“与妻书——悼亡妻邓玉娇文”；借《学习雷锋好榜样》创作《学习玉娇好榜样》等。网友创作不胜枚举，各种歌颂、声援、评论、讽刺、顺口溜、对联、明清体小说、山东快板书等，如激流涌动，堪比文革时期的“赛诗会”。

在此情感主线之下，网民肆意地宣泄自己的情感，表达自己的同情、震惊与愤怒。当然，也有网友依然采用戏谑的方法，创作出事件的“武侠版”、“花木兰版”之类的恶搞文本，包括文字、图片、视频等。

（图片来源：http://ent.sina.com.cn/bbs/2009/1210/183918905.html）

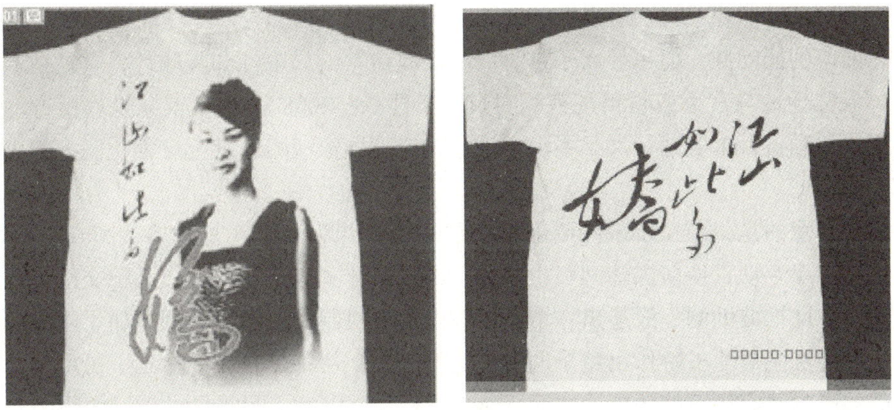

（图片来源：http://www.epochtimes.com/gb/9/5/26/n2537997.htm）

还有网民将网上的行动延伸到现实生活，发起了“谁都可能成为邓玉娇”、“谁是下一个邓玉娇”为主题的行为艺术：

（图片来源：http://ent.sina.com.cn/bbs/2009/1210/183918905.html）

从文化研究的视角来看，戏谑主线与悲情主线大不相同，但都表现出了一种“抵抗的叙事”（Atton, 2002），两者的文本分析都透露出了一种反霸权的文化抵抗和文化行动主义（Downing, 2001; Khan & Kellner, 2005），展现出一种新的色彩斑斓、跌宕起伏的政治景观。所谓的“表演式抗争”（黄振辉，2011）或者“抗争式表演”（contentious performances）（Tilly, 2008），即底层民众不再满足于利用“弱者武器”（weapon of the weak）进行自发的、隐性的、零散的“隐藏文本”（hidden transcript）（Scott, 1990）的抗争，而将弱者自身作为武器，诉诸“公开文本”（public transcript）的“抗争式表演”，进行“正义抵抗”（Yang, 2009），从而形成了中国情境下的“真实抗争政治”（realpolitiks of resistance）（Comaroff, 1985）和“底层政治”（infrapolitics）（Scott, 1990）。这种“表演式抗争”虽然体现了弱者对强权“策略”（strategy）进行“战术”（tactic）（de Certeau, 1984）回应的能动性，但也暴露了这种“底层政治”的局限性和暧昧性，它往往避免直接地、象征性地与官方或精英规范相对抗（于建嵘，2008）。这仅仅只是底层行动者具体个案式的利益诉求表达行动，不但不会直接挑战国家权力，甚至会强化国家权力（黄振辉，2011）。

值得注意的是，邓玉娇事件更迅速地形成网络“舆论场”（刘建明，2002），并迅速地与传统传媒互动，使新媒体“舆论场”与传统媒体“舆论场”形成某种交互，产生协同效应，彼此推波助澜，锻造出一个新的舆论形成机制，对案件审理施加了巨大的舆论压力。最终法院对邓玉娇作出免予刑事处罚的判决，从一定程度上达到了民主公共领域所期望的影响政府决策的效果，这无疑给中国网络江湖这一另类公共领域提供了新的想象，似乎暗示着另类公共领域“去另类”的某种可能。

四、讨论：仗义到起义，讨伐与招安

中国网民跟所有网络受众一样，从某种程度上摆脱了信源－信息－信宿（source-message-receiver）（Morris & Ogan, 1996）的怪圈，从消极的受众转向积极甚至强势的受众。首先是传统媒体受众被动的、受支配的地位在网络空间里被颠覆，网民从原来的文化消费者转变成文化生产者和传播者（Willis, 1990），甚至“生产”与“消费”的界线被消解，换之以“消费生产一体化”（produsage）的概念（Bruns, 2009）。这种“范式转移”（paradigm shift）所形成的文化景观，也被詹金斯（Henry Jenkins, 2006）概括为“聚合文化”（convergence culture）。詹金斯认为，如果以前的文化消费者被假定为是被动的，他们只能消费媒体为他们提供的，那么，现在的消费者则是活跃的，新的媒体技术赋予了他们重新演绎、自我诠释的权利。甚至，他们可以运用自己的媒体，如博客、微博等进行新的媒体配置。而生产与消费博弈的核心，就是消费者的“参与式文化”（participation culture）。

但是，这种民间自发的“参与式文化”并不能组织形成一个自由表达、促进对话沟通、影响政府决策的“民主公共领域”。它只是“扩大了被主流媒体论述霸权所局限的资讯、反思和交换的范围”（Downing, 2001），形成一种另类的、底层的、反抗的、代表多元认同的公共传播形式（Dahlgren, 2006; Butsch, 2007）。这种另类公共领域为网民提供了相对自由的空间来发展另类的表达、争取文化抵抗资源（Duncombe, 2002）、进行新形式的文化抗争（Khan & Kellner, 2005）。

中国网络江湖这一另类公共领域，虽然暂时还没有对中国的民主进程产生实质的影响（Kluver & Qiu, 2003），也没有直接影响政府决策的能力，但至少给中国的公共领域形成提供了新的想象，特别是在文化研究的层面上，对研究网络另类文化、价值和认同有一定意义，还有进一步发展研究的空间。但是，在这些另类公共领域的理论观照之外，另类公共领域的现实发展也同样值得关注讨论。

一方面，是网民从“仗义到起义”的趋势。董小麟（2009）曾指出，中国目前仍处于“双重转型”时期，一是发展阶段的转型，二是体制转型。这种中国特色的“双重转型”时期，无疑也是矛盾非常丰富也非常集中的时期，它使两种转型的矛盾在同一时空条件下集中起来，使矛盾集中的程度和波及的范围达到空前的地步。随着社会转型矛盾的爆发以及网络与传统媒体的互动，网络事件不断与社会事件产生互动和共振，形成星火燎原之势，原本“虚拟的公共领域”（Papacharissi, 2002）或者“弱的公共领域”（Fraser, 1992）开始膨胀：“江湖门派”和“独行侠”开始自觉或不自觉、主动或被动地聚集，他们对任何独立事件的“聚焦”都会“变焦”到社会不公、贫富悬殊等社会公共议题，如同梁山好汉从各自的“路见不平”到聚义在“替天行道”的统一旗帜之下，从个体的“仗义”走向了集体的“起义”。这种“仗义到起义”的趋势，实际上是一个民粹理性（populist reason）运作的过程，也是一个形成新霸权的过程（process of hegemony）：差异逻辑（logic of difference）下的特定诉求（demands），可能在某一特定历史时刻（moment），被某个“空洞能指”（empty signifier）统织到等同逻辑（logic of equivalence）之下，形成某种“人民诉求”甚至新的“历史集团”（historical bloc），比如，公民或者网民，从而对原有的统治霸权形成挑战（Laclau, 2005）。网民不再满足于“从即刻满足到即刻遗忘”（许知远，2008）的个人英雄主义和江湖仗义，或者“集体行动的瞬间收放”（李永刚，2009）的网络事件，而往往将“个案”事件“上纲上线”为“体制”诉求。比如，对作为“个案”的“吴英案”事件的“聚集”由具体的犯案事实和审理过程逐渐“变焦”到对作为“体制”的中国法律体系、金融管理体系、经济发展模式甚至是基本政治制度的批评（王维佳、杨丽娟，2012）。

另一方面，虽然中国网民有“起义”之势而尚无“起义”之实，但权力集团已忌惮异常，“讨伐与招安”两手都抓，两手都硬。首先是正面“讨伐”，主要是法律法规层面“全能主义”（邹谠，1994）的监管体制和空间技术层面的化“虚拟”为“真实”、化“被动防御”为“立体防控”的监管手段（李永刚，2009）。其次，则是隐蔽的分化式吸纳性“招安”。其作用机制大致为，运用“框架建构”（Goffman, 1974）和“断言、重复、传染”（Le Bon, 1896）等策略，利用网络“评论员”对异见帖子进行灌水甚至洗版，使异见陷入“沉默的螺旋”（Noelle-Neumann, 1984），将国内矛盾湮没于“网络民族主义”（Liu, 2006; Wu, 2007），将原本“替天行道”旗帜下的部分网民招安到“大国崛起”、“民族复兴”等“民族大义”的旗帜下，隐蔽地将网民分化形成“五毛党”和“美狗”两大阵营（如同武侠里的“名门正派”和“魔教”），将可能的异议组织力量消解在“智慧暴民”（smart mobs）（Rheingold, 2002）之间的“窝里斗”，错开对权力集团的威胁。

“仗义到起义”的趋势，如邓玉娇事件所体现出来的，给中国网络江湖这一另类公共领域提供了新的想象，似乎暗示着另类公共领域“去另类”的某种可能路径，但是与之对应的“讨伐与招安”则警示了另类公共领域的隐蔽消解。关于这一正一负的另类公共领域实践的讨论，可能对我们研究中国网络这一另类公共领域浮现的曲折路径有一定的启示。

参考文献

于建嵘（2008）:《底层社会的权利逻辑》,《南风窗》, 第 5 期, 第 22-23 页。

王绍光（2008）:《大转型：1980 年代以来中国的双向运动》,《中国社会科学》, 第 1 期, 第 129-148 页。

王维佳、杨丽娟（2012）:《"吴英案"与微博知识分子的"党性"》,《开放时代》, 第 5 期, 48-62 页。

朱泓霏、李大为（2010）:《参与·互动·共享——以华南虎事件为例浅谈我国公民新闻》,《大舞台》, 第 8 期, 第 125-126 页。

刘世鼎（2009）:《网络生命政治在中国的浮现》,《思想》, 第 11 期, 第 57-77 页。

刘世鼎、劳丽珠（2010）:《网络作为澳门的另类公共领域》,《新闻学研究》, 第 102 期, 第 253-293 页。

刘建明（2002）:《社会舆论原理》, 北京：华夏出版社。

许知远（2008）:《从即刻满足到即刻遗忘》,《亚洲周刊》, 2008 年 10 月 19 日。

李永刚（2009）:《我们的防火墙：网络时代的表达与监管》, 广西：广西师范大学出版社。

李暄（2010）:《从"华南虎事件"谈新闻媒体的社会责任》,《学理论》, 第 3 期, 第 130-131 页。

陈浩、吴世文（2008）:《新媒体事件中网络社群的自我赋权——以"华南虎照片事件"为例》,《新闻前哨》, 第 12 期, 第 41-44 页。

吴国光（2003）:《资讯传播、公共空间与集体行动：试论互联网对中国民主化的政治作用》, 张茂桂和郑永年（编）《两岸社会运动分析》（第 263-280 页）, 台北：新自然主义。

杨国斌（2009）:《悲情与戏谑：网络事件中的情感动员》,《传播与社会学刊》, 第 9 期, 第 39-66 页。

邹谠（1994）:《二十世纪中国政治》, 香港：牛津大学出版社。

黄振辉（2011）:《表演式抗争：景观、挑战与发生机理——基于珠江三角洲典型案例研究》,《开放时代》, 第 2 期, 第 71-83 页。

董小麟（2009）:《构建社会主义和谐社会的政治经济学》,《当代经济研究》, 第 3 期, 第 28-33 页。

Atton, C.（2002）. *Alternative media*. London: Sage.

Banerjee, I.（2003）. Internet and democracy in Asia: A critical exploratory journey. In

I. Banerjee.（Ed.）, *Rhetoric and Reality: The Internet Challenge for Democracy in Asia*（pp. 1-25）. Singapore: Eastern University Press.

Barber, B.（1984）, *Strong democracy: Participatory politics for a new age*. Berkeley: University of California Press.

Barney, D.（2000）. *Prometheus wired: The hope for democracy in the age of network technology*. Chicago: University of Chicago Press.

Bogart, L.（1998）. *Media and Democracy*. In E. E. Dennis & R. W. Snyder.（Ed.）, Media and Democracy. London: Transaction Publishers.

Bromell, N.（2002）. Summa cum avaritia: Plucking a profit from the groves of academe. *Harper's Magazine*, February. 71-76.

Bruns, A.（2009）. *Blogs, wikipedia, second life, and beyond: from production to produsage*. New York: Peter Lang.

Butsch, R.（Ed.）.（2007）. *Media and Public Spheres*. New York: Palgrave.

Castells, M.（1997）. *The power of identity*. Oxford, UK: Blackwell.

Castells, M.（2007）. Communication, power and counter-power in the network society. *International Journal of Communication*. 1（1）, 238-266.

Chen, G. M., & Zhang, K.（2010）. New media and cultural identity in the global society. In R. Taiwo（Ed.）, *Handbook of Research on Discourse Behavior and Digital Communication: Language Structures and Social Interaction*（pp. 801-815）. Hershey, PA: Idea Group Inc.

Chen, G. M., & Dai, X. D.（2012）. New media and asymmetry in cultural identity negotiation. In P. H. Cheong, J. N. Martin, & L. Macfadyen, L.（Ed.）, *New Media and Intercultural Communication: Identity, Community and Politics*（pp.123-138）. New York: Peter Lang.

CNNIC (China Internet Network Information Centre).（2013）. *Basic Data*. Available at http://www1.cnnic.cn/IDR/BasicData/.

Comaroff, J.（1985）. *Body of power, spirit of resistance: The culture and history of a South African people*. Chicago: University of Chicago Press.

Dahlberg, L.（2001）. The Internet and democratic discourse. *Information, Communication and Society*, 4（4）, 615-633.

Dahlgren, P.（2006）. Doing citizenship: The cultural origins of civic agency in the public sphere. *European Journal of Cultural Studies*, 9（3）, 267-286.

de Certeau, M.（1984）. *The practice of everyday life*. S. Rendall（Trans）. Berkeley: University of California Press.

Dean, J.（2003）. Why the net is not a public sphere? *Constellations*, 10（1）, 95-112.

Downey, J. & Fenton, N.（2003）. New media, counter publicity and the public sphere. *New Media & Society,* 5（2）, 185-202.

Downing, J.（2001）. *Radical media: Rebellious communication and social movements.* London: Sage.

Duncombe, S.（Ed.）（2002）. *Cultural resistance reader*. London: Verso.

Dyer-Witheford, N.（1999）. *Cyber-Marx: Cycles and circuits of struggle in high technology capitalism*. Urbana and Chicago: University of Illinois Press.

Fishkin, J. S.（1992）. *Democracy and deliberation: New directions for democratic reform.* New Haven: Yale University Press.

Flew, T.（2005）. *New Media.* New York: Oxford University Press.

Fraser, N.（1992）. Rethinking the public sphere: A contribution to the critique of actually existing democracy. In C. Calhoun,（Ed.）, *Habermas and the public sphere*（pp. 109-142）. Cambridge, MA: MIT Press.

Frye, N.（1957）. *The anatomy of criticism: Four essays.* Princeton, NJ: Princeton University Press.

Gandy, O. H., Jr.（1993）. *The panoptic sort: Apolitical economy of personal information.* Boulder, CO: Westview Press.

Gardiner, M. E.（2004）. Wild publics and grotesque symposiums: Habermas and Bakhtin on dialogue, everyday life and the public sphere. *The Sociological Review,* 52（s1）, 28-48.

Garrett, R. K.（2006）. Protest in an information society: A review of literature on social movements and new ICTs. *Information, Communication & Society,* 9（2）, 202-224.

Gibson, R., Roèmmele, A. and Ward, S.（2004）. *Electronic democracy: Mobilisation, organisation, and participation via new ICTs,* London; New York: Routledge.

Gilens, M.（2001）. Political ignorance and collective policy preferences. *The American Political Science Review.* 95（2）, 379-397.

Gimmler, A.（2001）. Deliberative democracy, the public sphere and the Internet. *Philosophy & Social Criticism,* 27（4）, 21-39.

Goffman, E.（1974）. *Frame analysis: An essay on the organization of experience.* NY: Harper & Row.

Grossman, L. K.（1995）. *The electronic republic: Reshaping democracy in America,* NY: Viking.

Habermas, J.（1989）. *The structural transformation of the public sphere: An inquiry into a category of a bourgeois society*（T. Burger & F. Lawrence, Trans.）. Cambridge, MA: MIT Press.

Habermas, J.（1992）. Further reflections on the public sphere. In C. Calhoun（Ed.）,

Habermas and the public sphere（pp. 421-461）. Cambridge, MA: MIT Press.

Hachigian, N.（2001）. China’s cyber-strategy. *Foreign Affairs. 80*（2）.

Hacker, K. L. & Van Dijk, J.（Eds.）（2000）. *Digital democracy: Issues of theory and practice,* London; Thousand Oaks, Calif: SAGE.

Harold, C.（2007）. *OurSpace: Resisting the corporate control of culture.* Minneapolis: University of Minnesota Press.

Hebdige, D.（1979）. *Subculture: The meaning of style.* London: Routledge.

Hermes, J.（2005）. *Re-reading popular culture*. Oxford: Blackwell.

Hill, K. A. and Hughes, J. E.（1999）. Is the Internet an instrument of global democratization? *Democratization*. 6（2）(Summer）, 99-127.

Hu, Y.（2008）. Blog in China. In Y. Chan & K. Qin.（Ed.）, *Chinese Mass Media*. HK: Cosmos Books.

Jakubowicz, K.（1991）. Musical chairs? the three public sphere. In P. Dahlgren & C. Sparks（Ed.）, *Communication and citizenship: Journalism and the public sphere*（pp. 155-175）. London: Routledge.

Jenkins, H.（2006）. *Convergence culture: where old and new media collide*. New York: New York University Press.

Jordan, T.（2002）. *Activism!: Direct action, hacktivism and the future of society*. London: Reaktion Books.

Kabayashi, T., Ikeda, K. & Miyata, K.（2006）. Social capital online: Collective use of the Internet and Reciprocity as lubricants of democracy. *Information, Communication & Society*. 9（5）, 582-611.

Kalathil, S. and Boas, T.（2001）. *The internet and state control in authoritarian regimes: China, Cuba, and the counterrevolution*. Working Paper of the Carnegie Endowment for International Peace. No. 21. July.

Kaye, B. K. & Johnson, T. J.（2002）. Online and in the Know: uses and gratifications of the web for political information. *Journal of Broadcasting and Electronic Media*. 46（1）, 54-72.

Kedzie, V.（1997）. A brave new world on a new world order?. In S. Keisler（Ed.）, *Culture of the Internet*（pp. 209-232）. Mahwah, N.J.: Lawremce Erlbaum Associates Publisher.

Khan, R. & Kellner, D.（2005）. Internet subcultures and political activism. In P. Leistyna（Ed.）, *Cultural studies: From theory to action*（pp. 217-230）. Oxford: Blackwell.

Kluver, R. & Qiu, J. L.（2003）. China, the Internet and democracy. In I. Banerjee（Ed.）, *Rhetoric and Reality: The Internet Challenge for Democracy in Asia*（pp. 26-60）. Singapore:

Eastern University Press.

Le Bon, G.（1896, trans. 1947）. *The Crowd: A Study of the Popular Mind.* London: Ernest Benn.

Lee, R. E.（2003）. *Life and times of cultural studies: The politics and transformation of the structures of knowledge.* Durham, NC: Duke University Press.

Lister, N., Dovery, J., Giddings, S., Grant, I., & Kelly, K.（2009）. *New media: A critical introduction*. New York: Routledge.

Liu, S. -D.（2008）. Undomesticated hostilities: The affective space of Internet chat rooms across the Taiwan Strait. *Positions: East Asia Cultures Critique,* 16（2）, 435-455.

Liu, S. -D.（2006）. China' s popular nationalism on the Internet: Report on the 2005 anti-Japan network struggles. *Inter-Asia Cultural Studies,* 7（1）, 144-155.

McChesney, R. W.（1999）. *Rich media, poor democracy: Communication politics in dubious times*. Urbana, IL: University of Illinois Press.

McGuigan, J.（2005）. The cultural public sphere. *European Journal of Cultural Studies,* 8（4）, 427-443.

Morris, M. & Ogan, C.（1996）. The Internet as mass medium. *Journal of Communication,* 46（1）, 39-50.

Mosco, V.（1989）. The pay-per society. In V. Mosco.（Ed.）, *Computers and Communication in the Information Age.* N.J.: Ablex Publishing Corporation.

Napoli, P. M.（2003）. *Audience economics: Media institutions and the audience marketplace*. New York: Columbia University Press.

Noelle-Neumann, E.（1984）. *The spiral of silence: Public opinion - our social skin.* Chicago: The University of Chicago Press.

Norris, P.（1999）. Virtual democracy. *Press/Politics,* 3（2）, 1-4.

Norris, P.（2001）, *Digital divide? Civic engagement, information poverty and the Internet worldwide*, NY: Cambridge University Press.

Papacharissi, Z.（2002）. The virtual sphere: The Internet as a public sphere. *New Media & Society,* 4（1）, 9-27.

Peter, F.（2000）. The Internet, democracy and democratization. In F. Peter.（Ed.）, *The Internet, Democracy and Democratization*（pp. 1-17）. London: Frank Cass Publishers.

Poster, M.（1998）. Cyber democracy: The Internet and the public sphere. In D. Holmes（Ed.）, *Virtual politics: Identity and community in cyberspace*（pp. 212-228）, London; Thousand Oaks, Calif: SAGE.

Poster, M.（2001）. *What's the matter with the Internet?* Minneapolis: University of Minnesota Press.

Rheingold, H.（2002）. *Smart mobs: The next social revolution.* Cambridge, MA: Perseus Publishing.

Robbles, A. C.（2001）. *The Internet and democracy.* Panorama, 3/2001.

Scott, J.C.（1985）. *Weapons of the weak: Everyday forms of peasant resistance.* New Haven: Yale University Press.

Slouka, M.（1995）. *War of the worlds: Cyberspace and the high-tech assault on reality.* New York: Basic Books.

Stevenson, N.（2003）. *Cultural citizenship: Cosmopolitan questions.* Berkshire: Open University Press.

Tanner, E.（2001）. Chilean conversations: Internet forum participants debate Augusto Pinochet's Detention. *Journal of Communication,* 51（2）, 383-403.

Tsagarousianou, R., Tambini, D. & Bryan, C.（Ed.）（1998）. *Cyberdemocracy: Technology, cities, and civic networks.* London; New York: Routledge.

Tumber, H.（2001）. Democracy in the information age: The role of the fourth estate in cyberspace. *Information, Communication & Society,* 4（1）, 95-112.

Vandenberg, A.（2000）. *Citizenship and democracy in a global era.* Basingstoke: Palgrave Macmillan.

Vegh, S.（2003）. Classifying forms of online activism: The case of cyberprotests against the World Bank. In M. McCaughey & M. Ayers（Ed.）, *Cyberactivism: Online activism in theory and practice*（pp. 71-95）. New York: Routledge.

Willis, P.（1990）. *Common culture: symbolic work at play in the everyday cultures of the young.* Buckingham: Open University Press.

Wu, X.（2007）. *Chinese cyber nationalism: Evolution, characteristics, and implications.* Lanham, MD: Lexington Books.

Yang, G.（2003）. The Internet and civil society in China. *Journal of Contemporary China,* 12（36）, 453-475.

Yang, G.（2007）. Media, civil society, and the rise of a green public sphere in China. *China Information,* 21（2）, 211-236.

Yang, G.（2009）. *The power of the Internet in China: Citizen activism online.* New York: Columbia University Press.

其他论文

政党报刊对抗战前十年国民党新闻法规的体认与抗争[①]

虞文俊[②]

摘　要：本文以研究政党报刊与国民党政府围绕新闻法规进行的互动为旨趣，以1928-1937年为例，通过对文献资料的梳理与分析，研究发现政治报刊将新闻法规作为争取各自利益的工具，基于政治立场的不同对新闻法规采取了不同的态度。国民党党报积极参与新闻法规的制定过程，对新闻法规既有支持也有批评，有效地对新闻法规发挥了监督的功能。共产党党报消极应对国民党的新闻法规，否定其合法性，挑战其权威，进而导致国民党当局用更加严苛的法规限制报刊。

关键词：新闻法规；国民党党报；共产党党报；体认；抗争

南京国民政府成立后，出于"保障正当宣传，取缔反动宣传"的目的，国民党中央宣传部（中央宣传委员会）与国民政府立法院相继制定了《宣传品审查条例》（1928年6月）、《出版法》（1930年12月）、《新闻检查标准》（1933年1月）等几十种新闻法规，对新闻事业与新闻人实行资格限制与事先审查，明确禁止传播与必须传播之内容，统一报社图记与报刊封面之标准，从物到人，从创办到运营，从形式到内容，都做出详细规定。总体而言，国民党的新闻法规对新闻事业限制大于保护，义务多于权利。它们的存在饱受社会舆论的争议。不同政治立场的报刊对此作出了不同的反应，其中政党报刊具有典型性。由于意识形态与政治地位的对立，国共两党对新闻法规作出对立反应似乎理所当然。但是，新闻法规不同于其他法规，它们既影响到共产党党报的未来，也关系到国民党党报的发展，国共两党对新闻法规作出一致呈现似乎也颇具可能。于是，对国共两党报刊对新闻法规的态度，以及它们应对新闻法规措施的分析颇具价值。通过探讨政党报刊与新闻法规的关系，既可以管窥党报对政党利益与报刊利益的选择路径，进而总结政党报刊的发展规律，也可以了然国共党报与国民党当局围绕新闻法规的博弈图景，进而勾勒新闻法规的发展轨迹。

一、国民党党报对新闻法规的呈现与回应

在中国新闻史上，中国国民党党报有一段较辉煌的历史。国民党各个时期都十分注

---

① 本文系2013年度安徽省教育厅人文社会科学研究"国民党《出版法》研究"项目（编号SK2013B382）的部分成果。

② 虞文俊，阜阳师范学院助教（安徽阜阳236037），电邮：yumanjun@qq.com。

意报刊活动，在战争与政争中党报作为先锋部队，为其营造合法性，为其争取支持者，为国民党政权立下汗马功劳。南京国民政府建立后，从中央到地方形成了一个由宣传部控制的党报网：中央宣传部直接创办了《中央日报》(南京)、《武汉日报》(汉口)、《华北日报》(北平)等，其中发行"最具权威属《中央日报》"(中村元哉，2006)；各省市宣传部则创办了以地名冠名的《民国日报》。国民党宣传部除了每周直接向各级党报指示宣传任务，还制定了多种新闻法规。如1928年4月后，陆续出台由中央宣传部制定、由中央常会通过的《设置党报条例》、《指导党报条例》、《补助党报条例》，对党报设置、宣传、纪律、津贴等均作出规定。三则条例是"国民党长期指导党报宣传活动的纲领性文件"(黄瑚，1998, p.163)，规定各级党报"以本党主义、政纲、政策为最高原则；绝对服从上级党部之命令，并不得为私人所利用"，"须尽量阐扬本党主义及政策，并辟除或纠正一切反动谬误的主义或政论"(刘哲民，1992, p.446)。因此宣传国民党与国民政府为国民党党报的首要职责。其中颇值得探讨的是国民党报刊对新闻法规的态度如何，它们如何在政党利益与报刊利益中选择？由于《中央日报》是国民党最具权威性与代表性的党报，笔者以《中央日报》为例展开论述。

(一)《中央日报》营造制定新闻法的舆论氛围

作为中央党报，《中央日报》从创办之初就积极关注新闻立法。在国民党与国民政府未启动新闻立法工作的时候，《中央日报》就积极报道国外新闻立法的消息。1928年4月1日报道"日政府拟订出版法新出版社草案一斑，言论自由稍有增加"，借此为政府颁布新闻法规营造舆论环境。1928年4-5月，国民党中央宣传部起草《报章指导条例》、《审查刊物条例》、《设置党报条例》、《指导党报条例》、《指导普通刊物条例》等，开始了由中央宣传部起草新闻法规的历史。不过，它们都属临时性的条例办法。1929年3月20日，《中央日报》刊发"党应确定新闻政策，充实自己的力量，取缔毒素的宣传，正式制定新闻的法律"，为政府制定正式新闻法摇旗呐喊。1929年6月4-6日国民党举行的全国宣传会议中，云南代表张禄提"请中央迅速颁布出版法，遏制反动思想流传案"(中国国民党中央执行委员会宣传部，1929, p.38)。1929年8月，中宣部正式开始起草出版法立法原则(《中央党务月刊》，1929)，正式开始了起草第一部新闻法的工作。

(二)《中央日报》报道《出版法》的修正过程

诚如《中央日报》自称"同人窃不自量，以为《中央日报》者。可成言论界之言论，其职责在集言论界言论之大成，采取言论界大多数之言论而更为流传宣传以期发生更大之效力"(沧波，1932)。《中央日报》在1935年讨论《修正出版法》这场媒体与国民党的博弈中，不仅报道的量颇为可观(见表1)，不输《申报》、《大公报》等民间报刊，连续报道向国人呈现了《出版法》的修订过程，而且报道的质量亦可圈可点，略胜《申报》、《大公报》等民间报刊，独家报道向国人透露了《出版法》的修订内幕。

《中央日报》1935年7月13日报道：

当院会审议修正出版法案之初，程中行、吕志伊等，主将修正案按照《刑法》、《破产法》先例，公布征求意见后再议，以免将来施行发生困难，致损立法威信。黄佑信、傅秉常等主将该案重付审查，并添派对于出版业有相当经验之立委，参加审查，以期翔实，但反对因《出版法》系行政性质，并非手续法及习惯法，似无征求意见之必要。

同时，该篇报道透露了《修正出版法》三读细节：

梁寒操、陈硕压、赵琛等，主照议程，将修正案开始二读，因《出版法》之修改，为目前环境所急切需要，如付审查，恐延误时机，主席除发表其主张外，并以各方意见付表决。二读时，以程中行发言较多，惜附议者甚少，除第廿一条“关于个人或家庭隐私事件外，无关公益，不得登载”，各委稍有辩论，结果仅将“无关公益者”五字删去，又对第十四条第二项“更正或辩驳书之登载，其地位及文字大小，应与原文所登载者相当”，删去“及文字大小”等五字外，其余章条文均无修改，并全部省略三读通过。

这些细节问题在同期《大公报》与《申报》的新闻报道中被略去。这一方面体现《中央日报》报道官方新闻更追求接近政府公报式的接近消息内幕，另一方面也说明《中央日报》报道官方新闻完全依赖官方的消息来源，侧重于“向主控阶级（意识形态）靠拢，造成了媒介内容不断复制当权者的意识形态”（臧国仁，1994, p.113）。换言之，立法院依然是整个事件的主宰者，而《中央日报》则充当了此次事件的扩散者。

表 1 《中央日报》1930-1937 年对《出版法》的报道

日期	标题	版面
1930-11-30	《出版法》立法院通过之原文	3
1932-6-25	各种图书出版应送内政部审核，已发行未送部者限期补寄，倘延不遵办依《出版法》处罚	7
1932-8-5	内部咨请省市府，取缔红莲寺影片，以其取材荒诞小说流毒社会，依《出版法》规定应即禁止映演	7
1932-8-23	各出版机关，须依照《出版法》规定，一律重行声请登记	7
1934-3-22	新闻宣传会议昨日闭幕，通过制定《保障新闻人员条例》,《修正出版法》注意国际宣传案	2
1934-8-15	内政部解释《出版法》	3
1934-12-20	中宣会解释《出版法》疑义，内部转咨遵行	7
1935-2-16	内政部审议《出版法》竣事日内送立法院审议	2
1935-4-24	英使馆请外部解释《出版法》，内政部已代予解释，咨外部转知英使馆	2
1935-5-3	内部修正，《出版法草案》行政院昨召开审查会	2
1935-6-13	《出版法草案》已送中政会审核	3
1935-7-11	中政会通过《修正出版法》原由	2

续表

日期	标题	版面
1935-7-13	立法院昨日院会通过,《修正出版法》等要案	3
1935-7-14	修正后之《出版法》	3
1935-7-15	修正后之《出版法》(续)	3
1935-7-24	行政院审查,《出版法施行细则》,草案共计二十九条,下周院会将讨论	7
1935-7-24	新闻界代表,今请愿复议《出版法》,因有窒得难行之处	7
1935-7-25	新闻界代表,昨向中政会请愿,请复议《出版法》	7
1935-7-26	平记者电请国府,缓布《出版法》	3
1935-7-29	南京市新闻学会,呈请复议《出版法》因颇多至确难行,并通电全国一致主张	7
1935-7-30	《出版法施行细则》	2
1935-7-30	京新闻学会代表,昨请愿复议《出版法》,由叶楚伧接见诚恳答复	7
1935-8-1	昨日中政会讨论,报界对《出版法》意见,结果已决定交法制组审查	3
1935-8-3	再《修正出版法案》立院法制会,积极审查中	3
1935-8-5	武汉新闻界电请《修正出版法》	2
1935-8-9	镇记者公会,派代表来京,请愿复议《出版法》	2
1935-8-13	苏各县记者代表团抵京,请愿《修正出版法》,组京苏沪平津联合请愿团	7
1935-8-14	呼吁复议《出版法》,苏各县记者代表团,昨日赴各机关请愿,午晚京沪各报设宴款待,今赴司法院中政会请愿	7
1935-8-15	苏各县记者代表团,请愿结果圆满,中政会再研究修正之《出版法》,各代表昨晚已离京分返原籍	7
1935-8-18	安庆记者公会定期成立,电请中央复议《出版法》	3
1935-8-24	六中全会讨论重心,为筹开五全大会,《出版法》尚待中政会审查,孙科抵沪对记者之谈话	2
1935-9-10	唐有壬谈《出版法》着手修正	2
1935-9-14	立院将于本月内复议《出版法》,内政部正拟具应修正草案,立院将复议原则交法委会	2
1935-9-16	北平新闻界贡献复议《出版法》意见	2
1935-9-30	内部拟定修改《出版法》条文,俟政院通过即送立院审核	2
1935-10-15	《修正出版法草案》条文	3
1936-6-26	汉市记者公会,请修改《出版法草案》,保障新闻业务及法益,请予更为完善之规定,昨电中政会,行政立法两院	4
1936-7-26	平记者电请国府,缓布《出版法》	3
1936-10-19	再修正《出版法》案立院法制会,积极审查中	3
1936-11-27	再《修正出版法》或将讨论	4

续表

日期	标题	版面
1936-11-28	修正出版法案立院覆议通过，新闻界意见已大部采纳	4
1936-11-29	再《修正出版法》	4
1936-11-30	再《修正出版法》（完）	4
1937-7-9	《修正出版法》，国府明令公布	4

（三）《中央日报》直视新闻法规的社会争议

固然，《中央日报》作为党报须遵守对于政府与党部的法律、政策“优先发表，不得迟延或拒绝”的纪律[①]，积极报道《出版法》。然而，在国民党的新闻法规颇受社会舆论争议之时，《中央日报》作为国民党中央党报，并未采取一味护短的策略，而是主动积极参与讨论。

对于新闻检查，《中央日报》表现出反对与认同并存的矛盾态度。一方面，它发出独立声音，甚至不惜违背国民党中央意志，发专文批评。1935 年 2 月 9-10 日，刊发由姚定尘所写的《言论自由与新闻检查》。1935 年 11 月 28 日，刊文《一个初步的根本的办法》，指出国家大事报纸都未详细记载，称“谁使我们的报纸，弄到这田地？这是不合理的新闻政策，及不合理的新闻检查造成”，“时局严重到今天，我们想到的初步根本补救办法，是政府赶快改变新闻政策。党部或政府主管新闻的机构，赶快应该与言论界商量一个简明的办法，明白规定几条严格的限制外，凡是关于危害国家的阴谋，举动及人物，毒害政治或纲纪之各种实施，人民爱国行动之表示及举动，尤其外国报纸的各种批评及确为时事的记载，应该准许本国的报纸登载”。后来该文被《中央时事周报》1935 年第 4 卷第 47 期与《新人周刊》1935 年第 2 卷第 16 期转载，其中《新人周刊》转载的时候，还加上按语：“在过去的一年中，外交纠纷愈来严重，而新闻检查制度也愈来而愈严重；不独言论方面受到种种不必要的限制，新闻方面更遭到苛刻的腰斩，我们并不反对言论须受统制，新闻须受统制，但我们对于这种不合理的统制，是急求其纠正的。下文是南京《中央日报》社论对于现在新闻政策的一个严正的评判”。另一方面，又迎合国民党中央的论调，从国外新闻寻找中国新闻检查的合法性。1935 年 2 月 14 日，报道《意大利内外新闻检查令》，力图将新闻检查宣传成“国际惯例”，进而做到为“政府辩护”（沧波，1932）。

对于《出版法》，《中央日报》采取积极干预的明确态度。1935 年 7 月 12 日立法院通过《修正出版法》，拟交国民政府颁布之时，上海、南京、江苏、北平、安庆、武汉等各地新闻团体联合抵制《修正出版法》，呼吁国民党中央缓布修正《出版法》，整个局面不利于国民党与国民政府。此时《中央日报》未采取国民党与国民政府的应声虫态度，而是连续报道各地抵制《修正出版法》的消息（见表 1），并主动加入《修正出版

① 《修正指导党报条例》（1930 年 3 月 24 日由中央第十八次常务会议通过）第十五条的规定。

法》的讨论。由《中央日报》编辑部发行的《中央时事周报》1935 年 12 月 7 日刊登了《〈新闻记者资格之限制〉检议》，在分析讨论四届五中全会讨论的《严订编辑记者之资格与最低限度之基本案》的时候，从“新闻记者资格之限制”的角度多次评价 1930 年颁布的、1935 年在讨论中的《出版法》，指出它的新闻限制条款笼统。文章结束处希望立法院委员在修订法规时，切实注意“限制是否合理”、“自由保障是否充分”，“使全国新闻界获得参加意见之机会”（伍正行，1935）。

（四）《中央日报》参与新闻法规的立法过程

《中央日报》作为国民党中央宣传部的直属机构，积极参与到新闻立法的过程中。1935 年《修正出版法》讨论期间，《中央日报》时任社长程中行以新闻界代表的身份出任立法委员。1935 年 7 月 12 日，立法院三读修正《出版法》全文四十八条的过程中，立法委员针对“是否需要公布条文征求新闻界的意见再行审议”、“更正与辩驳书”与“禁载个人或家庭隐私等”等问题展开讨论，程中行提出很多疑问与意见，但是要求复议的声音不多。正如《大公报》所言：“原因大概是立法委员中，明了新闻界情形的太少了。”（《大公报》，1935 年 7 月 16 日）

1928-1937 年，《中央日报》对于国民党新闻法规的呈现以正面与肯定为主，以负面与批评为辅。这除了与国民党政权本身之“弱势独裁”相关外（王奇生，2003, p.356），也离不开 1932 年《中央日报》报社的体制改革。改制后的《中央日报》向企业化报纸迈进了一大步，“在形式上摆脱了由党中央直接控制的模式，转变为党中央间接控制由社长负责指挥的模式”，“已由公开标榜党的喉舌，转变为淡化党报色彩并标榜既当党的喉舌又当民众喉舌”（蔡铭泽，1998, p.100），正如 1932 年 8 月 5 日《敬告读者》所宣称的“本报为党之喉舌，即为人民之喉舌”，“不阿时好，不趋众同”（沧波，1932）。同时，国民党内部的蒋胡、蒋汪之争为《中央日报》提供了一定的舆论空间。蒋与胡的权力斗争使得由蒋介石控制的《中央日报》有指责由胡汉民主持的立法院颁布的《出版法》的可能①。同样的道理，蒋与汪 1935 年的权力斗争使由蒋介石控制的《中央日报》借言论自由问题批评汪精卫主持的国民政府（中村元哉，2006）。因此，在其他媒体呈请国民党中央与国民政府暂缓《修正出版法》时，《中央日报》也及时发出了自己的声音。

二、共产党党报对新闻法规的否认与挑战

国民党的新闻法规以全国报刊为立法对象，以“取缔反动舆论”为立法宗旨，尤其关注共产党报刊，称：“共产党所著刊物颇多言论荒谬，或诋毁党国，或诱惑青年。……若不迅予严密查禁，难杜煽惑为害滋钜”（立法院，1934, pp.390-391）。因此，不论是国民党中央执行委员会通过的《审查出版品条例》，还是立法院通过的《出版法》，对中国

---

① 1935 年 7 月，《修正出版法》公布后，由胡汉民控制的《三民主义月刊》（1935 年第 6 卷第 2 期：《社评：〈修正出版法〉》）、《青年军人》（1935 年第 3 卷第 5 期：《〈修正出版法〉与钳制人民的言论自由》）等刊物也公开表示批评。

共产党刊物的态度都是“取缔”与“查禁”。诸如《检查上海刊物办法》(1928 年 5 月)、《审查刊物条例》(1928 年 5 月)、《取缔各种匿名出版物令》(1928 年 12 月)、《宣传品审查条例》(1929 年 1 月)、《建议审查刊物办法》(1931 年 2 月)[①]、《宣传品审查标准》(1932 年 5 月)等法规,无不将“宣传共产主义及阶级斗争之宣传品”视为反动宣传品,规定执法机关有权“查禁、查封或究办之”[②]。

然而,国共对立的政治现实,使得国民党的新闻法规并不被共产党承认。中共党报将国民党的立法院比作秦始皇,将立法批评为“用了始皇的禁偶语之法,剥夺民众一切行动言论自由”(党哉,1928);中国共产党领导下的中国左翼新闻记者联盟宣称“争取言论出版的绝对自由”,“否认现行的出版法及新闻法与各种国民党中央或地方机关新闻检查邮电检查一切束缚压制新闻文化之发展的法令”(中共北京市委党史研究室,1991, p.62)。在否定国民党新闻法规合法性的应对策略的指导下,共产党报刊以各种方式挑战新闻法规的权威,突破新闻法规的防堵政策。

(一)匿名与易名发行党报挑战国民党新闻法规的权威

1927 年 8 月 7 日,中国共产党通过《党的组织议决案》,内容多处涉及报刊,称:“中央临时政治局应当按期出版秘密的党政治机关报,而传播之于全国。机关之党报委员会,由政治局委任之。政治局之下应设一特别的出版委员会,专掌传播党的机关报及中央一切宣传品的责任。北方顺直省委(或北方局),南方局,以至上海省委之下,亦应设立出版机关及传播秘密宣传品传单等工作”(叶再生,2002, p.787-788)。10 月 22 日,中共中央常委通过决议设立中央机关报,定名《布尔塞维克》。10 月 24 日,《布尔塞维克》正式刊行,一直延续到1932年7月1日,其停刊原因并非是畏于国民党的法令,而是由于中共中央自上海转移到中央苏区而自动停刊。

《布尔塞维克》之所以能逃过被国民党新闻法规扼杀的命运,离不开其办报策略。

首先,为了避免被国民党的登记批准所扼杀,《布尔塞维克》从未以《布尔塞维克》的报名向国民党政府登记[③]。或者冒用成合法登记的刊名,比如伪造为其时国民党中央创办的《中央半月刊》,同时封面加上合法刊物的标志——“中华邮政特准挂号认为新闻纸类”[④]与“中央执行委员宣传部印行”字样,且以中华民国纪元标注出版日期(如图1)。

---

① 《呈为建议审查刊物办法祈鉴核施行》:“鉴核施行事:查各种反动刊物中之内容,其反动程度不必一致。完全反动者,自应于审查确定后查禁扣留,以杜流传。如该刊物中仅有一部分反动文字,而其他部分尚无违碍词句者,似可无须全部焚毁或查禁,只需饬令该出版书店照审查结果删改,仍可准其发行,以重言论自由而免玉石俱焚。此项办法如属可行,即希嗣后审查刊物时采择施行,所有建议审查刊物办法,原由理合,呈请钧部鉴核示遵不胜待命之至,谨呈。中国国民党中央执行委员会宣传部长中华民国二十年二月二十日。”(《公文》,《湖北党务月刊》第 17 期,1931 年 4 月,第 1 页)

② 《宣传品审查条例》,1929 年 1 月 10 日,国民党第二届中央执委会第一百九十次常务会议决议通过。

③ 笔者翻阅 1935 年版《内政年鉴》未见《布尔什维克》的登记号。

④ 根据《中华邮政新闻纸章程总则》规定:若经邮局准为挂号,应将(中华邮政特准挂号认为新闻纸类)等字样排印于该报名目之下,与号数日期同列一行之内。(《关于新闻事业之法令规章》,中央宣传委员会编,1934 年,第 41 页。)

图 1　国民党《中央半月刊》（左）与共产党《布尔塞维克》假名（右）对比

其次，为了避免被国民党的新闻检查所查禁，《布尔什维克》采取秘密发行方式，从第二卷开始不断易名，先后化名（见表 2）为《少女怀春》、《中央半月刊》、《新时代国语教授书》、《中国文化史》、《中国古史考》、《金贵银贱之研究》、《平民》、《经济月刊》、《虹》等。《布尔什维克》通过化名、匿名、更改封面等形式秘密发行，延续自己的宣传事业，为共产党的舆论宣传贡献颇多。

表 2 《布尔什维克》各期的名称

卷期	刊名	封面信息	备注
第 1 卷 - 第 2 卷第 2 期	《布尔塞维克》		1928 年 5 月，国民党中央宣传部审查《布尔塞维克》，并请“查禁”。(《中央党务月刊》，1928 年第 1 期第 13 页）
第 2 卷第 3 期	《少女怀春》	封面为一幅少女图画。	
第 2 卷第 4-6 期	《中央半月刊》	封面有加“中华邮政特准挂号认为新闻纸类”、“中央执行委员宣传部印行”字样，且标示出版日期中华民国十八年四月一日。	国民党中央“令各厅饬属查禁反动刊物伪《中央半月刊》”(《河北省政府公报》，1929），“饬查禁共产党伪中央半月刊”(《江苏省政府公报》，1929）。
第 2 卷第 7-11 期、第 3 卷 第 1-5 期（其中第 2 与 3 期，第 4 期与 5 期分别为合刊）	《新时代国语教授书》	封面标示为“小学校高级用”与“商务印书馆出版”。	上海市教育局训令第一九六一号：“令各学校及附属机关：为奉教部令，据商务书馆呈为发现冒用该馆《新时代国语教授书》封面，内容系过激刊物。请通令辨别真伪等情，令仰辨明查禁等因仰遵照办理由”（陈德徵，1930）。

续表

卷期	刊名	封面信息	备注
第3卷第6期	《中国文化史》	封面标示为“顾康伯编”	原《中国文化史》的确由顾康伯编，由上海泰东图书馆出版于1924年。
第4卷第1期	《中国古史考》	封面标示为“历史研究学会丛书”与“钱玄同编著”。	
第4卷第2-4期	《金贵银贱之研究》	封面标示为“中国经济协会出版”。	
第4卷第5期	《平民》		
第4卷第6期	《经济月刊》	封面标示为“中华邮政特准挂号认为新闻纸类”、“上海”与“经济月刊社出版”。	
第5卷第1期	《虹》		

最后，为了更充分地利用难得的宣传机会,《布尔塞维克》的宣传宗旨旗帜鲜明。《布尔塞维克》自称：“为建立中国无产阶级的革命的思想之机关，当为反对资产阶级思想及一切反动妥协思想之战斗机关,《布尔塞维克》报并且要是中国革命新道路的指针——反对帝国主义军阀豪绅资产阶级的革命斗争的领导者，他应当做工农群众革命行动的前锋”（叶再生，2002，p.788）。因此,《布尔塞维克》的内容有二项：其一刊发中共的宣言、会议文件等，承担“为马克思主义与列宁主义而斗争”的任务（《布尔塞维克》，1932年第5卷第1期），进而完成建构共产党革命合法性的宗旨；其二刊载反对国民党及其政府的言论，称“反革命的国民党现在完全成为反民权主义、反政治自由的恶魔。表面用所谓三民主义来遮盖其阶级性，实际完全暴露其资产阶级的丑态——所谓训政时期。……现在反革命的南京政府正是厉行这种反民权主义反政治自由的白色恐怖政治和资产阶级的专制制度”（《布尔塞维克》，第2卷第1期），进而实现解构国民党统治合法性的目标。

《布尔塞维克》不论是报刊发行，还是报刊内容，都与国民党新闻法规相抵触。

《布尔塞维克》的拒绝登记，成为国民党制定《日报登记办法》的借口，实行报刊登记批准制度，并对拒绝登记者实行惩罚，取消“优益寄递特权”；《布尔塞维克》的匿名与假名发行换来了短暂的发行机会，但是它挑战了国民党的新闻法规的权威，换来了更严格的新闻法规。针对匿名出版，1928年11月18日，在国民党中央执行会议第一百六十五次会议上，戴传贤、王宠惠、孙科、胡汉民临时提议称：

近来各处时常发现无负责人，无发行所，无注册管辖，专以邮箱为通信机关之出版品（小报小册子等）。此种匿名出版品，非共产党之宣传即捣乱分子之言论，其用心甚不可问，而为害尤属深广，应请令内政交通两部赶速严加取缔。凡未经正式手续在出版地之行政官厅注册或无确实负责人营业所之出版品，一概不许售卖邮寄，以重公安”，“当经讨论，并决议交国民政府令饬办理。”（上海文艺出版社，1989，p.562）

1928年12月1日，国民政府令内政部、行政院、交通部“遵照办理此令”（上海文艺出版社，1989, p.563）。1928年12月8日，内政部“饬令各省市政府暨各省民政厅转饬所属一体遵照办理”（上海文艺出版社，1989, p.564）；针对假名出版，国民党中央1929年4月19日令各省市党部查禁共党假名刊物：

为令遵事：案据本会宣传部呈称：“查共产党反动刊物，到处寄递，煽惑民众，近日益无忌惮，且假托本党刊物名义与式样，或用小说名称印成封面而内容纯系宣传共党谬论，企图掩饰，冀便流传各情事。若不通令严行查禁流弊何堪设想。为此，具请钧会鉴核：令各级党部并函国民政府转令各省政府及所属机关，对于寄递各刊物，一体注意检查，一经查出，即予以扣留烧毁，以遏反动。是否有当，祈核夺”等情。据此，应准照办。除函请国民政府查照办理并分令外，合行令仰该部会即便遵照办理，并转饬所属一体照办，为要。此令！（《中央重要通令通告汇刊》，第123页）

《布尔塞维克》宣传共产主义与反对国民党的内容，挑战了国民党的统治权威，促使国民党先后制定了《查禁反动刊物办法》（1929年5月21日令各级党部）、《取缔销售及印刷共产党书籍办法》①（1929年6月17日令各省市党部）等通令，要求各级党部遵行，并最终颁布《出版法》（1930年12月）、《新闻检查标准》（1933年1月）等，以立法的形式，将“宣传共产主义及阶级斗争之宣传品”法定为“反动宣传品”，进而将“查禁、查封或究办”中共宣传品合法化。②

（二）全党与群众发行党报突破国民党新闻法规的封锁

1928年11月20日，中共中央宣传部在上海创刊《红旗》，宣传革命的总任务与全国革命的总策略。1929年4月17日，中共江苏省委创刊《上海报》。1930年8月15日，《红旗》与《上海报》合并为《红旗日报》。1931年2月《红旗日报》第162期后，为中共中央与中共江苏省委机关报，同年3月9日易名《红旗周报》，坚持宣传共产党与反对国民党的宗旨。《红旗》发行前后正值国民党军事上围剿共产党之时，1929年2月，南京特别市党部呈请中央宣传部查禁《红旗》（《中央党务月刊》，1929年第9期）。然而颇为可贵的是，这些刊物并未屈服于国民党重重法规禁令。诚如《红旗》所称：“我们的党报受尽了一切白色恐怖的压迫，虽然如此，但无论如何，敌人终究不能消灭我们党报的活动，反使我们在群众中的政治影响更加扩大”（《提高我们党报的作用》，《红旗》

① 《取缔办法》：“甲，关于取缔销售共产书籍各书店之办法：（一）函国民政府转令上海特别市政府及临时法院，随时注意查禁上海各书店之书籍，按期报告。（二）令各地党部宣传部随时审查该区域书店销售之书籍，如发现有共产党书籍时，会同该地方政府予以严厉之处分，并随时呈报上级党部。（三）通令各级党部转知本党党员，应随时随地留心各书店所销售之书籍，如遇发现共产书籍时，立即报告该地高级党部，由高级党部按照前条办法办理之。乙，关于取缔印刷共产刊物之印刷所及工人办法：（一）请交中央训练部通告各省市印刷业商会及工会，转告该地印刷所及印刷工人令其不得代印共产书籍及印刷品，并通令全国各党政机关严密注意各印刷所之印刷。（二）各印刷所及印刷工人如私印共产书籍及宣传品，一经发现即行予以严厉之处分。”（《中央重要通令通告汇刊》第126-127页。）

② 1929年1月10日，国民党第二届中央执委会第一百九十次常务会议决议通过《宣传品审查条例》。

1930 年 3 月 26 日）。

虽然《红旗》宣称影响更加扩大，但是它对自身存在的问题也很清楚。第 100 期《红旗》总结时，称："本报的发行数目是太弱小了"（《本报编辑部致读者的信》,《红旗》1930 年 5 月 10 日），"我们的发行是非常困难的，现在一共发行只有二千六百份，大部分还是在上海"，并将这个原因归结于国民党的新闻封锁："我们在全国是最受压迫的报纸"，"不独不能得着公开发行的机会，反而统治阶级将一切读我们报的人都看成不可饶恕的罪过，可以因此而逮捕屠杀。"（问友，1930）。于是，探讨发行成为《红旗》的头等问题。针对发行问题,《红旗》多次有所论述。第 87 期刊发《提高我们党报的作用》,提出"党报的发行是非常重要的。只有党报的广大发行，继能建立党与群众之非常密切的联系，口（按：字迹不清）能扩大党报在一般劳苦群众中的政治领导，党报在这样一个秘密环境之下，必须深入每个支部，使所有的支部的同志经常地将党报分给群众。这是每一个共产党员的政治任务，"提出要"建立普遍全国的发行网"，进而呼吁"同志们，读者们，你们想很快的促进革命高潮吗？！请你们赶快起来拥护中国共产党的党报，向他做通信，发表意见，以及尽量的扩大发行"（《提高我们党报的作用》,《红旗》1930 年 3 月 26 日）。第 100 期作为党报问题专号，刊登《党报》、《党员对党报的责任》、《本报编辑部致读者的信》、《过去一百期的〈红旗〉》、《提高地方党报的作用》、《列宁主义与俄国布尔塞维克机关报》、《中共中央党报各省通讯员条例》、《征求公开订阅〈红旗〉、〈布尔塞维克〉杂志》。虽然它们作者不同，但都是围绕党报做文章，或从理论、历史、未来等角度讨论党报问题，提出"发行问题是最严重的问题"（问友，1930 年 5 月 10 日），声明"发行党报是每个党员必须尽的义务"（立三，1930 年 5 月 10 日）与"发行工作是党员对党报的责任"（忠发，1930 年 5 月 10 日），希望"每一个读者都要起来努力于扩大本报的发行"（《本报编辑部致读者的信》,《红旗》1930 年 5 月 10 日），力图通过全党办发行、群众办发行与无产阶级订户支持等多种方式，突破国民党新闻法规对党报的封锁。

早期的《红旗》也采取化名发行，第 6 至 11 期化名为《快乐之神》，第 12 期化名为《红妮姑娘艳史》，第 13-16 化名《经济统计》，第 17 与 18 合刊、21-22 化名《出版界》，还化名过《一顾倾城》，这些化名全部登上了 1929 年 7 月 8 日国民党中执会通过的《查禁刊物表》与《共产党刊物化名表》。后期的《红旗》放弃匿名化名发行，不惜采取正面挑战国民党新闻法规的公开发行。第 100 期《红旗》刊登《徵求公开订阅〈红旗〉〈布尔塞维克〉杂志启事》，称："群众斗争的扩大，争自由斗争的尖锐，必然使广大群众都要求革命刊物之公开的发行"，公布订阅办法——一、各赤色工会分会、互济会分会、共产党支部，皆可以向他们订阅。二、上海报社、海光日报社，都可代送、代售。凡订有上海报及海光日报的，都可以向原送报人或代派处订阅《红旗》或《布尔塞维克》。三、每期《红旗》或《布尔塞维克》出版后，在上海报及海光日报的广告上宣告内容。四、《红旗》每期铜元二枚，每月八期，订阅铜元十四枚，全年一百五十枚。布报每册大洋一角。在他处所宣布之不同价目，概作无效。"并从 1930 年 5 月 21 日的第 103 期开始，每期《红旗》报名下方都刊登定价、代派处与订阅办法。

1930 年 8 月，《红旗》与《上海报》合并为《红旗日报》，依然采取“公开出版与发行”（《〈红旗日报〉发刊词：我们的任务》，《红旗日报》1930 年 8 月 15 日），报头左侧印上“中国共产党中央委员会机关报”，并宣称“本报的出版，自然使帝国主义国民党如疯如狂进行严厉的压迫，这正是本报的光荣，因为本报与帝国主义、国民党是势不两立的生冤家死对头”，“建立在广泛群众基础之上，帝国主义的一切条例、法律、军警、武力都在群众的拥护面前，打得粉碎了”，呼吁“广大的工农劳苦群众们！一齐起来拥护自己的喉舌呵！拥护推翻帝国主义国民党那该死统治的共产党的机关报呵”（中国社会科学院新闻研究所，1980，p.40）。9 月 25 日，承印《红旗日报》的印刷所被破坏，“至于不能继续出版”，中共中央发出紧急通知，号召全党动员群众拥护《红旗日报》运动。9 月 28 日，中华全国总工会发出“为帝国主义、国民党压迫革命的言论出版自由”的通电与“为拥护红旗日报事”致全国各工会及工友的紧急通知，号召“同盟罢工、武装暴动”与“为红旗日报募捐”，“争取集会、结社、言论、出版、罢工的一切自由”，“拥护《红旗日报》的公开出版和发行”（中华全国总工会中国职工运动史研究室，1981, p.146-150）。9 月 30 日，《红旗日报》恢复出版。12 月 7 日，再次被破坏。12 月 20 日，恢复出版（许映湖、王仰清，1984, pp. 100-107）。

诚然，《红旗》以及后来的《红旗日报》的公开发行提高了党报的发行量，《红旗日报》第一天“散布的不过七八千份”，二十多天内便发行到一万两千份以上（《帝国主义国民党联合压迫下红旗日报艰苦的斗争》，《红旗日报》1930 年 9 月 9 日）。但是，《红旗日报》也为此付出了惨痛的代价，“不满一月，报贩被捕的，先后已有五十人左右”（《〈红旗日报〉的艰苦斗争》，《红旗日报》1930 年 9 月 9 日）。学者王晓岚（2004）认为短暂的发行增加换来的是整个发行环节遭到当局破坏的结局。对此，从党报本身到党中央都进行了反省与调整。一方面，由《红旗日报》改名的《红旗周刊》，开始刊登检讨发行工作的文章，将以前的党报发行批评为“左倾冒险主义”，“拼命的发行工作不顾实际情形，离开群众，人力财力与党的工作，都受到了不少的影响”（《论发行工作》，《红旗周刊》1935 年 5 月 27 日），从第 10 期恢复匿名发行 (见表 3)。另一方面，中共中央成立中央出版部，直属于中央常委；各级党部党的组织下，成立发行部，或设发行员；并于 1931 年 3 月 5 日，通过《关于建立全国发行工作决议案》，再次批评以前的发行工作“没有统一的计划，并且多散布在上层机关，很少传布到下层组织中去，更少散布到群众中去”，提出解决方法：“1. 在全国各重要中心区域建立和完成发行路线，使中央各种出版物能按期依照计划中规定的数目送达各处，各处出版物能按期送交中央及彼此互相交换。2. 建立口苏区发行工作，供给以党的和非党的各种重要书籍刊物。3. 建立巡视制度经中央巡视员或出版部自派的巡视员调查谋一省区的发行工作，纠正其错误，并指导其发行工作的布置方针”（《中共中央通过〈关于建立全国发行工作决议案〉》，《红旗周刊》1935 年 5 月 25 日）。

表 3 《红旗周刊》各期的封面名称

刊期	名称	封面信息	备注
第 1-9 期	《红旗周刊》		
第 10-28 期	《实业周报》		
第 29 期	《平民》		
第 30-40 期（37、38 合刊）	《光明之路》		《光明之路》由南京光明之路杂志社出版。
第 41-42 期	《机联会刊》	封面标有“上海机联会出版”，并刊有“月里嫦娥牌牙膏”的广告，广告内容为一个妇女刷牙。 第 42 期的《红旗周刊》的封面为《机联会刊》第 43 期。	《机联会刊》为上海机制国货工厂联合会会刊，创刊于 1930 年 4 月 1 日。
第 43 期	《现代生活》	封面标有“李石曾著”、“现代生活社出版”。	
第 44 期	《□□（字迹不清）》	封面标有“上海工人号”。	
第 45-48、50、53 期	《新生活》	封面有一个五星，并标有“上海大中书局印行”。	
第 49、51 期	《潮星》		
第 52 期	《晨钟》		
第 54-58 期（55、56 合刊）	《摩登周刊》	封面登有一个摩登女郎的照片。	
第 59 期	《大众文艺》	标有“中华邮政特准挂号认为新闻纸类”、“新中华文艺丛书”。	
第 60-62 期	《佛学研究》	封面标示的出版时间采取民国纪元，印有“上海佛学研究会印行”，其中 62 期加有“内政部登记警字第二四六八号”。	1932 年 10 月内政部规定：“凡各省市县，所有曾经依法声请登记，核准给证之新闻纸杂志通讯社等，应将本部及中央宣传部委员会核准登记证上之某字某号，刊载于各该新闻纸类名称之上，或左右两方，以便该管地方官厅就近查考。”（《南京市政府公报》,1932 年）
第 63 期	《新医药刊》	封面刊有《新医药刊》本期要目。	
第 64 期	《建筑界》	封面标有“中国建筑学会出版”。	

综上所述，以《中央日报》为代表的国民党党报对《出版法》等新闻法规给予了充

分呈现。总体看来，国民党党报支持这些新闻法规，肯定法律本身的合理性。它积极报道新闻法规的消息，直接参与立法过程，但同时也刊发了独立评论，甚至不乏与党中央相左之处。究其个中缘由，除了国民党的“弱势独裁”，党内派系斗争为《中央日报》提供一定的舆论空间外，也与《中央日报》的改制相关。改制后的《中央日报》采取企业化经营，标榜既要充当国民党的喉舌，亦要讲出民众的心声。在政党利益与报刊利益之间，《中央日报》力图两边兼顾，有效地对新闻法规发挥出批评功能，为推进国民党的新闻法规的发展做出了自己的贡献。相比之下，以《布尔塞维克》、《红旗》为代表的共产党党报并未对《出版法》等新闻法规给予直接呈现，但是它们的出版与发行挑战了《出版法》等新闻法规。总体看来，中共党报反对这些新闻法规，否定法律本身的合法性。检视中共报刊对于这些新闻法规的态度，可见其并不去细究法规的具体内容，而是政治第一，言论与新闻自由成为其反对国民党统治的口号。在政党利益与报刊利益中，共产党报刊始终以政党利益为先，以政党利益为报刊利益，报刊冒挑战法令的危险为宣传反对国民党不遗余力。一方面，共产党报刊以一种消极的方式抗争国民党当局的新闻法规，避开正面冲击法令，采取匿名、易名、改封面等秘密发行的形式突破国民党新闻法规的封锁，进而瓦解了新闻法规的权威，导致国民党当局出台更加严苛的新闻法规管制新闻媒体。而另一方面，正因为国民党的新闻法规对中共党报采取取缔与封锁政策，中共党报更注重党报发行策略，提升党报宣传质量。

参考文献

《又令各厅饬属查禁反动刊物〈伪中央半月刊〉由》，载《河北省政府公报》，248。

《新出版法在立法院讨论情形》(1935)，载《大公报》，3。

《中国新文学大系（1927—1937）第十九集 史料（索引一）》(1989)，上海：上海文艺出版社。

立三（1930）：《党报》，100。

《日政府拟订出版法新出版社草案一斑》(1928)，载《中央日报》，3。

《一个初步的根本的办法》(1935)，载《中央日报》。

《中央宣传部工作经过（五月份）》(1928)，载《中央党务月刊》，1，13。

《中央宣传部工作经过（二月份）》(1929)，载《中央党务月刊》，9，19。

王奇生（2003）：《党员、党权与党争》，上海：上海书店。

王晓岚（2004）：《〈红旗日报〉的发行》，载《新闻春秋》，第12期，501页。

立法院（1934），《中华民国法规汇编（内政篇）》，上海：中华书局。

中共北京市委党史研究室（1991）：《北方左翼文化运动资料汇编》，北京：北京出版社。

中村元哉（2006）：《国民党政权与南京·重庆〈中央日报〉》，“台湾世新大新文本与媒介的研究取径，1911-1949 研讨会”论文，台湾。

中华全国总工会中国职工运动史研究室（1981）:《中国工会历史文献》（1930 年 4 月～ 1937 年 6 月），北京：工人出版社。

中国社会科学院新闻研究所（1980）:《中国共产党新闻工作文件汇编（下卷）》，北京：新华出版社。

中国国民党中央执行委员会宣传部（1929）:《全国宣传会议会议录》，南京：中国国民出版社。

叶再生（2002）:《中国近代现代出版通史（第二卷）》，北京：华文出版社。

问友（1930）:《过去一百期的〈红旗〉》，载《红旗》，100。

刘哲民（1992）:《近现代出版新闻法规汇编》，上海：学林出版社。

伍正行（1935）:《〈新闻记者资格之限制〉检议》，载《中央时事周报》，4，47。

《徵求公开订阅〈红旗〉〈布尔塞维克〉杂志启事》（1930），载《红旗》，100。

《〈红旗日报〉发刊词：我们的任务》（1930），载《红旗日报》。

《帝国主义国民党联合压迫下红旗日报艰苦的斗争》（1930），载《红旗日报》。

《中共中央通过〈关于建立全国发行工作决议案〉》（1935），载《红旗周刊》，7。

《论发行工作》（1935），载《红旗周刊》，8。

许映湖，王仰清（1984）:《〈红旗日报〉案记实》，《党史资料丛刊》，第 1 期，100-107 页。

沧波（1932）:《敬告读者》，载《中央日报》。

陈德徵（1930）:《训令：上海市教育局训令第一九六一号：令各学校及附属机关：为奉教部令据商务书馆呈为发现冒用该馆新时代国语教授书封面内容系过激刊物请通令辨别真伪等情令仰辨明查禁等因仰遵照办理由》，上海:《教育局教育周报》，70，8。

忠发（1930）:《党员对党报的责任》，载《红旗》，100。

《国民党反革命统治下的辛亥革命纪念》，载《布尔塞维克》，2，1。

《布告：各新闻纸杂志通讯社等应载明登记证字号以资识别案》（1932），载《南京市政府公报》，118，71-72。

觉哉（1928）:《立法院与秦始皇》，载《红旗》，2。

黄瑚（198）:《中国近代新闻法制史》，上海：复旦大学出版社。

臧国仁（1994）:《新闻学与术的对话》，台北：国立政治大学新闻研究中心，12-18。

蔡铭泽（1998）:《中国国民党党报历史研究》，北京：团结出版社。

一个悲剧，许多故事：毕节“流浪儿”窒亡事件中的微博议题建构

艾民伟，张楠，江娟，陈颖艳，李晗[①]

摘　要：本文以“毕节男童窒亡事件”中的新浪微博为研究对象，采用内容分析法，对事件中的议题内容、议题迁移以及议题的建构技巧进行分析。研究发现，微博平台上的意见表达多于对事实的跟踪，微博很大程度上成为讨论的场所；微博议题随着时间迁移，每次迁移均与外界刺激相关，议题迁移呈现未知性和多元性特点；意见也随着信息的补充而进行自我修正；在信息建构上，网友除使用各种技术手段外，还大量运用事实组合的方法，使事实之间相互联系、自证，以产生出预设的意见和态度指向。

关键词：议题建构；微博；毕节“流浪儿”；窒亡事件

一、引言

“他们一起钻进一个垃圾箱，试图熬过那个漫长的夜晚。像‘卖火柴的小女孩’一样，孩子们生起了一个火盆，却没能等来温暖的世界。5条幼小的生命就此终结。”新浪微博客“yuncn”这样写道。

毕节“流浪儿”窒亡事件（以下称“毕案”）发生在2012年11月16日至17日夜间的贵州毕节。这一事件最早被网友在“凯迪社区”上披露，但在短时间内，有关此事件的新闻就已流传于微博和各大论坛，并被报纸、广播电视等大众媒体跟进报道。在新浪微博搜索栏里键入关键词“毕节流浪儿童”（11月24日），即有919 430条搜索结果。可见，这一事件通过新媒体获得了广泛的关注和讨论，是一次“新媒体事件”（赵桂华，2010）。

截至2013年6月底，中国网民规模达到5.91亿，互联网普及率为44.1%（中国互联网络信息中心，2013）。在“毕节流浪儿窒亡事件”的传播过程中，微博网民不仅大量转发，还积极发表自己的看法或表露自己的情感。这一现象反映了一种新的“书写历史草稿”的传播机制：公民新闻推动 大众舆论（邱林川，陈韬文，2011）。民众利用网络自我加工和发布新闻信息或评论，以此推动互联网舆论。

微博为公民新闻的发展提供了平台，使网民得以“各诉己见”。但是微博对新闻事件的关注不是一成不变的，讨论议题随着事件的发酵与深入而不断变化和迁移。本文期

① 作者均为厦门大学新闻传播学院2012级硕士研究生。

望以毕节“流浪儿”窒亡事件为例，来探究微博议题建构在内容和技巧上的特征。

二、文献综述

议题与议程不同，议题侧重于受关注的一系列事件，议程则是对众多议题优先次序的排列。在新媒体构成的虚拟空间中，网民通过发帖、微博等形式参与设置议题，网民议题成为公众议题在网络平台上的表现，与媒体议题、政策议题相对应。

传播学中的议题建构是在议程设置的基础上提出的。麦库姆斯（Maxwell McCombs）指出，议程设置在两个层面上起作用——客体层面和属性层面。在客体层面，媒介影响人们对客体（议题）的优先次序感知，即通过对议题重要性的设置来告诉人们“想什么”；在属性层面，媒介告诉人们“怎么想”，即通过对议题某方面属性的强调，影响人们如何评价或思考这个议题。

对议题属性的设置即涉及议题的建构过程（McCombs，2001）。库尔特·朗（Kurt Lang）和格拉迪斯·朗（Gladys Engel Lang）对水门危机（Watergate）期间由媒介议题到公众议题的转变进行个案研究，指出议题建构是媒介、政府和公民彼此之间相互影响、复杂互动的动态过程（Lang&Lang，1983）。

与前述理论不同，喻国明和李彪（2011）对议题建构进行修辞等微观方面的研究，从议题提出者出发分析网民在网络论坛的话语表述，如网民在陈述一个事件或表达一个观点时，如何进行话语意义的建构以获取关注。他们从议题内容类别、情感表达、策略技巧、社会心理、观点与事实的结合以及网络文体和文本修辞方面，对网民议题的建构进行分析。本文所研究的微博议题建构，既包括对议题建构技巧的分析，也包括对所建构的内容的讨论。

议题建构是一种过程，焦点在媒体如何与社会上其他机构互动，共创大众关心的议题（Cobb&Elder，1972）。议题通过论述竞争而产生，当它透过有限的资源成为媒体议题时，就有可能成为公共政策。可见，议题建构其实是一种互动的过程，先前的诸多研究都在关注媒体对于“建构”的作用。而本文期望从公众的角度出发，检视公众在议题建构中的表现。

由于新媒体的技术特征和传播特点，微博中网民的议题建构具有以下特点：1. 在议题建构的主体层面上，议题的设置不再局限于传统媒体，议题由网民提出，由网民推动发展；2. 在议题的表达方式上，网民没有局限于文字形式和字数限制，运用图片、链接，并通过对比、联想、反问等修辞手法增强表达效果；3. 在议题发展层面上，议题更新的周期较短，随着事件发展而即时更新。

提出问题：

毕节“流浪儿”窒亡事件最早在“凯迪社区—猫眼看人”上被披露后，迅速引起媒体关注和社会舆论。它是一起借助网络公共空间、由新媒介参与使之产生社会影响的新媒体事件。公共舆论的参与者主要有三方：政府、媒介和网民。政府释放的主要是事件处理及政策、制度改进方面的信息，网民按照个人意愿寻找并建构信息关注点，而媒介则是跟进报道。基于以上事实，本文提出两个问题：

1. 在“毕案”事件中，微博议题建构的内容有哪些？这些议题如何变化迁移？

2. 公众在微博上表达意见时，信息是如何被建构的？有哪些建构技巧？

三、研究方法

（一）样本

本文采用内容分析法，以与毕节“流浪儿”窒亡事件相关的新浪微博为研究对象。以“毕节流浪儿童”为关键词进行搜索，其他选项设置为“实时”“原创”“昵称无”“地域无”，搜索时间设置为“00 时至 23 时”。自 2012 年 11 月 17 日至 2012 年 11 月 30 日，共计 14 天。

以此法检索，共得到 1634 条原创微博，除去其中分享、转载、发表博文和投票类的微博，余下 1433 条微博，即有效样本量为 1433。分析单位为每条微博。

（二）编码

本文从“内容”和“技巧”两个维度来探讨公众在微博中的意见表达，编码项目包括三部分：微博基本情况、议题内容和建构技巧。微博发布者既有政府、媒体，也有公众，此处关注的议题内容来自这三个方面，而对“技巧”的考量则主要基于公众发布的微博。具体类目如下：

1. 微博基本情况

本编码项目包括“发帖人”“发帖时间”“转发数”和“评论数”。发帖人即微博客的账号名。这些类目属微博附带信息，能够直接读取（详见编码表编码项目 [1]-[4]）。

2. 议题内容层面

议题内容主要指微博客想要透过微博表达的意思，分为四个类目：内容呈现、情感倾向、理性表达和话语指向（见表 1，编码表编码项目 [5]-[8]）。在议题的呈现结构上，用户为使自己的信息文本在爆炸的信息熵中显露出来，往往在叙述事实的同时加之以观点、建议或联系其他事实，呈现出多种结构模式（喻国明、李彪，2011a）。

表 1　议题内容编码类目

类目	定义
内容呈现	事件发生后，微博客在关注时所呈现的不同关注层面
情感倾向	微博客在微博中流露出的情感和态度
理性表达	网民对事件进行理性思考及表达
话语指向	微博客的责任归因或意见的针对方

3. **建构技巧层面**

建构技巧指微博客为表达特定的意见而使用的表现手段，分为十个类目：@ 的使用、链接使用、图片使用、视音频使用、表情符号使用、长微博使用、微刊使用、杂谈吧使用、拟定标题和微话题（详见编码表编码项目 [9]-[19]）。网民在建构议题时常常使用修辞等表现手法，以影响他人的态度或观点（王希杰，2004）；由于微博文本字数的限制，用户在发布微博时常常配以图片、链接，或者以 @ 的形式使得微博传播对象更加精准化和高效化（喻国明、李彪，2011b）。

（三）信度测试

本研究由三名编码员独立编码。在正式编码前，三名编码员经过了多次沟通、讨论，对存在分歧的编码类目达成一致认识。在全部样本中随机抽取了 100 条微博进行试编码，通过 Krippendorf Alpha 系数进行信度测试，内容呈现（0.76），情感倾向（0.83），理性表达（1.00）与话语指向（0.76）这些主要变量编码均达到内容分析的信度要求，研究得以继续进行。

四、数据分析

编码员对样本中 1433 条微博进行了编码，并录入软件 SPSS 中。结合研究问题，数据分析如下：

（一）微博创作数量的变化

“毕案”发生在 2012 年 11 月 16 日至 17 日夜间，经媒体曝光后，发表的微博主要集中在 18、19、20、21 和 22 日 5 天内，每日原创微博都在 170 条以上。微博数量在 21 日达到峰值，为 313 条。22 日以后，微博数逐渐减少，整个“毕案”事件也趋于降温（见图 1）。

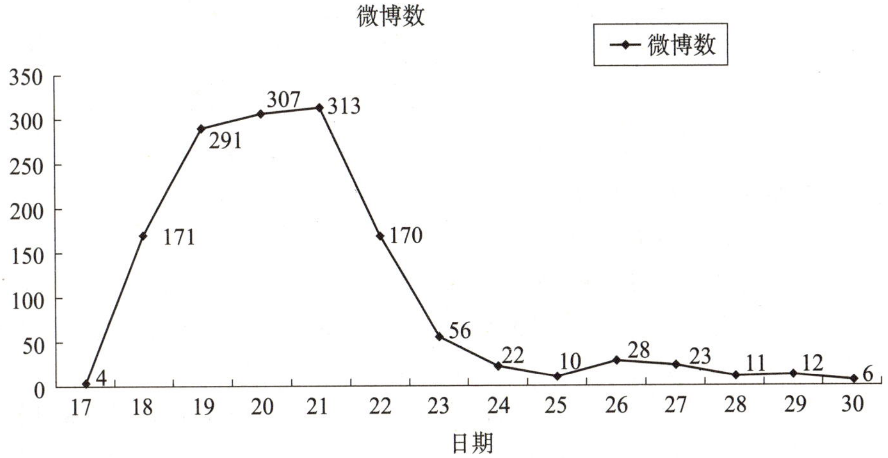

图 1　微博数量与时间变化

（二）微博发布者的身份

统计发现，样本中484位微博发布者经过身份认证（加V），949个未经过身份认证（未加V）；网民、媒体、社会组织和政府在微博发布数量上存在较大差距（见图2）。

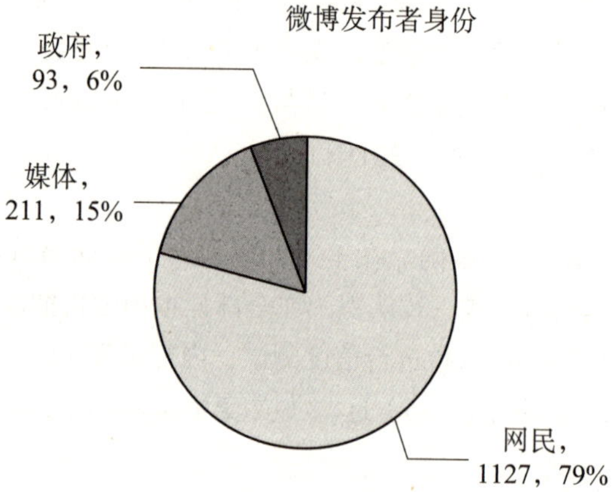

图2　微博发布者身份

本文采用单因素方差分析，发现是否经过身份认证对转发数（df=1，F=16.828，p〈0.05）、是否经过身份认证对评论数（df=1，F=24.238，p〈0.05）、身份类别对转发数（df=3，F=3.311，p〈0.05）、身份类别对评论数（df=3，F=7.865，p〈0.05）存在显著影响（见表2），虽然网民积极发布微博进行意见表达、体现着强烈的公民参与意识，但在微博平台中，话语权仍掌握在媒体、政府手中。

表2　是否经过认证、博主身份是否影响转发数、评论数

	平方和	df	均方	F	显著性
是否加V* 转发数	217548.627	1	217548.627	16.828	.000
身份 * 转发数	129202.653	3	43067.551	3.311	.019
是否加V* 评论数	26811.833	1	26811.833	24.238	.000
身份 * 评论数	26148.634	3	8716.211	7.865	.000

（三）微博议题的内容及其变化

1. 传递新闻与表达意见

样本中，单纯对“毕案”事件发表意见的微博有727条，占总数的51%；传递新闻事实的有499条，占35%；既跟踪新闻同时也表达意见的占14%。可见，微博在“毕案”事件中主要发挥了承载意见的作用，其次才是传递新闻。

在时间维度下，事件发生后的两日内（17、18日），跟踪、传递新闻的微博多于表达意见的，但在峰值期间，则主要是“发表意见”的微博。之后，微博的注意力又在22

日回复到跟踪新闻上。可见，在此事件早期，微博大量关注新闻事实，中期积极表达意见，后期又短暂回归到新闻事实上（见图 3）。

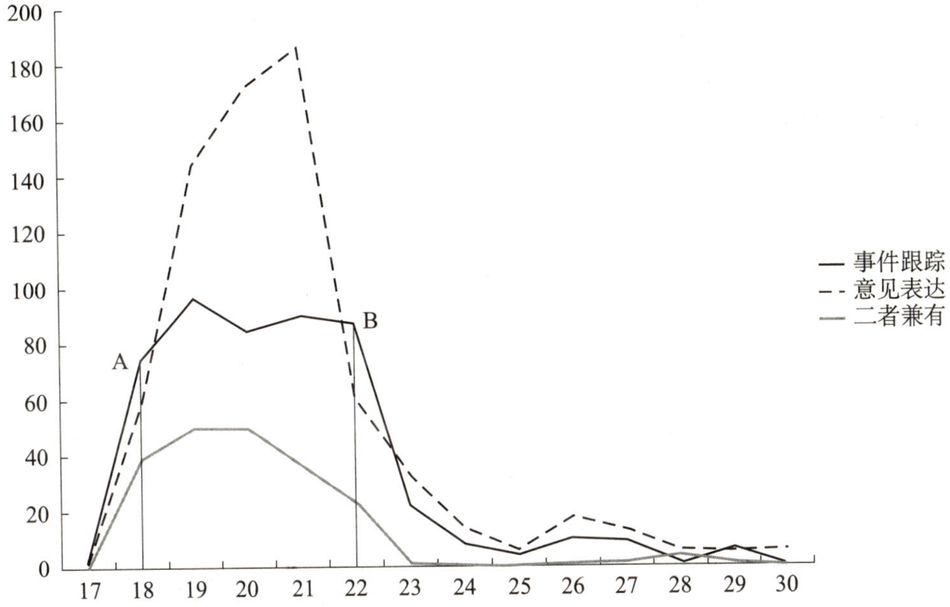

图 3　事实跟踪与意见表达

2. 议题内容与迁移

整体来看，微博对“毕案”的关注主要集中在事件的原因（或责任）上。而对原因的关注，又集中在“政府官员”层面，比例达到 47.198%；其次是“社会”因素，占 20.259%；而对五个男童的家庭和学校层面的关注却较少，分别只有 9.052%、1.724%（见表 3）。

表 3　微博关注点

	家庭	学校	政府	社会
17 日	0	0	1	0
18 日	0	1	23	5
19 日	2	3	61	21
20 日	22	1	53	22
21 日	10	2	41	32
22 日	4	0	29	4
23 日	2	0	2	5

事件早期，首先受到微博关注的是政府层面的因素，17 日只有一条微博归因政府，而 18 日、19 日则快速递增到 23 和 61 条；其次得到关注的是社会层面，大量出现在 19 日；最后被关注的是家庭层面的因素，在 20 日达到 22 条。由此可知，虽然在整体上微博的归因关注点为政府、官员，但随着事件的发展，关注点也在慢慢地迁移，由政府层面转向社会层面，最后再转向家庭层面。

3. 感性与理性

在样本中，流露情绪（关爱、批判、二者兼有）与无情感流露的比例相差不大，分别为 52.04%、47.96%。但在 21 日前，即从事件在微博上开始出现到微博数量达到峰值，发表的微博中流露出较多情绪。此后，情绪流露减少，重又回归到较为客观中立的表述（见图 4）。

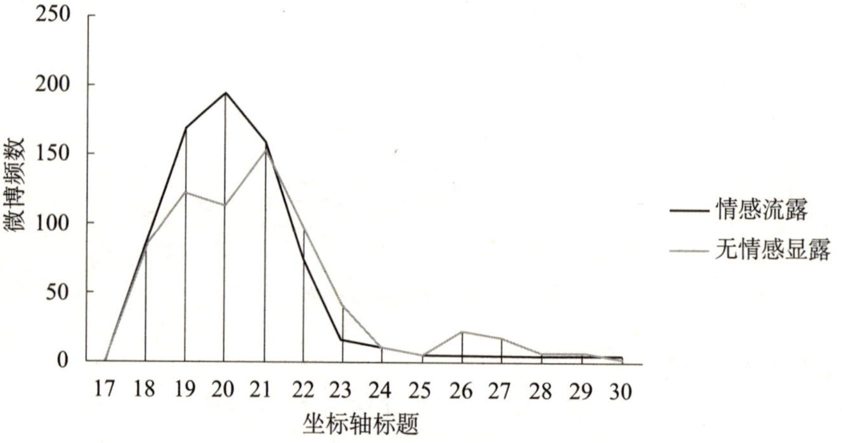

图 4　情感随时间变化

流露的情绪中，多批判性质的，如谴责、感叹、愤恨等，达到 34.69%，而表达怜爱、默哀等情感的只有 14.68%。关爱的对象主要是事件中的五个男童以及其他类似的弱势群体。批判的对象则多为微博发布者归纳的“毕案”责任方，如官员、政府机构、社会制度等。可见，微博关注的主体并非侧重于事件本身，而是由此引申出去的其他非直接因素。

（四）微博信息的建构技巧

抽取样本均为原创微博，微博的创作、发布过程，也即信息的建构过程。微博中出现 @、链接、图片、视音频、表情符号、长微博、微刊、杂谈吧、标题、微话题等多种信息编辑形式。@ 能够使微博定向精确传播；链接、长微博可以绕过微博字数的限制，扩大信息传播量；图片、表情符号则能填补文字在表述情感上的欠缺，巧妙地表达出作者的情绪；微刊、杂谈吧和微话题使参与的群体扩大，增加了微博间的互动性。

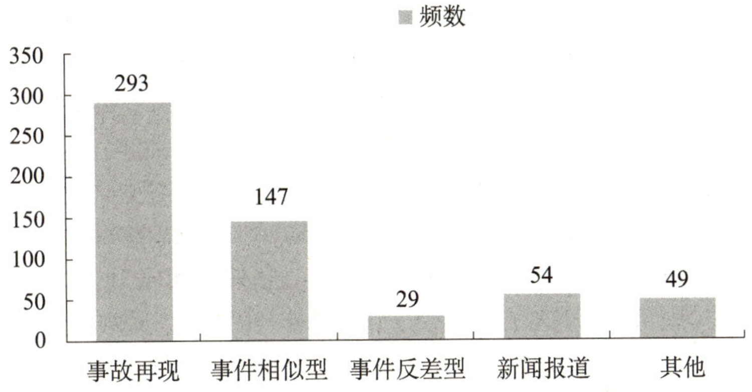

图 5　图片类型

在图片类目里，使用图片的微博计有 572 条，占总数的 39.92%。图片内容多为新闻图片，包括事件发生场地、五个流浪儿照片等。但与此同时，图片也被用来表达微博者的意见：呈现出与“毕案”相似的事件或人物的照片，突出事件的悲剧性——使用这类图片的微博有 147 条；呈现出与事件形成反差的图片，以达到批判效果，这类微博有 29 条（见图 5）。另外，新闻画面图片也广泛出现在微博中，多为电视新闻报道的截图或是某个媒体的标志，充当微博的消息来源。

五、结果与讨论

在文献综述中，本文提出了两个问题：在有关“毕案”的微博中，网友的关注点有哪些及其如何迁移？微博信息是如何被建构的？本章将结合数据对这两个问题进行探讨。

（一）关注内容及其迁移

微博对“毕案”事件的关注，可分为四个阶段：17 和 18 两日，微博发挥传递新闻的信息功能，告知其他人“什么地方什么人发生了什么事”；19 到 21 日，微博数达到峰值，网民纷纷表达意见,“事件为什么会发生”；22 日，微博中又出现新闻传递的情况。22 日当天，有微博披露李元龙——“毕案”事件最早曝光人——“被旅游”了。微博上的关注点从“毕案”事件迅速转移到李“被旅游”上；22 日以后，微博中的意见表达比例又高于新闻跟踪。

“意见表达”多是对“毕案”发生的原因进行探讨。事件曝光后，最先被微博认定的责任方是政府及其官员，矛头指向包括政府工作不力、官员腐化、大量对外援助等，在事发次日便有 22 条微博对此作出表述；19 日，21 条微博将批评锋芒转向社会，批判人性冷漠、贫富分化、制度缺失等问题；20 日，22 条微博提到“毕案”中家庭监护责任的缺失是悲剧发生的原因，因为五个遇难儿童的父母常年在外务工，无暇顾及；21 日，“社会责任”重又被提出。

意见表达的变化，与“毕案”事件中新闻信息呈现的样貌有关。遇难男童最早被曝光时的身份为“流浪儿”（李元龙披露时的称呼），即流浪儿童，这属于政府救助的对象，因而这一时段的微博大都流露出对政府机构及官员的不满之情；之后政府和媒体报道遇难男童并非流浪儿童，而是留守儿童，他们的父母因家庭贫困常年在外务工，导致无法履行家庭监护责任，继而微博对家庭问题及社会贫富分化等问题进行反思。事件中，微博关注点受到外界信息的影响，但随着事态发展，这种偏差被不断纠正。

如上综述，微博在“毕案”事件中的关注及其迁移具有如下特点：

（1）事件发展始终，“政府及官员”一直是微博归因的关注点，被认定是事件发生的“责任方”。在此“静态主流”之下，网友的关注点又在动态变化，由“政府”向“社会”、“家庭”进行迁移。

（2）微博议题的迁移，具有不确定性。议题的变化，都伴随着外界刺激，比如“李元龙被旅游”的消息曝光、“流浪儿童”和“留守儿童”的身份认定等。关键信息的输入，容易导致微博关注点的迁移。

（3）议题的迁移变化伴随着自身修正。在微博对“毕案”的关注中，早期由于信息的不足或不准确，微博舆论具有较大的盲目性，而后期，随着大量信息的补充，舆论也开始对初期的偏差进行自我修正。

（二）微博信息的建构技巧

微博发布者在编辑微博，表述自己的意见时，会使用@、链接、图片、视音频、表情符号、长微博、微话题等多种技术形式。这些手段的运用，不仅可以增强传播效力，还可以更微妙地传达出作者的情感和意见。无论是对文字的编排还是对其他手段的使用，都是为建构作者意见服务的。样本中出现的建构技巧可归纳为四类：“再现与表现”、“相似性呈现”、“反差性呈现”、“引用与第三人称视角”。这些建构技巧多体现在对事实的呈现上，但意见指向隐含其中。

1. 再现与表现

在文学中，“再现”强调的是客观真实，而“表现”则追求的是内心的表露。微博对“毕案”的关注，多为表现，而非再现。它传递事实，但更为重要的是在此过程中对意见的嵌入。五位男童是在垃圾箱内窒亡的，垃圾箱成为许多媒体报道该新闻时呈现的物像。其中，一幅卡通图片在多条微博中出现：黑夜里，垃圾箱内点起小小的火苗，一位衣衫褴褛的男童双手伸在火苗上。卡通图片是对新闻事实的想象，而且很容易使观者联想起“卖火柴的小女孩”的情景。该图片传递了部分新闻事实，同时也引入了部分想象及情景。

同时，表现手法还体现在文字运用上。

“2012 年 11 月 19 日傍晚，贵州毕节天降冷雨，五名流浪儿童钻进一个垃圾箱，试图熬过那个漫长的夜晚。像‘卖火柴的小女孩’一样，孩子们生起了一个火盆，然而却没能等来温暖的世界。五条幼小的生命就此终结。”

此条微博描述了事件概要，但“窒亡”一词却被“没能等来温暖的世界”“幼小的生命就此终结”替换，加上“冷雨”“流浪儿童”“试图熬过”等词语，使读者悲悯顿生。

赋予抽象的事件以具体的情境，也是微博使用的表现技巧。

“给乐乐讲毕节流浪儿童的事，乐乐叹了口气说：妈妈，你别讲了，我越听越伤心……过了一会儿搂着我的脖子趴在我耳朵上说：咱把流浪儿童都接咱家来吧！我让他们住我的房间玩我的玩具，好不好？”

此处，微博赋予“毕案”事件一个新的情景，并且事件在该情境下产生出新的情感效果来，特别是两种不同命运儿童的反差，令人唏嘘感伤。

“毕案”事件还被改编为童话故事——《魔法箱和天使》。故事从垃圾箱的角度来述说五个男童的故事：垃圾箱很感激孩子们能够把它当作家，但它同时也很悲伤，因为它无法给孩子们提供除了垃圾以外更好的东西；孩子们却将垃圾箱当作万能的魔法箱……最后垃圾箱实现了孩子们的愿望，送他们去了天堂。《魔法箱和天使》以童话故事的形式表现了“毕案”，添加了许多细节，但同时添加的还有态度和情感。

2. 相似性呈现

微博对“毕案”的关注点，除涵盖“毕案”事件本身外，还涵盖到许多过往发生的与“毕案”在某方面或多方面具有联系的事件。这种对相似性事件的累积呈现，也流露出强烈的态度指向。其重要意义不在于呈现相似性，而是利用此种相似性来证明事件的普遍性。“毕案”发生后，“朱门酒肉臭，路有冻死骨”“卖火柴的小女孩”“三毛流浪记”三个事例被广泛提及和借用，而这三个事例本身是与社会贫富分化、冷漠相联系的。

在我们收集的样本中，多条微博发表了歌曲《火柴天堂》：

“走在寒冷下雪的夜空，卖着火柴温饱我的梦，一步步冰冻一步步寂寞，人情寒冷冰冻我的手，一包火柴燃烧我的心……看见天上的妈妈说话，她说你要勇敢你要坚强，不要害怕不要慌张，让你从此不必再流浪，妈妈牵着你的手回家，睡在温暖花开的天堂，天堂，天堂……”

歌词中出现“下雪”“夜空”“火柴”“冰冻”“燃烧”“流浪”“回家”“天堂”……这些词语和情境与“毕案”具有较高的相似性。它们作为复合组合，一方面传达事实，另一方面也唤起阅听人的情感。

同样在“毕案”发生的 11 月，三聚氰胺案的最早举报人蒋卫锁遇袭身亡。两个时间相近的悲剧事件，一个是儿童殒命，一个是成人遇袭，而当这两次事件被同时呈现出来时，它们就已经具备某些相似性（例如社会对弱势群体的忽视）。

3. 反差性呈现

呈现出与“毕案”相矛盾的新事实，形成反差，也是微博中较多出现的信息建构方式。新闻事件发生在贵州毕节，三个关联性的事实被提及：贵州茅台酒、毕节市政府大楼、毕节市委书记的皮带。以贵州茅台为例：

“一边贵州茅台3000万悬赏足协杯冠军，一边贵州毕节冻死五名流浪儿童，多么撕裂的国度啊！但愿天堂不再有寒冷。”

这三个事实指向的都是“昂贵”与“奢侈”，与此同时，五名男童却在垃圾箱中燃火取暖而致窒亡，反差之强烈，其中态度亦不言而喻。此外，政府对外援助的行为亦被举出：

“2012年1月18日，中国向非盟提供6亿美元无偿援助；2月下旬，中国援助朝鲜6亿美元；6月7日，中国向上合组织成员国提供100亿美元贷款；7月17日，中国向菲律宾提供1亿美元改造供水管道；7月19日，中国援助非洲200亿美元；11月16日，贵州毕节七星关区环东路一垃圾箱内，五名流浪儿童死亡。”

正反事实、数据同时举出，观点便在不言中。也有对政府教育作为进行反思的，两种不同的事实间被建构起某种联系：

“‘目前，我国已建立起从学前教育到研究生教育较为完整的家庭经济困难学生资助政策体系，基本做到了没有一个学生因为经济困难而失学。’袁贵仁部长在会上如是说。后来又有教育调查报告说失学率又回到了97年千分之8.8的水平，再后来毕节五个流浪儿童垃圾箱窒息身亡。”

4. 引用或第三人称视角

引用或者使用第三人称视角来建构微博信息，不仅可以提高信息的信度，还能在一定程度上规避风险。其中，法律法规得到最多引用，屡被提及的包括《未成年人保护法》、《关于加强和改进流浪未成年人救助保护工作的意见》等：

“根据《未成年人保护法》第43条，毕节市政府、民政和公安机关是事件的责任单位。最高检规定玩忽职守致一人以上死亡应立案，贵州检察机关应立案侦查该三机关负责人涉嫌玩忽职守罪。”

以第三人称的视角来“讲述”此次事件，但内容选择的框架却属于第一人称，即信息一经入选往往就已带有框架所具有的属性。如：

“【司机的愤怒】厦门，出租车，车载广播中正在播中央人民广播电台中国之声的贵州毕节市流浪儿童冻死垃圾箱内的故事，司机神情悲愤，沉默不语，明显，他被故事震撼到了。良久，他问我‘这是什么世界？’，我无语。没多久他又说：‘如果以后还有哪个电视台敢采访我是否幸福，我就会说，××××！’”

以上讨论的信息建构技巧都是基于对客观事实的组合运用，而非有意的扭曲（当然统计中，亦发现一些微博内容存在编造、扭曲的嫌疑）。“毕案”事件中，微博通过对大量不同事实的呈现，有技巧性地表达意见，使信息具有较强的说理能力。这种说理能力的养成，是事件中微博舆论得以不断进行自我纠正的重要原因，也是网络公共空间形成的重要前提。

六、结论与不足

经数据分析与探讨，本文认为新浪微博用户对“毕节男童窒亡事件”的关注点是在不断地迁移的，虽然在整体上政府及官员被认为是事件发生的主要责任方，但关注点存在一个从政府及官员向社会、家庭变化的过程。这同时也是微博舆论进行自我修正的过程。在信息建构上，网友除使用各种技术手段外，还大量运用事实组合的方法，建构事实之间的联系，使其自证，以产生出特定的意见和态度指向，具有较强的说理能力。

本文仅对个案进行研究，所作结论不具推广性。另外，本文在进行数据分析时，以“天”为单位来设置时间，造成诸多细小变化难以反映出来。本文认为，后续值得探讨的方向包括两个：一是针对此类事件做普遍性的分析，以探索出微博上意见表达和信息建构的共性特征；二是分析微博议程与媒介、政府间的关系，以探索影响微博舆论走向的外部因素。

参考文献

邸洪旗，孙永兴（2012）:《“新媒体事件”、“新传媒事件”、“新媒介事件”辨析》,《传媒与艺术》，第 20 期，第 102-103 页。

何威（2009）:《网众与网众传播》，北京：清华大学出版社。

麦奎尔·温德尔（2008）:《大众传播模式论》(祝建华译)，上海：上海译文出版社。

魏武挥（2011）:《 网众传播：从信息爆炸到传播力爆炸》,《网络传播》，第 10 期。

王希杰（2004）:《汉语修辞学（修订本)》，北京：商务印书馆。

喻国明，李彪（2011）:《网络事件中元信息文本的议题建构与微观修辞研究》,《现代传播》，第 11 期，29-33。

杨伯溆（2008）:《新媒体和社会空间》,《青年记者》，第 16 期，18。

赵桂华（2010）:《“新媒体事件”与传媒公共性》,《新闻爱好者》，第 9 期。

中国互联网络信息中心（2013）:《第 32 次中国互联网络发展状况统计报告》，7，17。

Cobb, R.W. & Elder, C. D. (1971). The politics of agenda-building: An alternative perspective for modern democratic theory. *The Journal of Politics*, 33(4), 892-915.

Lang, K. & Lang, G.E. (1983). *The battle for public opinion*: *The President*, *the press*, *and the polls during Watergate*. New York: Columbia University Press.

McCombs, M. & Ghanem, S.I. (2001). The convergence of agenda setting and framing. In S.D. Reese, O.H. Gandy, and A.E. Grant (Eds). *Framing public life: Perspectives on media and our understanding of the social world*. Mahwah, NJ: Erlbaum.

★中国新闻传播学评论★

书　评

电报与互联网：传播技术与政治参与在中国的历史和现实

——评《中国网络政治的历史考察：电报与清末时政》①

任孟山②

引 言

华裔学者周永明的著作《中国网络政治的历史考察：电报与清末时政》其实只是英文版的半部书稿。该书的英文版名为 Historicizing Online Politics: Telegraphy, the Internet and Political Participation in China，分为界限明晰的两个部分，“第一部分考察电报对清末数十年政治的冲击和影响，第二部分关注互联网自 20 世纪 90 年代末对中国政治的影响”（周永明，2013, p.5）。

第一部分的研究，探讨的是电报与政治参与。这需要学术勇气，它要求研究者从历史文献中大胆探索与小心求证。事实也是如此，作者历时弥久来研读《申报》及其清末期间产生重要影响的其他报刊，探寻电报与新闻出版、公共舆论、政治治理、民族主义、社会动员之间的关系，特别探讨了“公电”（public telegraph）作为一种独特的政治文体方式，如何在清末政治中演变为政治传播、操控和动员的重要手段。

第二部分的研究，探讨的是互联网与政治参与。这需要学术慧眼，它要求研究者能够比其他同时代的人更早具有这个领域的问题意识。这本书的英文版由斯坦福大学出版社 2006 年推出，但其研究构想始于 1997 年，彼时的中国，只有 100 万人左右接触到互联网。直到该书写作完成时的 2003 年，中国也不过有 8000 万互联网用户，与当下 6 亿

---

① 本文是国家社科基金重大课题“国际传播发展新趋势与加快构建现代传播体系研究”阶段性成果，项目批准号 12&ZD017。

② 任孟山：新闻传播学博士，中国传媒大学新闻传播学部副教授，2012 至 2013 年美国宾夕法尼亚大学访问学者，研究方向为政治传播、国际传播和新闻评论，出版专著《国际传播与国家主权：传播全球化研究》、译著《互联网政治学：国家、公民与新传播技术》等。

多网民的盛况相差巨大。也就是说，在研究启动之时，现实还不足够丰富。作者通过1999年至2002年间进行的四次田野调查，以案例研究来描绘网络政治参与的诸多面向和形式，比如中国民间网络政治写手、知情的民族主义、在线权力协商、权力与互联网发展等。

无论是在发达国家还是在中国，电报与互联网都是具有较长历史时间差距的信息传播技术，两者的发明与应用相距一个多世纪。但是，两者跨越地理空间的技术秉性是相同的，两者对社会影响之巨大也是相似的。正因如此，作者通过采取“迂回”方式的历史考察与现实比较，展现了信息传播技术与中国政治参与之间的关系，“电报和互联网对中国社会最深远的影响在于帮助政治变成一种在中国历史上前所未有的公共事务”（周永明，2013, p.15）。

电报的清末际遇与历史参照

根据作者的研究，自1852年有关电报的知识传入中国到1881年底中国电报总局营运服务，中国费时30年之久才接纳电报。从“奇技淫巧”的贬斥到“破坏风水”的忧虑，从技术低估到控制担忧，从利益关切到政治胆怯，电报在中国被接受的过程漫长、艰难而时有历史反讽意味。不过，一旦成为既成事实，电报作为新传播技术的威力便迅速在中国蔓延。

首先，电报促进了报纸的快速发展与功用。电报在世界新闻史上催生了大型通讯社的诞生，相较而言电报对于中国新闻史的影响则滥觞于对报纸的促动作用。与快马加鞭的传统信息传递方式相比，电报以其传递信息的速度成为无可争议的新科状元。速度提升使得报纸的信息收取更为容易和便利，时效性的提高则加速了公共生活的即时反应，同时提高了报纸的政治与社会影响。“在电报之前，政治消息从北京到上海要花一周左右的时间。自津沪电报线于1881年末开通后，所需时间缩短到二至三天。报纸非常热衷于利用这种新技术。”（周永明，2013, p.67）报纸借助电报技术，可以提供越来越丰富的经济、社会和政治新闻，进而提高形塑公共舆论的能力。

其次，“公电”的产生使得民间的政治参与显性化和频繁化。按照作者的解释，“公电”又称为“通电”，是指以众多的受众为目标的一种电报，通常由明码电报拍发，或者刊载在报纸上，公开发表对某一问题的特定立场、观点或声明。第一批公电在1895年刊于《申报》，是台湾民众集体表达对清政府在《马关条约》中割让台湾的泣血悲情和“义不臣倭”的决心。此后，公电越来越多地被用于政治表达和政治参与。在清末的政治风云变幻中，无论是保皇派，还是立宪派，都借助公电申明自己的立场和主张，施加社会影响。在中国皇朝历史上最难能可贵的变化是，不掌握权力的民间力量可以通过公电的形式表达政治不满和政治态度，从而影响“居庙堂之高者”。这与街谈巷议论国事的“假政治参与”或“准政治参与”相比，是历史的大进步。

再次，作为政治参与的突出例证，公电的使用，与清末的民族主义动员紧密相连，在内患外忧之际，强化了民族国家的共同体意识。从反对美国的《排华法案》到要求清政府拒绝与美国续订新约，从呼吁抵制美货再到要求收回英国人手中的苏杭甬铁路修筑权，电报都发挥了巨大作用，通过影响公共舆论，将公众的情绪调动起来，进而令官员有所忌惮，民意成为政治决策的重要考量因素之一。

互联网的共和国机会与当代境况

与电报的历史际遇相比，互联网作为新信息传播技术在中国被接受的历史过程，绝对称得上是一出喜剧。从经济发展和参与世界信息经济竞争出发，以及以经济绩效提升执政合法性的政治考虑，都使得互联网在中国的发展获得了较好的社会机遇和政治期待。但是，由互联网引发的政治参与和公共舆论，或许是决策者当初决定快速发展互联网时所没有想到的。互联网这种新信息传播技术的发展结果显示，其威力不仅仅在于通过其经济秉性带来庞大产业，以及由此引发整个经济增长方式和经济组织管理方式的变化，还在于通过其媒体秉性带来舆论爆炸，以及由此引发对权力机构及其行为的压力，以至于影响到共和国成立以来惯有的权力产生模式和权力运行模式。

在本书下半部分的讨论中[①]，作者通过观察和田野调查，讲述了一些颇有趣味且具有典型意义的人和故事。它们都是政治参与的网络案例。作者的访谈对中国政治理念光谱中的左右人物均有涉及。无论是知识分子边缘群体的网络写作，还是体制内外精英群体的知识讨论，以及见多识广的知情者建构和拓展的民族主义叙事，都在以身体在场（为辅）和文本叙述（为主）来进行政治参与。

自互联网的舆论影响蔓延，就开始不断有人讨论互联网与政治参与之间的关系。乐观者多从技术进步主义出发，认为“权力与控制可能会对互联网施加影响，而不强大的群体可能借此提升反抗能力，他们的呼声曾在报纸与电视中缺席”（安德鲁·查德威克，2010，p.7）。“当国家权力企图控制网络时，网民和活跃分子会创造性地予以应对。在中国复杂的媒体环境下，人们并不是‘被俘虏的观众’，而是‘熟练的行动者’。他们熟练地使用网络，擦着‘官方认可的行动方式的边界’，合法地、正义地与网络控制讨价还价，巧妙地表达抗争”（杨国斌，2013，p.14）。但是，注重政治与社会分析的研究者，则提醒“当我们分析公民与国家之间的关系如何通过网络得以改变时，我们应该牢记新的政治实践不可能突然凭空出现，它是建立在过去打下的基础之上的”（安德鲁·查德威克，2010，p.63）。

虽然互联网的政治与社会控制无所不在（这不仅存在于中国，也存在于美国，只是出发点有很大差异），但从现有的发展境况而言，互联网在中国带来的政治参与变化，

① 参见英文版：Zhou Yongming，*Historicizing online politics: Telegraphy, the Internet and political participation in China*，Stanford University Press，2006，以及作者在互联网上发表的下半部分中译本：周永明的博客：http://blog.sina.com.cn/zhouyongmingusa。

确实有目共睹。郑永年认为，第一，互联网对国家和社会都进行了赋权；第二，互联网的发展产生了分权效果，即使存在数字鸿沟，也使得社会各个阶层都从中受益；第三，互联网为国家和社会靠近（或摆脱）对方创造了一个新的基础结构，成为开展政治的一个新论坛；互联网在国家和社会之间创造了一种递归关系，相互改造二者之间的互动（郑永年，2014）。这些论断，可以在一定程度上解释中国政治与社会背景下的互联网发展的势能与动能。

传播技术和政治参与的中国路径

关于技术与政治（社会）关系的讨论是一个经久不衰的话题。社会经验与政治实践在两个方面都有证明：信息传播技术影响和形塑了政治参与的方式、力度、烈度，从报纸到广播，从电视到互联网，莫不如此；另一方面，政治制度架构与权力运行方式决定着信息传播技术带来的政治参与的模式、广度、深度，从中国到美国，从中东到拉美，式样有所差异，但经验俱在。

就本书的行文和理念而言，作者更倾向于政治社会的决定因素，他不止一次地提醒读者："本书的关注重点不是技术，而始终是人类行为的主体性。正是以创造性方式在特定的历史条件下使用这些技术的人，让现代中国的政治更具有公共性，而非技术性独力使然"（周永明，2013）。确实，高估和低估技术因素都有学术风险。

不过，相比于发达国家，互联网引发的政治参与在中国引起的社会影响和社会想象更为强烈和高远。显然，这与中国现有的政治与社会背景相关。"在政治民主相对完善、政治自由相对充分的国家中，互联网只是提供了信息传播和动员的又一个有效出口而已；但在中国这样的公共领域并不发达的国家，互联网可能成为普通公民抵制官方信息垄断和发出声音的唯一出口"（胡泳，2008, p.24）。越来越多的事实已经证明，互联网越来越成为政治背景中的政治化的技术。但是，也不必悲观的是，这并不意味着网络政治参与的消失及其功能丧失，因为互联网在政治背景中作为社会化的技术也足够强大。

借助吉列尔莫·奥唐奈（Guillermo O'Donnell）和菲利普·施密特（Philippe Schmitter）的定义，有学者区分了政治自由化和政治民主化，两者的最大差别在于民主化需要一个结构上的变革，但自由化不需要，自由化可以在现有的政治框架内发生，即"自由化的威权主义"。因此，信息技术，尤其是互联网，为政治自由化提供了新的机遇，如果没有像互联网这样的新兴的信息技术的存在，那么一些特定类型的自由化，例如政治权力的开放性、透明度和政治责任，将可能无从保障（郑永年，2014）。

在某种意义上讲，这是渐进主义理念的表述。它意味着，我们不能仅仅着眼于终极目标到底还有多远，或者多么美好，而是还要将眼光放在纵向的历史比较上，看是否有进步，或者是否距离目标更近了一些。或许，有些人并不认同或者不甘心认同这个理念，但这是当下和短期内可以看到的事实。甚至可以说，这就是互联网在中国当下的境况，它隐喻着传播技术与政治参与之间的中国路径：设若没有制度架构上的根本性变化，传播技术在政治参与中的使用多一点还是少一点、作用大一点还是小一点，取决于普罗大众与上层政治的互动博弈。

结　语

在近现代中国的历史进程中，德先生和赛先生作为西方来客，虽然在中国被安排的象征位次等同，但受到的真实礼遇却一直具有巨大差别。这在当代中国更为凸显，互联网的发展即是一例。如果说电报作为新信息传播技术的采用与发展，受制于当时清朝末期的半殖民状态，在初始阶段受到了西方帝国的各种压力；等到引进和发展互联网这种新信息传播技术时，则是中国力图赶上世界潮流唯恐被西方发达国家甩在后面，这已经完全是另一种景象。

不过，与报刊、电报、广播、电视等信息传播技术不同的是，互联网是唯一一种在共和国成立之后诞生的信息传播技术，这意味着没有评估其政治能量的历史经验和有效工具，还意味着没有可资参照的信息控制模式与方式。于是，互联网的政治参与在中国呈现出爆炸状态，群情涌动，但很快就吸引来了舆论调控、舆论引导、清洁互联网等。可是，即便如此，这个时代的权力再无可能绕过互联网，不论是个人还是组织，忽视网络舆论与网络参与将会损失其合法性。

“正如某些主要的思想家在论述权力时所指出的，依据我们的历史经验，这个世界的社会权力来源——暴力与话语、强制与说服、政治控制与文化框架——并没有发生根本性的改变。但是，权力关系运转的地形图已从两个重要方面发生转变：主要围绕全球与地方的接点构建权力；主要围绕网络（networks）而不是个体单元来组织权力。……网络社会的权力是传播权力（communication power）。”（Manuel, 2008, pp.50-53）从这个角度讲，互联网的政治参与就是传播权力在当下中国的体现，正如作者所说：“互联网肯定会继续为中国人用以拓展政治参与的空间，但在未来的年代里何种政治将是他们关注的焦点——是自由民主、民主主义，还是别的什么，只有历史才能知道答案”（周永明，2013, p.200）。结合目前的中国政治现状与社会舆情，作者这句写在近十年之前的结语好像没有过时。

参考文献

安德鲁·查德威克（2010）：《互联网政治学：国家、公民与新传播技术》（任孟山译），北京：华夏出版社。

周永明（2013）：《中国网络政治的历史考察：电报与清末时政》，北京：商务印书馆。

胡泳（2008）:《众生喧哗：网络时代的个人表达与公共讨论》，广西：广西师范大学出版社。

郑永年（2014）:《技术赋权：中国的互联网、国家与社会》（邱道隆译），上海：东方出版社。

杨国斌（2013）:《连线力：中国公民在行动》（邓燕华译），广西：广西师范大学出版社。

Manuel, C. (2009). *Communication power*. Oxford: Oxford University Press Inc.

Zhou, Y. (2006). *Historicizing online politics: Telegraphy, the Internet and political participation in China.* Stanford: Stanford University Press.

"行动者"归来：中国调查记者研究的新路径

——评《以新闻为业：当代中国调查记者的职业意识研究》

陈科[①]

一

新闻记者的职业意识是什么？每一名记者都能说得出——能对其"职业意识"进行朴素言说——总结个人与新闻理想的距离远近、职业角色与身份的偏差纠结、业务操作与中外同行比较的经验得失等，但不一定道得明——对于它包含哪些构成要素，尤其是这种"职业意识"与新闻职业、国家、社会政经结构之间有何关联等问题，却又常常语焉不详。

白红义博士的新书《以新闻为业：当代中国调查记者的职业意识研究》，以调查记者群体为分析样本，开宗明义地将"职业意识"界定为"一套完整的信念体系和……价值系统，内化成为记者日常新闻生产的一种指引"（白红义，2013a, p. 49），并构建出"记者对媒介功能、职业角色以及自我身份的认知与理解"（白红义，2013a, p. 49）的分析维度，逐一考察调查记者对新闻、职业与自我的看法。从职业角色认知引向自我身份认同，再到媒介价值判断，白博士笔下的"职业意识"犹如一把钥匙——能够打开记者职业生涯中"个人"、"行为"和"情景"互动关联的钥匙，既能让我们看清和理解作为"行动者"的调查记者在个人行动时所面对的种种限制，又能看到"行动者"对社会结构等宏观要素的突破。从某种意义上而言，对中国调查记者"职业意识"的解读，就是对中国新闻业近三十年来国家、社会结构转型的微观解读——将记者作为"行动者"的观察研究，无疑是抓住了常见之物中的不寻常之处。

① 陈科，华中师范大学新闻传播学院讲师，博士，电子邮箱：Kechen1978@126.com。

以当下新媒体对纸媒的冲击，继而产生的传统新闻业及记者群体的转型为界，将新闻记者的“职业意识”作为研究聚焦点，从强调记者作为“行动者”具有的能动性，到从侧面再现宏观社会结构变迁与中国新闻记者“微观行动”之间互动关系的研究，一直是相对薄弱的领域。概因记者的“职业意识”研究过于个体和微观，不如组织和结构研究那样受到重视；加之多数学者缺乏业界经验和切身体验，若无深度访谈及信效度俱佳的问卷分析，观察与批判必有失偏颇，分析不能令人信服；而业界记者虽体验感悟鲜活生动，但大多缺乏学理支撑，分析经验体悟又缺几分学理洞见；同时拥有业界经验与学界理论素养的研究者又不多见。白红义博士在研究身份上恰好弥补了以上的缺憾，他既有媒体从业经验，拥有大量“同行”资源及访谈便利，又有政治学、新闻学等理论积淀，是新闻记者“职业意识”研究的合适人选。他选择调查记者的“职业意识”作为研究对象，从“个体行动”的能动层面，来观察社会组织、宏观结构对微观个体的影响，真实再现了新闻职业化的个体发展路径，也从调查记者的具体行动这一微观层面反观“个体行动”对宏观的新闻业结构之影响，无疑是找准了观察中国现代新闻业“结构与行动”关系这一社会学经典问题的关键。这一问题在当下具有重要的现实意义：它既能解释白博士感兴趣的个人困惑——调查记者为何选择新闻行业，又为何离开？也能解释这一类社会困惑——中国的调查记者为何有身份认同之惑？新闻行业算不算职业社会学意义上的职业，它究竟该肩负何种社会责任和遵循何种职业规范？职业权威的边界何在？

二

当下中国新闻界有个日益凸显的话题：体制内、外的记者或者党媒记者与市场化媒体的记者越来越呈现出两个“话语圈”的趋势（石扉客，2010）。尤其是记者群体中的调查记者，更因其新闻专业主义理念的阐释与践行的不同，使得这种分裂的趋势更加显著。新闻记者“文人论政”的传统和“西方新闻自由主义”理念与建国后“党的宣传喉舌”、“知识分子”自我认知，及市场化发展后出现的“新闻民工”等身份、角色认知糅杂在一起，构成了当下中国媒介多元化的角色认知。传统“喉舌”定位的党报和时下倡导“公共新闻”取向的媒体，加上带来传播革命的新媒体，在当下的中国语境中形成了一副光怪陆离的职业生态。

面对作为职业的新闻业，中外新闻界都面临着一个困境——不仅对该职业本身认识不足，同时也缺乏对它履行的社会功能的理解与共识。这种理解缺乏主要体现在不同人对新闻职业的社会重要性认知，以及对其范畴、结构及技能要求的认识相差甚远（胡尔夫·董仕巴，2010）。这种积累性的认知差异，遇上急速变迁的国家与社会之间的复杂互动，就会使得人们对新闻职业身份和新闻业的范畴的认知更加模糊。在当代中国的语境中，媒体和记者在制度、功能设计上异于西方媒体，即便是舆论监督，也终被作为治理的技术（孙武三，2003；夏倩芳，2013）。中国的新闻工作者经常无法对自己的职业做出准确的角色定位和身份认同，使得记者群体日益分裂，最终导致他们对自己所承担的社会责任、价值理念和规范伦理等出现认知分歧与践行异化。这固然有中国新闻业传统的影响和借鉴西方传统的水土不服的一面，但也与中国新闻记者对职业化、专业化的发展认知和路径选择关联密切。

调查记者无疑是呈现中国新闻业职业发展问题的关键群体。调查记者分裂的角色认知已经凸显了当下中国记者的职业困境。一方面是媒体记者的社会地位下沉，处境堪忧，记者常以“新闻民工”自嘲；另一方面，则是记者职业伦理失范、职业理想沉没，操作日益功利化，直至出现职业倦怠和职业转型。“社会良心”沦为“弱势群体”、“生存现状”谑比“新闻民工”、“理想死了”渐成“行业之病”、“按需写稿”成为“功利首选”。如果这仅是记者“职业焦虑症候群”的片段描述，揭示了记者责任意识、规范意识和操作意识的混乱，那么一种更为隐蔽的组织、体制之困，更造成了职业发展的窘境（陈科，2013）。白红义在书中对造成这种调查记者群体的职业生态和职业意识的媒介体制困境有深入的分析，既让我们对调查记者这一职业群落有了“去神秘化”的认知，又让我们对造成职业困扰的制度组织肇因有了深刻领悟。

白博士在其书中，将调查记者群体作为中国调查性报道制度化现象的突出典型，在分析和总结了中国记者研究的三种路径（专业主义路径、国家 - 社会关系路径和政经分析路径）的利弊得失基础上，提出以“理解”行动者的质性研究方法——生命史的研究方法，来探索记者如何“建构”起自己的职业意识，及这种职业意识是如何被形塑的问题，以此超越传统的“职业意识”量化分类的研究。其重点是透析影响职业意识形成的要素，“以记者个人的生命历程与实践作为研究主题，借由当时的社会情境与历史脉络、媒介场域与记者个人的生命 / 从业经验，理解记者的职业选择与实践因素”（白红义，2013a）。通过这一半结构式的访谈法，作者将研究对象的口述资料作为理解和诠释记者职业的“具象资料”，将调查记者作为“拥有一套解释世界的逻辑以及经验世界方式”的“阐释的社群”，既考查他们所属职业共同体的意义分享方式和思考方式，也考查他们建构职业理解的“限制性逻辑”。

在白博士所界定的“职业意识”概念中，对媒介功能的理解是新闻记者从事新闻工作的基础，决定着职业发展路径；对职业角色的理解决定了新闻记者在新闻实践中如何实现自身对角色的期望；对自我认同的理解会影响记者的职业角色认知并使之对媒介的价值产生重新判断。遵循这一核心概念的逻辑，《以新闻为业》一书的章节安排也围绕核心概念的三个层次而展开，并初步形成了针对以上三个问题的研究结论。

中国调查记者对媒介功能的理解，除“党的喉舌”传统定位外，也开始部分认为应履行公共领域的职能。受三十年新闻业变迁的影响，对媒介功能的理解，先后经历了国家意识形态说服、教化、凝聚共识的功能，代表市民社会中独立于国家之外的社会公共舆论和遵循商业逻辑进行资本增值的异质混杂的社会功能认知，并逐步在中西方比较中认同媒介还具有“第四等级”、“看门狗”、“公共领域”等公共表达的职能。

在职业角色的认知上，调查记者的“倡导者”和“中立者”角色认知并存。“文人论政”和“喉舌”的传统是倡导角色认知的根源，舶自西方的“新闻专业理念”则是中立角色认知的源头，这也分别造成了调查记者群体替“弱势群体”代言的倡导鼓呼，遵循新闻专业主义理念而倡导客观、平衡、中立价值的认知特点。但中国新闻业的“专业化”实践的根基也并不牢固，易受社会化媒体和网络民意的干扰。

在中国调查记者的自我认同中，也因市场化考核与生存压力滋生出“新闻民工”的身份认知，并与传统的知识分子认同、宣传干部身份并存于市场化媒体和党媒之中。这三方面的结论无疑是对中国当下调查记者职业意识状态客观且富有洞见的分析。

何种因素塑造了调查记者的职业意识？该书也从个体、组织和社会三个层面，对记者个体职业生涯的发展影响做了研究设计，并对职业意识的世代差异的研究意趣作了详细说明。比较不同世代记者，在不同的历史时期的社会及媒介环境下的工作认知与实践，在经历了不同的政治经济、媒介产业变迁之后，对新闻工作产生的不同的理解和认知，是一个更为有趣的话题。中国调查记者能否被划分为不同的世代？记者个人的成长经验与精神世代之间是否可以契合？这些问题都是该书作者下一步的研究计划，充分显示出作者的研究谋划与周密思虑。

三

白博士的研究结论很快得到了一些最新研究成果的证实与修正。中山大学张志安、香港城市大学沈菲首次通过针对中国调查记者群进行全样本问卷调查的数据，分析调查记者的媒介角色认知及其影响因素。研究发现：调查记者的媒介角色偏向于“传播信息”和“调查、解释”；个体因素对调查记者的媒介角色认知及其对新闻价值的认知均没有显著预测力；调查记者所在的地域差异对其媒介角色认知有一定影响，相对来说，党报机关报的调查记者更偏重“鼓吹民意”，市场化都市报记者相对偏向“满足受众和宣传引导”的媒介角色，新闻杂志的调查记者偏向“批评与质疑”（张志安、沈菲，2013）。[①] 这项研究既从记者角色这个视角揭示了新闻专业主义理念如何具体形塑从业者的职业观念，又揭示了行政和商业取向不同的媒介（党报机关报、市场化都市报、市场化精英报）及其从业者角色认知的异同。

此后白博士又以“知识分子”或者“新闻民工”的身份焦虑为视角，细致探讨了调查记者群体的自我认同。研究发现，尽管调查性新闻经常被描述成一种需要与权势对抗、强调自主性与正义感的专业，实际情况却是，新闻无法真正地被独立、深入地报道，来自政治、商业甚至“民意”的压力都有可能对调查记者的工作造成困扰。调查记

① 张志安、沈菲（2013）：《记者、传媒与新闻专业主义——中国场域中的现实建构与社会控制》，《中国记者和传媒的职业化——历史轨迹与现实张力》电子书稿，第 7 页，未刊发版。

者兼具知识分子和新闻民工的身份感知（白红义，2013b）。这项研究比较贴切地反映出中国调查记者身份认同的复杂生态：传统的知识分子角色在弱化，新闻专业主义的自我认同尚未完全建立共识，生存压力和职业倦怠又迫使他们面临着“新闻民工”的身份尴尬。这两项最新研究成果也更为全面立体地呈现了调查记者之惑。

这一系列研究，也引发了笔者对中国新闻记者“职业意识”话题的进一步思考。

首先，是对“职业意识”核心概念的探究。白博士关于“职业意识”三层次内核——功能认知、职业角色和自我认同的架设，虽从社会、职业和个体三个重要维度对“职业意识”进行了界定，但“操作规范”等实践层面的意识也应受重视。

笔者认同白博士的价值系统之说，“职业意识”是新闻记者对于媒介功能、职业角色、身份认知、规范伦理等认知理解的一套完整的观念体系，及将新闻工作合法化和赋予意义的价值体系。但这种观念及价值体系应该包含以新闻职业为原点，向内和向外两种向度的意识。向内的观念意识（简称为内部性意识），就是以新闻职业内部规范为考量，包含对“什么是新闻”等问题的基本判断、新闻价值观，对新闻工作的看法、评价、理想、满意度，以及新闻职业道德规范及伦理等。向外的观念意识（简称为外部性意识），是从新闻职业与其他社会主体之间关系的比较中认知的，如新闻记者的角色身份，新闻媒介对国家、社会、民众的责任及其功能等。这两类意识都会反映到职业操作意识中，并实际指导新闻从业者的职业言行。而最后通过新闻生产流程呈现出的新闻作品，也可印证或反作用于前两种意识，使得“职业意识”在实践中不断被呈现、修正和发展（陈科，2013）。

影响“职业意识”的，既有外部规范性权力机制的影响，如国家、媒介组织等，也有记者、记者群体、专业社区内部自主性发挥的影响，如记者的个体成长环境、专业社区对记者的影响等。职业意识中内部性意识区域，涵盖个体及组织层面，它更强调职业自主性和专业社区自治，也就是从行业本身出发，建立专业的排他性知识体系，评价和监督专业的合法性权力。而外部性意识更强调国家、社会或行业团体对新闻职业的评价与控制。从这个意义上而言，职业意识仅考察记者的阐释与言说，而缺乏对典型报道文本及业务争鸣、反思文本的解析，少了一种互证的力量。

其次，自我认同中“知识分子”和“新闻民工”的简约划分，易造成非此即彼的错觉。现实中就存在着党报调查记者既不认同自己是知识分子，也不认同“新闻民工”或“雇工”的认知。中国的调查记者也存身于中国记者四类族群中，有人将这种类型以诙谐的方式描述为：老大是搞宣传的，老二是弄产业的，老三是当劫匪的，老四是干新闻的。老四最命苦。他们栖身于市场媒体，面带饥色，首如飞蓬，栖身荒村野店，采访断壁残垣，好容易憋出独家报道，半夜手机一震，十之八九“毙了”。人所谓：“理想只能管吃饭，六环之内不买房。举家食粥酒常赊，月底不见丈母娘。”（潘采夫，2013）此分类虽有戏谑成分，但却勾勒出了中国记者群体的分层状态，不仅话语圈子不同，族群各异，立场也有别。因此，《以新闻为业：当代中国调查记者的职业意识研究》一书中相对简约的身份认知划分是不能涵盖当下记者的自我认同的。更何况中国调查记者内部也存在多元分化的群体类型，能否构成一个统一的阐释社群，本身也是一个值得商榷的问题。

再次，依照白博士书中留下的研究线索，大致也可以勾勒出中国新闻记者的职业意识变迁轨迹。总体而言，中国新闻记者的职业意识在各历史阶段都是多元共生的，虽然“党管媒体”的铁律使得媒体记者一直肩负着“宣传喉舌”的职责，但是对“宣传”功能的超越，也一直是职业意识发展的另一条线索。

这种超越是多维度的：有从党内民主的角度，以“进谏”的方式延续儒家士大夫的传统，直陈时弊的；有以启蒙知识分子的角色使命，冲破宣传体制潜规则的；有在反思和批判“极左和集权”思想基础上，提供“以多抗一”立体新闻信息的；也有秉承“政治家办报”原则，寻求宣传与报道平衡法则的。

随着市场经济作为另一牵制国家与新闻业发展的力量的介入，这些职业意识中又呈现出新的变化。首先，市场的发育使得尊重读者和建立媒介经济学成为可能。其次，借经济和新闻改革，用微小的平民话语和图语优势，消解意识形态僵硬话语的实践效果显著，对人和“人性”的尊重与满足成为职业诉求，平民化的视角之下一系列纪实理念和技法得到彰显。再次，也有秉承启蒙思想，继续鼓呼“用新闻影响今天”的理念，追求真相和记录历史成为不少新闻人的理想。而市场经济的发展使得透明、公平和公正成为社会所需，政治改革的停滞，使得媒体人不断呼唤守望公众利益，一群“扒粪人”以其胆色和意志，为公众呈现历史与现实真相，参与到对弱者利益的维护和公民社会的推动进程中。总之，为了抵御政经力量对专业的侵蚀和弥合分裂的职业共同体，基于小范围以“共享意义和价值”的阐释社区在不断发展。中国新闻记者的职业意识面貌是“传统与现代并存，保守与超越共生”（陈科，2013）。

在这一过程中，市场力量是同时具有“解放和消解”双重意义的因素。它既有促成中国新闻记者职业意识的觉醒和自主性的开掘的作用，为其发展提供了机遇的一面，同时也有消解新闻业自主性的另一面。媒介的市场化管理导致了绩效考核等微观制度对职业自主性的束缚，造成新闻劳动的异化，而激烈的市场竞争也使得媒体对市场的争夺越来越倚重国家及其资源分配，新闻人的职业人格不得不随着市场化生存发生逆转。新旧媒体的市场较量也使得新闻人的职业转型成为热门话题（周翼虎，2011；王维佳，2011；夏倩芳，2013）。

各历史阶段记者的职业意识，其实质是新闻记者与国家、市场与新闻业之间互动博弈，并进行价值内化的阶段性结果。新闻记者的职业诉求、人格心理与价值观念互动博弈、相互缠绕和沉淀，最终外化为“职业意识”这一价值观体系。简言之，新闻记者职业意识的变迁，就是时代对价值观的影响在新闻业中的呈现。职业价值观的变迁是职业意识变迁的内在维度。

对于呈现中国调查记者职业意识的构成及发展变迁，白博士的新书无疑是基于“行动者”视角观察时代宏观结构变迁的佳作，也为中国新闻记者的职业意识变迁及记者世代研究提供了极有价值的启示，值得研究当前中国新闻职业状况的学者参考。

参考文献

白红义（2013a）:《以新闻为业：当代中国调查记者的职业意识研究》，上海：上海交通大学出版社。

白红义（2013b）:《知识分子抑或新闻民工？当代中国调查记者的自我认同研究》，载《中国记者和传媒的职业化——历史轨迹与现实张力》，未刊稿。

陈科（2013）:《改革开放以来中国新闻记者的职业意识变迁研究》，未出版博士论文，武汉：武汉大学。

潘采夫（2013）:《中国记者的族群分析》，取自凤凰网评论专栏，http://news.ifeng.com/opinion/zhuanlan/pancaifu/detail_2013_10/31/30827673_0.shtml?_114sobiaoqian，检索日期：2013 年 10 月 31 日。

孙五三（2002）:《批评报道作为治理技术——市场转型时期媒介的政治—社会运作机制》，载《新闻与传播评论》，第 123-138 页。

石扉客（2013）:《两个话语圈》，取自石扉客的博客 http://shifeike. blog. caixin. com/archives/52436。

夏倩芳，尹瑛（2009）:《大陆媒体绩效考核制度下新闻专业的实践逻辑：国家—市场之外的视角》，香港林思齐东西学术交流研究所工作论文。

夏倩芳（2013）:《中国大陆新闻人“挣工分”的政治》，载《中国记者和传媒的职业化历史轨迹与现实张力电子书稿》，未刊发版。

王维佳（2011）:《作为劳动的传播——中国新闻记者劳动状况研究》，北京：中国传媒大学出版社。

周翼虎（2011）:《中国超级传媒工厂的形成：中国新闻业 30 年》，台湾：秀威资讯科技。

张志安、沈菲（2013）:《记者、传媒与新闻专业主义——中国场域中的现实建构与社会控制》，载《中国记者和传媒的职业化——历史轨迹与现实张力电子书稿》，未刊稿。

宣传，正当性何在？

——读《宣传：观念、话语及其正当化》

苏涛[1]

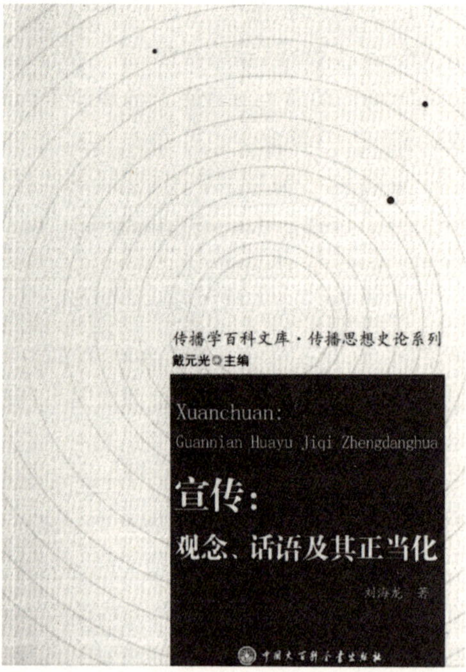

宣传是一种普遍存在的传播现象，历史悠久而又极具现代性；宣传是一种影响深远的传播观念，它不仅深刻地形塑着社会的传播制度，也不可避免地影响到生活其中的每一个人；宣传还是一种具体的传播实践，有人嗤之以鼻，有人却趋之若鹜……

日常生活中，尽管大家都在频繁使用“宣传”这个概念，但对“宣传”概念及其所指称的观念和现象的不同解读，导致了“一千个人眼中有一千个‘宣传’”。以至于“宣传”这个如此重要的概念，总是显得似是而非，难以言说。

那么，宣传的概念是如何产生的？不同的宣传观念如何作用于传播实践？宣传的正当性又何在？刘海龙博士的新著《宣传：观念、话语及其正当化》(以下简称《宣传》)所要着力回答的就是这些疑问。他从话语分析的角度，深入到历史的细微之处，以冷静理性的笔触，展开鞭辟入里的分析和论述，最终为我们呈现了一次宣传观念与话语的学术探索之旅。

一、问题意识：宣传的正当性何在？

日常生活中，宣传现象无处不在，我们每个人都深受影响。那些无法避免而又复杂交错的宣传现象，足以让人感到困惑，甚至愤怒和恐惧。正如作者在后记中所提到的自己从小就有的感受：“黑板报、革命歌曲、政治思想品德课、大喇叭、英雄故事、红领巾、先进事迹报告团、自我总结、操行品德的评分、新闻联播、广告……这些日常生活中司空见惯的事物从哪里来，为什么存在，有何功能，其正当性何在？”正是这些困惑，激发了作者对宣传问题的研究和探索。

① 苏涛，中国人民大学新闻学院博士研究生，电子信箱：yun2006nan@gmail.com。

当宣传被认为是一种无损于个人自由或民主的实践时，宣传活动便被认为是正当的和必要的，可以在社会中畅通无阻。但是当人们对宣传的正当性产生质疑时，宣传活动便会以其他形式曲折地渗入正常的传播活动。道理似乎很简单，但在社会层面，为什么公众会对他们并不信任的大规模宣传活动（包括政治的和经济的）采取容忍态度？

在现代政治环境下，任何社会体制如果没有被统治者同意，都无法长久存在。但作者发现，在宣传实践的背后还存在一种特殊类型的知识，为其提供支持。这种知识除了从不同角度对宣传现象进行建构外，还有另外一个特征：对宣传的正当性做出解释和辩护——这构成了宣传的正当化过程。正是这个过程，使宣传能够变换不同的形式并继续存在下去。那么，宣传话语究竟是如何维持其正当性的？这是《宣传：观念、话语及其正当化》一书的作者面对复杂多变的宣传现象，提出的一个核心问题，也是全书的主要问题意识所在。

作者试图通过对 20 世纪宣传观念的变迁考察，在历史中去寻找答案。他认为宣传的正当性问题，不仅关涉掌权者如何通过暴力机器对既有体制进行控制，更重要的是，也关乎知识的生产如何为这一体制服务。不同的政治体制，在面对这一问题时，需要应对不同的挑战。对于民主政体来说，它化约为“宣传与民主”的矛盾；而对于非民主政体来说，则是“宣传与革命”的问题。

第一次世界大战期间，由于缺乏对大众的信任，以及在战争状态下所持有的国家利益和理想主义情怀，战前曾积极揭露政府和大公司宣传的“进步主义者”，在战争中却成为自己曾经反对的意识形态操纵者。他们使用同样的技巧，积极地传播对自己有利的信息，有些信息甚至是谎言，同时对那些不利于自己的信息进行审查。“进步主义者”在战争中所表现出来的言行矛盾，以及宣传在理想与现实中的两难处境，引起人们对宣传的极大困惑和怀疑：宣传与民主能否共存？

美国人爱德华·伯内斯（Edward L. Bernays）第一个明确提出宣传与民主可以共存，并从政治学和心理学两个方面展开论证。在政治学维度，伯内斯认为现代民主社会的选择过于多样，无论对于统治者来说，还是大众来说，都造成了某种程度的混乱。宣传正是通过建立某种共识，使混乱变得有序。社会也因此得以更顺利地运行，不至于由于分歧而崩溃。在心理学维度，伯内斯认为，大众缺乏理性、易被暗示支配、破坏性强，对社会秩序非常危险。驯服大众，因此成为一个理所当然的任务。在社会实践中，伯内斯也以“公共关系”名义，以一种中性的、专业服务的新形象为宣传提供了正当性的论证。虽然此类研究因有意忽略了“谁的秩序”、“何种秩序”这类更关键的问题而显得暧昧、存在论证缺陷，民主政治体制还是通过对表述自由原则的重申，以及将现代宣传整合进自己的实践中等手段，逐渐改变了人们对宣传的恐惧，建立了宣传与民主可以共存的观念。

苏联则建立了一体化的宣传体制，并以此自证其正当性。一体化的宣传体制对国家利益的强调超过了对公民个人表达权利的保护，对统一思想的追求超过了对社会多元与宽容的追求。然而，作为一个整体工程，每一个局部宣传的成败都与宣传的整体效果休戚相关。为了保证整个宣传体系的效率，最理想的解决方案就是将苏联封闭起来，建立一个自我证明的符号宇宙。为了证明这个符号宇宙的正当性，必须完全否定其他符号宇宙存在的可能性与正当性，营造起一个非友即敌的革命氛围。一体化宣传体制有效性的前提是各部分的合法性都得到公众的承认。当任何一环出现问题，公众就把罪过归因于整个政权，并对整个宣传体制的所有部分产生怀疑。所以，当戈尔巴乔夫提倡“公开性”、放松了国家对于信息系统的管理，公众长期被压抑的不满得到释放时，他们便将所有社会矛盾的原因归结于政权本身，最终导致公民对社会制度和国家认同感的瓦解。

通过历史的比较分析，《宣传：观念、话语及其正当化》一书的作者认为，作为人类社会两种主要的宣传观念或技术，无论是“一体化宣传模式”，还是“科学的宣传模式”，都源于现代民主体制与权力控制之间的冲突，都是现代社会治理技术的产物。所以，宣传的正当化，归根结底就是在个人自由和国家利益之间寻找一个精英和公众均可接受的中间点。也就是说，宣传的正当性取决于是否能在传播效率（或社会团结）与公民个人自由之间实现合理平衡。

以此来反观现实，作者认为，比较而言，一个通过一体化宣传体制管理的社会或许可能具有高效的社会传播和动员机制，但是它同时也牺牲了社会成员的选择自由，最终削弱了国民的支持和国家实力；而尽管“科学”的宣传观念并不理想，但至少在尊重个人自由方面，还是优于一体化的宣传观念，因此也更有助于维护传播效率与个人自由之间的平衡。

二、话语分析与知识社会学取径

从学术研究的角度来说，概念是理论和研究方法的基本单位和出发点。曼海姆（Karl Mannheim）在他的知识社会学理论中，尤其强调以概念为切入点考察不同观念与社会语境的关系。在他看来，任何个人所具有的观念都不可单纯从心理学或个人生活史的角度加以解释，必须要放在思想产生的社会集体行动中分析。否则，如果不对思想观念与特定语境和关联群体之间的关系进行详细说明，我们所得到的就只是一些思想的碎片，而无法赋予它们以任何可靠的意义。

宣传，无疑是一个帮助我们理解传播现象，乃至政治、经济现象的关键概念。刘海龙博士抓住这个关键概念，同时采用知识社会学的分析方法，把“宣传”作为一个客观实在，把“宣传的话语”作为人们对宣传现象的社会建构（即人们如何思考和谈论宣传）来加以分析。

《宣传：观念、话语及其正当化》一书显然不是一部关于“宣传”的“概念传记”。对历史的回溯，是为了深入自20世纪以来影响中国宣传观念变迁的国际语境，以及中国政治文化精英们的宣传观念变化的历程和脉络。宣传活动受人的观念支配。因此，作者认为，要理解中国百年来的宣传，必须先理解宣传观念的变迁。作者把对“宣传”的发问，指向中国的历史与现实。在全书关于宣传观念与话语的考察中，始终贯穿着这样一个追问：中国的宣传观念来自哪里，它将向何处去？

作者认为，自 19 世纪末中国被迫卷入现代世界政治体系之后，中国宣传观念的变迁受到苏俄、英美两股力量的强烈影响。在这两种影响下，中国政治精英结合国情对它们进行了创造性的转化。20 世纪初期，国共两党都把苏俄模式（一体化宣传模式）奉为圭臬，而后来国民党对这一模式的背离，以及共产党对这一模式的强调，影响了国共内战的最终结果。共产党的胜利，标志着苏俄宣传观念在中国的地位被进一步确认。直到 20 世纪末，这一状况才发生变化。近年来，随着中国进一步开放，不论对国内还是国外，苏俄宣传观念已难以奏效，而以政府公共关系、危机管理、新闻发言人制度等新的宣传方法为代表的美国模式（科学的宣传模式）逐渐得到重视，并有逐渐取代传统苏俄一体化模式的趋势。

对宣传研究而言，最大的障碍在于宣传话语的多变和难以捕捉。为了追求传播效率，宣传侵犯了个人的自由。而且，这种侵犯往往打着言论自由的旗号，以改变个人的信息环境或选择标准为代价来进行。人们由此逐渐对宣传产生警觉。纳粹德国在二战时期的宣传活动加重了这种警觉，使西文中的“宣传”（propaganda）一词开始背负更多的负面色彩，直至后来成为话语禁忌。然而，对“宣传”概念的压抑，带来的不是宣传活动的减少，反而是相似概念和知识的大量增殖。在这个过程中，作为一种知识的宣传话语正式诞生——宣传话语本身生产着一种特殊知识，从而为自己的正当性辩护。

曼海姆认为，只有在不同的社会观念相互冲突时，才会打破理所当然的绝对性，它们各自的偏见和不足才会更清晰地显露出来。在刘海龙博士看来，由于时代与利益群体造成的不同宣传观念和话语的“不足”，反而成为有益于研究的工具。所以，宣传话语的冲突与竞争始终是《宣传：观念、话语及其正当化》一书关注的焦点。该书所呈现的宣传观念与话语的相互折射，为我们获得更加综合的宣传知识提供了新的视角和路径。

三、面对宣传，我们如何自处？

作为现代社会一项基本治理技术，宣传不仅是现代性的影子，也是权力的影子。就此而言，在现代世界已经不可能建立起一个完全没有宣传的国家。即便是宣传研究，也与权力之间存在千丝万缕的联系——权力为了自身的畅通无阻，不仅占据了实践领域，而且还企图将学术领域变成其殖民地。从这个意义上来说，宣传研究也为反思知识与权力的关系提供了一个宝贵的机会。作者对宣传的研究，正是通过对宣传观念及其话语方式的剥丝抽茧，起到福柯所说的“权力的减速器”的作用——通过分析、清理、揭示，反思权力的恶，追求学术的独立。

吊诡的是，宣传现象不仅来源于现代社会的发展——现代化使宣传成为任何国家无法摆脱的社会现象；它还来源于个人的自由——只要存在个人选择的自由，追求传播效率最大化的宣传就一直会存在。诚如卢梭所言：人是生而自由的，但却无往不在枷锁之中。所以，《宣传：观念、话语及其正当化》一书的作者认为，一劳永逸地消除宣传几乎不可能，重要的是如何通过制度、伦理和公众的媒介素养驯化宣传。在他看来，今天对实现传播自由的真正威胁可能是信息接收方。重要的是如何使那些被诱惑的或入戏过深的公众，重新意识到公民的责任——宣传的接受者也要在传播过程中履行自己的义务：理性思考、谨慎判断。在这个意义上，宣传研究的价值，不止于对宣传观念和话语的溯源穷流，更是深受宣传影响的公众进行反思和自我教育的一条通衢。它提醒我们更加耐心细致地关注当今的思想控制技术对公民自由的威胁，以将其危害降低到可接受的程度。作者认为，批判的宣传研究是提高公民素质，减少宣传危害的关键环节。对于宣传现象，既然我们无法摆脱它，就必须了解它，从头到尾看透它所有的伎俩。从这个意义上说，刘海龙博士的研究为我们思考和应对宣传，为我们反思在大宣传时代如何自处，提供了一面审视以及自省的镜鉴。

在剖析人类交流之困时，彼得斯（John Durham Peters）这样说：“无论‘交流’是何意义，从根本上说，它是一个政治问题和伦理问题，而不仅仅是一个语义问题。”这里，借彼得斯的措辞来总结宣传之困：宣传也不仅仅是一个概念问题，而是永远都是一个政治、权力和伦理问题。在对这一复杂命题进行不断探寻的过程中，刘海龙博士的这部著作将是十分重要的一部开拓性文献，必将激发更多的后来者。

参考文献

彼得斯（2003）：《交流的无奈：传播思想史》（何道宽译），北京：华夏出版社。

郭中实（2008）：《概念及概念阐释在未来中国传播学研究中的意义》，载《新闻大学》，第1期。

刘海龙（2013）：《宣传：观念、话语及其正当化》，北京：中国大百科全书出版社。

数字时代的瓦尔登湖

——《群体性孤独》译后记

周逵①

在上世纪 70 年代末、80 年代初，刚刚进入麻省理工学院开始教学科研工作的 Sherry Turkle 见证了人类历史上独特的一刻：机器开始让人们重新用不同的方式思考人类思维、记忆和理解力的含义。计算机激发人类进行自我反思。为了向西蒙娜·德·波伏娃②致敬，Sherry Turkle 将自己在 1984 年出版的第一部著作命名为《第二个自我》（*The Second Self*）。

在《第二个自我》这本书发表后的数十年中，人们与计算机的关系发生了剧烈的变化。在上世纪 80 年代，人机关系主要是指人与计算机的一对一关系，但到了 90 年代以后，情况已经不再是如此。计算机为了通往虚拟世界的门户，在那里人们可以过着与现实世界平行的生活。人们通过美国在线（American Online）发现了新的"空间感"。这是一个令人陶醉的时代：人们不再拘泥于有限的那数十个朋友的社交圈子，而可以有数百个、甚至数千个朋友，从而开拓了前所未有的社交宽度。Sherry Turkle 将研究结论写成了 1995 年的第二本书《屏幕中的生活》（Life on the Screen）。这本书从积极的视角对于网络身份探索进行了研究。但是，1984 年，她的乐观态度已经受到了挑战。在访谈中，许多人认为他们的在线生活要比他们嘲弄地称为"RL"（Real Life）的现实生活更舒心。比如，一位来自中西部的大学生 Doug 在三个不同的网络虚拟世界中拥有四个虚拟化身（avatar）。他总是在电脑上打开着这几个虚拟世界的窗口，还有他学校课业、电子邮件的页面，以及最爱的游戏界面。他很轻易地在不同的虚拟世界中穿越，并认为现实生活"只是多开的一个窗口而已"，"甚至通常不是我最喜欢的那个"。Sherry 开始忧心忡忡地提问：这会将我们的未来引向何处？

我初识 Sherry Turkle 是在麻省理工学院（MIT）举办的一次纪录片公映典礼上。这

---

① 周逵，《群体性孤独》中文版译者，中国传媒大学新闻传播学部电视学院讲师，麻省理工学院媒体实验室访问研究员。

② 西蒙娜·德·波伏娃（Simone de Beauvoir, 1908 - 1986），20 世纪法国最有影响的女性之一，存在主义学者、文学家。1949 年出版被后人奉为"女权运动"的"圣经"的《第二性》（*The Second Sex*）。

部纪录片是完全在网络多人在线虚拟现实社区“第二人生”（Second Life）中用虚拟摄像机完成。在这个曾经的“现象级”的虚拟现实社区中，人们以avatar为替身，从事着政治、经济、文化、社交乃至情爱等几乎全部的人类活动。作为公映典礼讲座的主持人和点评人，Sherry Turkle对虚拟现实迷思充满了忧虑和怀疑。

而就在那年秋天，远在万里之外的中国正经历着微博元年带来的巨变：第一代iPad刚上市不久；宜黄血拆事件引发全民围观和愤慨；无数人用手机和相机记录下发生在上海的一起高层住宅火灾的情况，并在第一时间上传微博，人们几乎是眼睁睁地看着这栋楼烧成灰烬，却无能为力，痛苦触手可及。而在地球另一端的西亚和北非，一场以“社交媒体革命”之名进行的社会变迁大幕即将拉开。在美国，被“妖魔化”地认为患有社交障碍（social awkward ）的MIT的天才们居然建立了一个叫做“I saw you”（我见过你）的校内网站，专门服务于见到靓妹没勇气搭讪的书呆子，回卧室后发帖表白，然后等待奇迹的发生；也就在那一年的四月，美国国会图书馆与推特公司达成一项协议，收入从2006年以来所有的Twitter信息，人们开始想象未来的历史学家、社会学家、政治学家如何从这天文量级的数据库中进行考古挖掘。尽管也有学者提出“Net Delusion”（网络妄想）的反思批判主义论调，但大多数人还是沉浸在进步主义的技术乌托邦想象中。在这种背景下，《群体性孤单》（*Alone Together*）一书恰恰以反潮流的姿态出现在公众视野中。

《群体性孤单》对数字文化的趋势在过去15年中的新变化、新发展进行了新的阐释，将焦点集中在年轻的电子土著（digital native）身上。这一代人的成长伴随着手机和智能电子玩具。如果说在《屏幕中的生活》一书的结尾，Sherry曾表达了自己对于模拟化生存所要付出代价的忧虑，那么在这本书中，这种忧虑更加严重。如今的我们缺乏安全感、却又渴望亲密关系，因此求助于科技以寻找一种既可以让我们处于某种人际关系中又可以自我保护的方法。我们发短信，和机器人交互。我们正见证人和技术关系第三次变革的转折点。我们屈服于新的挂念，又害怕与人交往的风险和失望。我们更依赖技术而非彼此。

在这个关于计算机中介传播的故事中，Sherry于上世纪80年代末、90年代初就开始通过电子邮件、BBS、因特网中继聊天（Internet Relay Chat）和美国在线（AOL）进行研究，并且加入了第一个虚拟社区和多人在线角色扮演游戏。在过去的十年中，网络形态发生了剧烈的改变，她也将研究对象扩展到无线通讯设备、短信、即时消息、社交网络、Twitter和大规模多人在线网络游戏，也包括由三维环境和虚拟化身组成的虚拟现实社区。她研究的兴趣在于技术的“内在历史”，将民族志研究者和临床医师的敏感性结合起来。

在1854年出版的《瓦尔登湖》里，梭罗认为我们彼此以随机的方式的联系太多，社交链接让我们的生活太过拥挤。梭罗写道：“社交往往廉价。”他拉开了自己与他人、社会的距离。他发现了和自然、和简易物品之间的交流。而如今，我们一方面沉迷于社交时代拥挤的时代广场，同时却又徜徉在彼此的瓦尔登湖畔。我们一方面享受着无时无刻不与别人相连接、迫不及待地分享关于自己生活所有的琐碎细节的亲密感，另一方面又时时刻刻修饰自己在网络中的表象，精心地计算着彼此的社交距离。我们都在一起喧闹，我们又同样在一起寂寞。关于数字时代和社交媒体有无数的书，但很少却像《群体性孤独》这本一样，直指并追问每一个人的内心。

编后记

新闻传播研究的复杂性正在于它是一个横断面的领域，呈现出如此复杂多面的维度，让人着迷，又让人捉摸不透。正如手头这本辑刊所呈现的那样，对人类信息传播现象的学术审视，可以从全球政治风云变幻的宏大层面去观照国际传播的话语逻辑，也可以从历史档案的实证考据入手去做剥茧抽丝的发现，同样可以从当下热点事件所呈现出的复杂的权力场域来把握传播的社会性和政治性。同样精彩的还有技术的维度、经济的维度、文化的维度，等等。所有这些都是同一枚棱镜的不同侧面，可以管窥同一对象的不同色彩。但不管存在如何多元的视角和方法，与一切致力于促进人类福祉的学术探索一样，新闻传播研究的终极目标依然是理解人和社会，进一步说，其最终落脚点依然是我们身处的现实所提出的理论和实践问题。正如陈卫星教授在导言中所指出的："不断涌现的信息不仅是一个群体、一个社会、一个国家和一个世界的想象来源，也要让人们找到一致和归属，找到力量和信心，找到人、社会和国家的主体性。"这大概正是中国新闻传播研究者的使命之所在。

在书稿末尾，有必要交代一下本辑刊的缘起和编辑工作的一点感受。辑刊的出版首先要得力于雷跃捷教授和陈卫星教授这两位传播研究院领导的支持和鼓励。两位教授一致认为，传播研究院作为一个学术研究机构，必须以学术立院，而这需要有开放包容的学术环境。2013 年初，他们提出要出版一个辑刊作为研究院的院刊，并坚持开门办刊和多发表青年学人作品的理念。正如雷跃捷教授所说的那样：我们的目的是要把这本辑刊办成一个"完全对外开放的学术对话交流平台和学术话语的公共空间，而不仅仅是汇集本院同仁的理论文献和学术成果的系列辑刊"。这种开放的学术精神，是我所欣赏的。

作为一个学术界的后生，我很荣幸能够被任命为第一辑的责任主编，负责了本系列辑刊第一辑的征稿、匿名评审、书稿统校以及协调出版的相关工作。整个过程持续了一年多的时间，虽然充满各种困难，但都一一克服，最终得以付梓。在这里，编者除了要感谢在这一过程中给予信任和支持的上述两位领导之外，还要感谢李智教授、李汇群副教授、任孟山副教授、朱振明副教授等诸位同事对文稿的精心校对，以及中国传媒大学传播研究院全体同仁的支持和建议。本辑刊的稿件除了译稿之外，其余稿件全部进行了双盲匿名评审。对于在百忙中对来稿进行匿名评审的诸位学界同仁，我深表感谢。同时也要感谢刘黎明等传播研究院的博士生和硕士生牺牲了大量的休息时间帮我对书稿进行了格式调整。本书得以顺利出版也要感谢中国传媒大学出版社的赵丽华编辑给予的大力支持。最后，作为编者，我还要感谢作者们的慷慨赐稿以及超常的耐心等待。值得一提的是，各位作者都非常认真，收到匿名评审意见后均积极按照要求进行了文稿修改。其中最令我印象深刻的是刘建平老师，为了写那篇长文，他春节期间都在工作，并在初稿基础上反复校对，一个错别字都不放过。这种对学术研究的严谨态度，令人敬佩。

虽然编者已经尽了最大努力对文稿进行了编辑校对，但书中错误一定在所难免，还请读者和学界同仁批评指正。最后，希望以创刊号的正式出版为契机，《中国新闻传播学评论》能够一路走下去，逐渐成为国内外新闻传播学界有影响力的高质量学术出版物，见证中国新闻传播学日益繁荣的未来。

本辑责任主编　黄典林

2014 年 8 月

图书在版编目（CIP）数据

中国新闻传播学评论：网络时代的传播格局／雷跃捷，陈卫星主编.
—北京：中国传媒大学出版社，2014.6
ISBN 978-7-5657-1200-5

Ⅰ. ①中…
Ⅱ. ①雷… ②陈…
Ⅲ. 新闻学–传播学–文集
Ⅳ. ① G210-53

中国版本图书馆 CIP 数据核字（2014）第 227051 号

中国新闻传播学评论：网络时代的传播格局

主　　办 中国传媒大学传播研究院
主　　编 雷跃捷　陈卫星
执行编辑 黄典林
责任编辑 赵丽华
特约编辑 杨　琼
装帧设计 郭　琳
责任印刷 阳金洲
出 版 人 蔡　翔

出版发行 中国传媒大学出版社
社　　址 北京市朝阳区定福庄东街 1 号　　邮编：100024
电　　话 86-10-64450532 或 65450528　　传真：010-65779405
网　　址 http://www.cucp.com.cn
经　　销 全国新华书店

印　　刷 北京艺堂印刷有限公司
开　　本 787mm × 1092　1/16
印　　张 12
字　　数 240 千字
版　　次 2015 年 3 月第 1 版　2015 年 3 月第 1 次印刷

书　　号 ISBN 978-7-5657-1200-5/G · 1200
定　　价 49.00 元